U0682107

打造江西休闲度假
旅游目的地对策研究

黄细嘉　王　佳　陈友华　邱　婷　等/著

本书研究得到 2014 年江西省经济社会发展重大招标项目"打造江西休闲度假旅游重要目的地对策研究"和南昌大学提升综合实力建设项目"旅游新型业态发展与多产业融合"资助

科学出版社
北　京

内 容 简 介

本书立足于"休闲度假"理念，着眼于江西旅游发展新形势，从为什么、是什么、有什么到做什么，循序渐进地研究了打造江西休闲度假旅游目的地的对策。本书内容包括江西休闲度假旅游资源调查与综合评价、休闲度假旅游目的地竞争力比较与市场前景分析、主题定位与战略构想、从观光旅游向休闲度假旅游转变的路径探索、休闲度假旅游目的地体系建设、典型休闲度假旅游目的地打造和休闲度假旅游产品体系构建、品牌推广与市场营销、支持政策与保障措施，以及相关专题研究。

本书既可以作为旅游界人士从事相关研究和实务的借鉴书籍，也可以作为高校旅游管理专业本科生和研究生的教学参考资料。

图书在版编目（CIP）数据

打造江西休闲度假旅游目的地对策研究/黄细嘉等著. —北京：科学出版社，2016.12

ISBN 978-7-03-049241-8

Ⅰ.①打… Ⅱ.①黄… Ⅲ.①旅游业发展-研究-江西省 Ⅳ.①F592.756

中国版本图书馆 CIP 数据核字（2016）第 147845 号

责任编辑：方小丽/责任校对：张怡君
责任印制：张　伟/封面设计：无极书装

科学出版社出版

北京东黄城根北街 16 号

邮政编码：100717

http://www.sciencep.com

北京京华虎彩印刷有限公司　印刷

科学出版社发行　各地新华书店经销

*

2016 年 12 月第　一　版　开本：720×1000　B5
2016 年 12 月第一次印刷　印张：14 3/4
字数：290 000

定价：82.00 元

（如有印装质量问题，我社负责调换）

作 者 简 介

黄细嘉，1962 年生，法学博士，教授，博士生导师，南昌大学江西发展研究院院长，江西省高校人文社会科学重点研究基地——南昌大学旅游规划与研究中心主任。教育部普通高校旅游管理类本科教学指导委员会委员，江西省高校中青年学科带头人，省级教学名师，省情教育专家。主要学术兼职为中国未来研究会旅游分会副会长，"长三角"休闲发展学术联盟副主任，《旅游学刊》学术委员，中国旅游协会理事、旅游教育分会常务理事，江西省哲学社会科学界联合会理事，江西省旅游文化研究会会长，江西省旅游协会副会长。先后被聘为国内多所大学客座教授、省旅游专家委员会成员和延安市、南昌市等 10 余个市、县旅游顾问。主持国家社会科学基金、教育部人文社会科学专项任务和省社会经济重大招标项目等 10 余项，领衔编制旅游规划和策划 80 余项，发表论文 100 篇，出版专著（编著）10 余部，主编"十二·五"国家级规划教材 1 部。科研成果获得省级奖励 8 次，其中获江西省社会科学研究优秀成果二等奖 2 次。曾被评为国家社会科学基金项目鉴定信誉良好专家、江西省首届社会科学优秀普及专家。

王佳，1989 年生，江西省吉安人，管理学博士，讲师。主要研究领域为旅游经济增长、旅游环境容量等。主持国家社会科学基金项目 1 项、江西省社会科学"十二五"规划项目 1 项，参与国家社会科学基金项目、教育部人文社会科学项目、江西省社会经济重大招标项目、山东省社会科学基金项目各 1 项，并参与多项旅游规划和策划课题；参编教材 1 部；在《资源科学》和《商业经济与管理》等核心及其以上等级期刊发表论文 10 余篇。

陈友华，1967 年生，男，南开大学博士，南昌大学经济与管理学院旅游管理系副教授，2004 年受国家留学基金管理委员会资助在名古屋大学(日本)公派留学一年，主要从事日本旅游与经济学相关问题的研究与学术交流。先后撰写了 1 部专著，发表 15 余篇学术论文，其中有 2 篇被人大复印资料全文转载。

邱婷，1986 年出生，硕士。主要研究领域为旅游市场开发、旅游策划与规划等。参与省社会经济重大招标项目 1 项,参与省级及相关课题研究 3 项,发表论文 6篇。

本书课题组名单

负责人： 黄细嘉　南昌大学教授，博士

成　员： 王　佳　南昌大学讲师，博士

　　　　 邱　婷　南昌师范学院教师，硕士

　　　　 陈友华　南昌大学副教授，博士

　　　　 陈志军　南昌大学讲师，硕士

　　　　 黄志繁　南昌大学教授，博士

　　　　 魏伟新　九江学院讲师，硕士

　　　　 何小芊　东华理工大学副教授，博士

序 言

当前，加快旅游产业发展已成为推动国家和地区经济社会发展普遍采用的战略，由观光旅游向休闲度假旅游转型更是顺应"大休闲"时代发展、推动旅游产业升级的必然选择。习近平总书记指出："旅游是传播文明、交流文化、增进友谊的桥梁，是人民生活水平提高的一个重要指标。"为满足人民群众日益增长的旅游休闲需求，促进休闲旅游产业健康发展，推进具有中国特色的国民旅游休闲体系建设，国务院办公厅发布了《国民旅游休闲纲要（2013—2020年）》，旨在保障国民旅游休闲时间，改善国民旅游休闲环境，完善国民旅游休闲公共服务，提升国民旅游休闲服务质量。休闲度假旅游能充分满足游客调节身心的需求，符合现代社会人们日益追求快工作、慢生活的心理，因而逐渐成为21世纪旅游活动开展和旅游产业发展的主旋律。

进入"十二五"以来，旅游产业在江西服务业中率先崛起，已经发展成为江西的先导行业及第三产业的重要产业。凭借丰富多彩的旅游资源、持续增强的"江西风景独好"旅游品牌影响力，以及快速增长的旅游接待人数和旅游收入，江西逐渐步入旅游大省行列，但与旅游强省还存在一定差距，急需在新常态和新形势下大力推动旅游产业转型。2013年10月，中共江西省委、省人民政府印发实施《关于推进旅游强省建设的意见》，明确了未来五年江西旅游产业发展定位，并要求各级领导干部要像抓工业化和城镇化一样抓旅游。《关于推进旅游强省建设的意见》将推进旅游转型升级作为目标任务，促进旅游消费由观光旅游为主向休闲度假观光并重转变，这是江西旅游转型升级的重要方向，也是江西建设旅游强省的必由之路，更是在经济发展新常态下展现旅游新作为的重要领域。因此，打造江西休闲度假旅游重要目的地命题的提出，既是对江西旅游产业发展趋势的把握和对宏观战略的定位，也是对江西未来旅游产业发展方向的实践性探索。

为此，江西积极推进休闲经济与旅游产业的深度融合，不断探索将休闲元素融入旅游产品开发的实现途径和方法。整合得天独厚的山水自然资源及丰富多彩的历史文化遗存，积极开发乡村旅游、温泉旅游、生态旅游、养生旅游等休闲度假旅游产品，不断完善旅游休闲体验网络体系和在线服务功能，努力打造休闲旅游示范区、旅游度假村及休闲度假旅游景区（如庐山休闲度假避暑胜地、婺源全域型乡村休闲度假地、井冈山红色旅游拓展训练营、靖安农宿文化休闲村，以及星子、明月山、庐山西海温泉度假地），初步形成了具有一定规模的休闲度假旅游目的地体系，为江西休闲度假旅游胜地建设奠定了良好的产业基础。但不可否认的是，江西休闲度假旅游目的地体系建设还存在配套要素功能不健全、旅游目的地通道不完善、公共服务体系有待加强、品牌营销系统缺失等问题，江西休闲度假旅游的健康、快速、可持续发展有待加强，产业结构亟须调整。为此，江西在设计 2014 年经济社会发展重大招标课题时，专门将"打造江西休闲度假旅游重要目的地对策研究"作为六个重大课题之一。

产业成长的历史经验证明，理论方法引导、实践经验总结两者相互关联、密不可分，发挥着重要作用。理论方法引导有利于推动实践发展和趋势认知，实践经验总结将会丰富理论方法体系和启示未来发展方向。作为一名对实践关怀、对理论关切、对趋势关注的旅游学者，南昌大学黄细嘉教授认为，江西具有发展休闲度假旅游的生态优势、环境优势和文化优势，山水赣鄱、花园江西，田园风光、美丽乡村，风景佳境、养生福地，这一切都说明江西在建设旅游强省过程中，加快推进旅游产业转型升级，由观光胜地向观光·休闲·度假旅游目的地过渡，是其旅游产业发展的必然趋势和旅游发展战略的理性选择。

《打造江西休闲度假旅游目的地对策研究》的策划和出版，就是基于这样的趋势和选择所做的一种努力与尝试。该书是以黄细嘉、王佳、邱婷等为主的研究团队集"众智"和"众创"奉献给我们的一份辛勤劳动成果。这是一部以区域为研究对象，以江西为案例，系统阐释地方休闲度假旅游资源调查、市场评价、目的地体系建设、空间布局、品牌塑造和建设对策的专著。该书分十一章内容对江西休闲度假旅游发展进行全面研究。第一章分析江西发展休闲度假旅游的必要性和存在的问题，第二章全面调查与综合评价江西休闲度假旅游资源，第三章比较分析江西休闲度假旅游目的地竞争力与市场前景，第四章明确江西休闲度假旅游目的地战略构想与主题定位，第五章揭示江西从观光旅游向休闲度假旅游转变的路径，第六章阐明江西休闲度假旅游目的地体系建设方案，第七章列举打造江西典型休闲度假旅游目的地的方法，第八章介绍休闲度假旅游产品体系建设，第九章构建品牌推广与市场营销体系的策略，第十章提出政策扶持与保障举措，第十一章专题探讨农宿休闲度假、水域旅游、新型业态旅游发展的经验与举措。

该书是作者们站在经验总结、典型剖析和理论引导等多种维度，立足于"休闲度假"理念，着眼于江西旅游发展新趋势与新常态，以打造世界知名、全国一流、区域典范的休闲度假旅游胜地为战略目标，以构建"观光、休闲、度假"三位一体的产业结构为根本，结合国内外发展经验，针对为什么要打造休闲度假旅游目的地、什么才是休闲度假旅游目的地、我们用什么打造休闲度假旅游目的地的资本、怎样才能打造休闲度假旅游目的地这些问题，循序渐进地提出了打造江西休闲度假旅游目的地的具体对策，形成了有价值的研究成果。首先，该书规划形成了"一心·两带·三片"的休闲旅游发展格局，使南昌大都市休闲度假旅游核心区和京九铁路、浙赣铁路及高铁交汇的地区成为江西全省休闲度假市场的高地和游客集散地，环鄱阳湖片区成为世界级山水文化休闲度假旅游高地，赣西成为世界级康体养生休闲度假目的地，赣中南片区成为世界级文化生态休闲度假旅游目的地。其次，构建以"5城、10县、20景、50村"为框架的休闲度假旅游目的地体系，从而优化乡村旅游度假空间结构。再次，推进庐山、井冈山、三清山、龙虎山、武功山、明月山、龟峰等名山实现向综合型景区转变，由观光目的地转变为休闲度假名山；另外，打造武宁山水度假城镇、婺源最美乡村休闲度假区、井冈山红色体验休闲目的地、星子·庐山温泉养生目的地、赣州客家风情度假旅游目的地、庐山西海度假旅游目的地、武功山综合旅游目的地等典型休闲度假旅游目的地，为江西休闲度假旅游全面发展提供示范作用。最后，建构由核心产品、重点产品、支撑产品三个层次，乡村休闲、城市休闲、山水休闲、文化休闲、运动休闲、养生休闲和娱乐休闲产品等组成的休闲度假旅游产品体系。

该书是作者们智慧的结晶，更是他们努力成为江西旅游业发展智库主力军的具体体现。该书的出版和有关该课题的深入研究，将对促进江西旅游强省建设、加快旅游产业转型升级、创新休闲度假旅游发展模式、提升休闲旅游竞争力、形成典型休闲度假旅游目的地，发挥智库参谋作用。希望黄细嘉教授的旅游研究团队，强化问题导向和服务意识，继续努力，为江西及各地市旅游战略决策，奉献更多有价值的研究成果，为构建江西休闲度假旅游产品，做大、做强江西休闲度假旅游品牌，助推江西休闲度假旅游目的地走向世界贡献智慧。

是为序。

江西省旅游发展委员会主任　丁晓群

2015 年 11 月 30 日

目　录

第一章

江西休闲度假旅游发展问题研判

随着我国人民物质生活水平的不断提高，旅游活动更加广泛和普及，旅游业逐步进入大众化和休闲化时代，旅游产业在国民经济和社会发展中的地位愈加重要。2009 年 11 月，国务院常务会议讨论并原则通过了《关于加快发展旅游业的意见》，该文件被社会各界一致认为是一个具有里程碑意义的重要文件，它既是我国改革开放以来旅游业发展 30 多年实践经验的总结，也是推动未来 30 多年旅游发展新格局的标志性新起点。2012 年 2 月，《关于金融支持旅游业加快发展的若干意见》指出，要加强和改进旅游业金融服务；支持旅游企业发展多元化融资渠道和方式，鼓励社会资本支持和参与旅游业发展，全力推动旅游产业投资发展。同年 7 月《关于鼓励和引导民间资本投资旅游业的实施意见》指出，要鼓励民间资本投资旅游业，切实将民间资本作为旅游发展的重要力量。2013 年《国民旅游休闲纲要（2013—2020 年）》指出，到 2020 年，职工带薪年休假制度基本得到落实，实现城乡居民旅游休闲消费水平大幅增长的发展目标，并提出了大力发展旅游业、扩大旅游消费。2014 年《国务院关于促进旅游业改革发展的若干意见》提出，要增强旅游发展动力，扩张旅游发展空间；提出要落实职工带薪休假制度、加强旅游基础设施建设、加大财政金融支持及扩大旅游购物消费四大举措。2015年 8 月，国务院办公厅下发《关于进一步促进旅游投资和消费的若干意见》，它是国家层面关于如何进一步促进旅游投资和消费的文件，对推动旅游经济持续较快发展发挥了积极作用。

当前，旅游产业的提升进步和转型发展已经成为推动经济社会发展的一项重要战略。一些国家对入境游客纷纷给予免签政策或落地签政策，这更说明推动旅游产业的发展已然成为普遍采用的一项促进经济社会发展的国际战略。由于休闲度假旅游（vacation tour）能充分满足游客的生理、精神和心理需求，符合现代社会日益休闲化的趋势，因而其逐渐成为 21 世纪旅游产业发展的主方向和主战场。

第一节　江西建设旅游强省的背景分析

改革开放三十多年来，旅游业在江西服务业中率先崛起，已经发展成为江西的先导行业及第三产业的重点产业。凭借丰富的旅游资源、持续增强的旅游品牌影响力、快速增长的旅游接待人数和旅游收入，江西逐渐步入旅游大省之列。自 2013 年 10 月省委、省政府提出实施"旅游强省"建设战略以来，江西肩负着建设旅游强省的重要任务。建设旅游强省，不仅要依托优良的自然环境、丰厚的历史文化等先天条件，而且要依靠经济基础、基础设施等后天环境，还要依据有利于旅游产业发展的国家政策体系，更要处理好江西与周边省市旅游竞争与合作的横向关系。

一、产业发展宏观环境良好

（一）自然环境适宜

江西省地处华东地区，毗邻长江三角洲、珠江三角洲和闽东南三角区，是沿海地区的重要腹地，深受沿海发达地区经济、文化和社会的辐射影响，休闲度假旅游市场前景较好。江西省位于亚热带湿润季风气候区，四季分明，水量充沛，热量充足，年平均气温约为 19℃，春秋两季气候适宜人们开展休闲度假旅游活动。其地形宛如聚宝盆，呈现三面环山向北开口的盆地形态，多山地、丘陵，分别占区域面积的 1/3 和 1/6，岗地、平原、水面占 1/5，集聚着丰富的自然资源，生物种类多样，植被优良，森林覆盖率达 63% 以上，河流水系发达，如鄱阳湖、长江、赣江、抚河、信江、修水、饶河等湖泊和河流，不仅是区域重要河道，也是独特水域景观。区域生态环境质量位居全国前列，地表水监测断面水质达标率达到 80%，11 个设区城市环境空气质量均达到国家 Ⅱ 级标准。

（二）文化底蕴深厚

人杰地灵的江西，自古以来人才辈出，诞生了许多文学家、政治家、科学家，如陶渊明、欧阳修、黄庭坚、王安石、曾巩、文天祥、朱熹、宋应星、汤显祖、八大山人、詹天佑、陈寅恪等，其相关诗词歌赋、碑文雅居、名人轶事也为开发休闲度假旅游画上了点睛之笔。江西历史悠久，文化荟萃，拥有以景德镇陶瓷为代表的瓷器文化，以道教祖庭和佛教禅宗祖庭为代表的宗教文化，以千年书院白鹿洞为代表的书院文化，以东晋田园诗人陶渊明和千年名楼滕王阁及其滕王阁序为代表的诗词歌赋文化，以赣鄱风土人情和客家生活为代表的民俗文化，以山歌、傩舞、灯彩等为代表的民间艺术文化等，以中国革命摇篮井冈山、人民军队摇篮南昌、共和国摇篮瑞金、中国工人运动摇篮安源等为代表的红色文化，它们均为休闲度假旅游的发展提供了丰富的文化元素和强劲的发展动力。

（三）经济稳步发展

江西省经济持续增长（图1-1），经济实力不断增强，产业结构逐渐优化。2014年，江西实现地区生产总值15 708.6亿元，较2013年增长9.7%。其中，第一产业、第二产业、第三产业增加值分别为1 683.7亿元、8 388.3亿元、5 636.6亿元，三次产业对经济增长的贡献率分别为 5.0%、65.8%和 29.2%，三次产业结构调整为10.7∶53.4∶35.9。

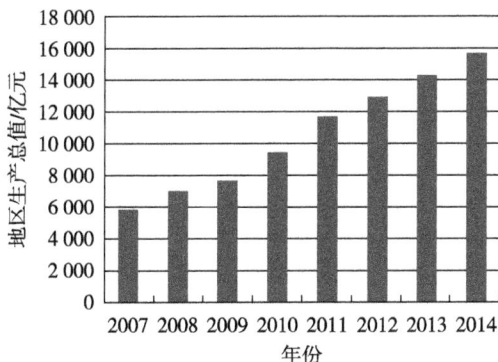

图 1-1　2007~2014 年江西省地区生产总值变化趋势图

江西省产业改革步伐加快，从以农业为主的产业发展模式，向以第二产业为主、第三产业为重点的多元化产业发展模式转变，基本形成了汽车航空及精密制造产业、中成药和生物制药产业、特色冶金和金属制品产业、电子信息和现代家电产业、食品工业、精细化工及新型建材产业六大支柱产业，特别是乡村休闲、绿色食品、新型服务、文化创意、休闲农业等涉旅产业呈现良好的发展势头。另外，江西省居民人均可支配收入逐渐提高，2014 年江西省人均生产总值达到34 674 元，较2013 年增长9%，城镇居民人均可支配收入达到24 309 元，较2013年增长9.9%，农民人均纯收入为10 117 元，较2013 年增长11.3%，2014 年城镇、农村居民恩格尔系数分别为24.92%、40.96%，较2013 年分别下降0.74%和0.7%。可见，江西省经济发展和居民消费能力的提高为开展休闲度假旅游活动、完善休闲度假产业链提供了必要的经济基础和产业支撑。

二、旅游资源量多质优与旅游产业规模效益不相匹配

（一）旅游资源量多质优

江西山川瑰丽，人文荟萃，旅游资源十分丰富，旅游资源的种类和数量均位居全国前列，发展旅游的资源优势较为明显。具有山、江、湖、平原四大自然景观主题及"红、古、土"三色文化景观主题。而且资源内涵丰富、品位超群，形成了一大批世界级、国家级和省级的旅游资源品牌。截至2014年，江西省有世界遗产3处（4个主要点）——庐山、三清山、龙虎山（含龟峰），世界地质公园3处——庐山、龙虎山、三清山，国际重要湿地1处——鄱阳湖，国家级自然保护区13处、国家级风景名胜区14处、国家自然遗产4处、国家自然与文化双遗产3处、国家级森林公园45处、国家地质公园4处、国家矿山公园5处，全国水利风景区27处、国家湿地公园15处，全省国家A级以上旅游景区总量达150多个，其中5A级景区6个，4A级景区64个。众多且丰富的旅游资源，使江西成为一块自然天成与人文造化完美结合的旅游宝地，融会成"江西风景独好"这一旅游主题形象品牌。目前，江西已形成红色摇篮、绝特山水、陶瓷艺术、道教文化、客家风情五大特色旅游主题[1]。

（二）旅游产业发展规模与效益逐渐提升

江西省旅游接待总人数由2005年的5 095.1万人次增加到2014年的31 306.15万人次，年均增长22%；旅游总收入由2005年的320亿元增加到2014年的2 649.70亿元，年均增长26.40%；入境旅游人数由2005年的37.3万人次增加到2014年的171.7万人次，年均增长18.48%；旅游外汇收入由2005年的1.04亿美元增加到2014年的5.57亿美元，年均增长20.5%；国内旅游人数由2005年的5 057.9万人次增加到2014年的31 134.5万人次，年均增长22.37%；国内旅游收入由2005年的311.5亿元增加到2014年的2 615.2亿元，年均增长26.66%。

由此可见，江西省接待国内旅游总人数、入境旅游人数及旅游总收入逐年攀升，并且增长幅度越来越大，在全国旅游中所占的比重越来越大。游客客源市场已遍布全世界三十多个国家和地区，呈现出多元化趋势，旅游业已成为江西省经济的重要产业和新的增长点。总体而言，目前江西省旅游业表现出快速发展态势，产业地位和效益逐渐提升，但是仍然存在以下问题。

（1）以观光为主导的规模型增长方式遭遇发展瓶颈。近年来江西的旅游接待人数不断增长，旅游规模不断扩大；但旅游总体消费和旅游效益增长缓慢，由于以观光为主，且多为团队旅游，游客停留时间短，旅游"门票经济"突出，产业

链不完整，综合消费水平较低，所以旅游收益增长乏力。此外，江西观光旅游发展相对成熟，后期游客增长空间有限，已经呈现出规模投入与效益产出不同步的状况，致使规模型增长遭遇瓶颈，迫切需要改变旅游增长方式，尽快实现由数量规模型向质量效益型增长转变。

（2）丰富的资源缺乏系统整合，内涵挖掘不够且缺乏延伸产品。江西旅游资源类型多样，但是丰富的旅游资源，特别是文化资源，没有形成互补性的旅游产品体系，更没有形成价值链的有效延伸，不利于旅游产业健康、可持续发展。在开发较为成熟的道教文化和客家文化等旅游资源方面，内涵挖掘不足，只能满足低层次的观光需求，缺少文化体验性产品和活动。同时，这些旅游产品仅停留在纯文化观光与遗存游览阶段，未能向文化旅游商品和修学休闲、文化休闲等高端旅游产品深度延展。

（3）旅游休闲设施建设和休闲氛围营造滞后，旅游产业要素发展不均衡。目前江西城乡休闲设施建设不完善，在大交通格局基本形成和进出省通道基本便捷的形势下，连通城乡和城-景-村的旅游交通不够便捷，城乡和景区旅游接待设施设备档次偏低，旅游娱乐设施不足，让游客进得来、行得快、留得住、玩得好的休闲设施配备建设与休闲度假旅游的发展要求还存在较大差距。

江西省的特色旅游资源优势尚未转化为旅游产业优势和经济效应，亟须结合当今旅游强省战略和休闲时代的发展背景，优化旅游资源配置，深度开发休闲度假旅游资源，建设休闲度假旅游产品，构建休闲度假旅游体系，打造休闲度假旅游目的地。

三、与周边区域旅游竞争与合作并存

虽然江西旅游业发展优势明显、潜力很大、势头较好，但是旅游产业发展仍然面临诸多挑战，一方面有来自旅游投资增长乏力、旅游企业呈现散小弱差的问题，另一方面有来自湖南、湖北与安徽等周边邻省地区的竞争威胁。

（一）中部四省旅游业发展基础

旅游产业与经济发展之间存在紧密的相互依赖和相互作用的关系。经济发展能够促进居民收入水平和生活水平的提高，进而促进旅游产业的发展；旅游产业的发展又能促进经济社会的发展。江西处于我国的中部，下面将选取中部地区与江西相邻的其他三个省份对比分析其与江西的社会经济发展水平。

区域经济实力方面，2007~2014年，中部四省经济实力不断提高，人均地区生产总值和城镇居民人均可支配收入均有所增加，然而各省的增长速度和发展基础有所不同。人均地区生产总值方面，江西在中部四省中排名第三，年均增长速度却最低，仅有14.67%；湖北数值最高，年均增长率也是排名第一，达到16.31%；

湖南数值排名第二,年均增长率位列第三,达到15.36%;安徽数值排名第四,年均增长率却位列第二,达到16.27%。由此表明,江西经济发展速度相对缓慢,有待进一步提升。城镇居民家庭人均可支配收入方面,中部四省逐年增加,但江西人均可支配收入数值始终处于弱势,排名最后,增长速度排名倒数第二,可见江西本地居民的消费能力有限,在一定程度上制约了旅游业发展。其他三省中,湖南始终保持数值第一,但发展速度明显放缓,安徽排名从第三上升到第二,年均增长速度最快,湖北排名从第二下降到第三,年均增长速度排名第二(表1-1)。

表1-1　2007~2014 年中部四省人均地区生产总值和人均可支配收入(单位:元)

指标	地区	2007 年	2008 年	2009 年	2010 年	2011 年	2012 年	2013 年	2014 年
人均地区生产总值	江西	13 322	15 900	17 335	21 253	25 998	28 800	31 930	34 674
	安徽	12 039	14 448	16 408	20 888	25 659	28 792	31 575	34 575
	湖北	16 386	19 858	22 677	27 906	34 197	38 572	42 539	47 193
	湖南	14 869	18 147	20 428	24 719	29 880	33 480	36 621	40 425
人均可支配收入	江西	11 452	12 866	14 022	15 481	17 495	19 860	22 120	24 309
	安徽	11 474	12 990	14 086	15 788	18 606	21 024	22 789	24 839
	湖北	11 486	13 153	14 368	16 058	18 374	20 840	22 668	24 852
	湖南	12 294	13 821	15 084	16 566	18 844	21 319	24 352	26 570

资料来源:《江西省旅游统计年鉴》及各地区社会发展公报

　　综上,江西省一方面面临来自周边省份的竞争压力,经济实力和消费能力在中部四省中处于弱势,周边省份经济对旅游业的拉动作用将会更加显著,江西省旅游业发展竞争压力较大;另一方面,周边省份的人均可支配收入均高于江西省,消费能力相对较高,对于江西省旅游业发展来说也是巨大的潜力市场。休闲度假旅游发展过程中应当优先招徕中部四省近程旅游市场的游客,以最低的成本和最便捷的方式提高旅游产品的竞争力和增加旅游目的地的吸引力。

　　旅游产业要素方面,旅游竞争主要体现在旅游人数和旅游收入方面。2014年,江西旅游接待总人数超过 3.13 亿人次,全省旅游总收入达 2 649.7 亿元;湖南旅游接待总人数 4.12 亿人次,总收入达 3 046.19 亿元;湖北旅游接待总人数 4.7 亿人次,实现旅游综合收入 3 752 亿元;安徽接待国内游客 3.79 亿人次,总收入 3 430 亿元。与中部其他三省相比,江西旅游总人数和旅游收入均处于末位。旅游景区建设方面,中部四省充分利用丰富的旅游资源,积极建设旅游景区。安徽旅游景区规模最大,共 397 个旅游景区,其中 5A 级景区 6 处,在四省中与江西并列第二,4A 级、3A 级、2A 级景区的数量是中部四省中最多的,表明安徽旅游资源开发规模和质量均在中部四省中位居首位。湖北 5A 级旅游景区数量最多,旅游景区总数排名第二,湖南旅游景区总量排名第三。江西旅游景区总量排名最后，而且各级旅游景区除 5A 级数量不落后外，其他均排名最后，表明中部其他三省旅游资源开发程度较高，周边旅游景区的知名度和成熟度较高，江西旅游景区开发具有滞后性，与江西丰富的资源禀赋不相匹配（表 1-2）。

表 1-2　2014 年中部四省旅游景区数量（单位：个）

地区	旅游景区总数					
	小计	5A	4A	3A	2A	A
安徽	397	6	117	134	139	1
江西	173	6	64	61	42	0
湖北	256	7	91	100	55	3
湖南	194	5	66	86	35	2

从旅游资源来看，江西在自然环境方面占据绝对优势，在社会环境方面水平居中，但是在经济环境和基础设施方面，江西与其他省份之间存在较大差距。因此，加大旅游景区开发力度、提高旅游资源质量、扩大旅游企业规模、提升旅游企业接待能力，是江西提升旅游产业发展规模的重要任务，更是江西建设旅游强省的重要目标之一。

（二）中部四省旅游产业发展规模

江西旅游资源数量丰富，品质优越，近几年的旅游业发展比较快速，但全省旅游业收入与周边几个旅游省份相比，有很大差距。江西旅游局发布的数据显示，2014 年江西旅游产业发展速度加快，全省接待旅游总人数 31 306 万人次，同比增长 25%；旅游总收入达 2 650 亿元，同比增长 40%（表 1-3）。

表 1-3　2006~2014 年中部四省旅游人次和旅游总收入

指标	地区	2006 年	2007 年	2008 年	2009 年	2010 年	2011 年	2012 年	2013 年	2014 年
旅游人次/ 万人次	江西	5 095	7 005	8 100	9 399	10 819	15 990	20 503	25 010	31 306
	安徽	6 239	7 955	10 070	12 424	15 547	22 800	29 531	33 987	37 900
	湖北	8 565	10 266	11 797	15 198	21 128	27 368	34 500	40 889	47 200
	湖南	9 200	10 896	12 830	16 064	19 600	26 328	30 224	36 230	41 200
旅游总 收入/ 亿元	江西	390.9	463.7	559.4	675.6	818.3	1 105.9	1 402.6	1 896	2 650
	安徽	411.5	576	731.1	908.9	1 151.5	1 900.6	2 617.8	3 010.4	3 430
	湖北	539.74	640.87	744.19	1 004.48	1 460.53	1 987	2 629	3 142.32	3 752
	湖南	588.39	732.71	851.75	1 099.47	1 425.8	1 782	2 234.1	2 681.9	3 046

资料来源：《江西省旅游统计年鉴》及各地区社会发展公报

从表 1-1~表 1-3 中可以看出，在中部四省中，江西旅游业的纵向比较发展形势喜人，但是与中部地区其他省份相比，不但旅游规模较小，而且旅游竞争力优势亦有不足，相比之下仍有一定差距。

因此，要改变江西旅游产业发展仍然相对滞后的局面，达到建设旅游强省的目标，应该采取超常规发展战略，转变发展思路，积极探索新路径，做好战略构想和主题定位，探索观光旅游向休闲度假旅游转变的创新模式，开发个性化、多样化的旅游产品，形成江西休闲度假服务体系，打造接待服务设施齐全、产品体系完备、主题形象与品牌突出、个性与特色鲜明的休闲度假旅游目的地。真正把旅游强省建设作为江西"绿色崛起"的必由之路和"进位赶超"的重要突破口，转变江西旅游发展方式，实现江西旅游提质、增效，促进旅游产业健康、快速发展，使旅游业成为江西生态文明示范区建设的窗口产业和支撑产业。

第二节　区域旅游产业升级与休闲度假旅游目的地建设

一、区域旅游产业升级的必要性

随着江西省人均地区生产总值的提高和群众精神消费需求的增长，旅游产业也快速发展，对国民经济的贡献率正在不断提高。虽然江西省旅游产业已经取得了长足的发展，但在产业结构、市场体系、企业能力、产品供给、人才培养等方面还存在诸多差距和瓶颈，尤其是在面临产业转型升级的今天，消费市场及消费者的需求正在悄然变化，需要适应新形势、探索新路径、谋求新发展。

（一）居民收入增长推动产业转型升级

居民收入增长推动产业转型升级主要反映在人均国民收入增长上。人均国民收入体现了一个国家或地区经济发展的实力，也体现了社会财富未来分配和使用的趋向。国际上的普遍规律是，在人均国内生产总值（GDP）（或地区生产总值）达到 1 000 美元以后，这个国家（或地区）的居民对休闲度假旅游市场的需求就会逐步增长。当人均 GDP 达到 2 000 美元时，休闲游需求骤升；当人均 GDP 达到 3 000 美元时，度假游需求渐旺，人们注重生活品质。旅游需求取向的变化和休闲观念的形成，将改变旅游市场的传统结构，休闲旅游将占据更大的市场份额。纵观江西"十二五"期间经济发展形势，2011 年江西人均 GDP 为 25 998 元（4 226 美元），2012 年 28 800 元（4 562 美元），2013 年 31 930 元（5 156 美元），2014

年 34 674 元（5 577 美元），这意味着江西的经济社会发展将进入一个新的时期，也说明江西居民已经进入度假旅游需求旺盛时期，旅游形态开始向休闲度假旅游转化升级，休闲度假旅游已成为江西居民更高层次的旅游消费。

（二）闲暇时间增多促使产业转型升级

自从实行"黄金周"与"双休日"制度以来，我国公民每年可享受的节假日已达 115 天，民众有了更多的闲暇时间，单纯的观光旅游已经无法满足现代旅游者的需求。旅游要有新的发展，势必要跟上休闲时代的步伐。2014 年 3 月在人民大会堂召开的十二届全国人民代表大会第二次会议上，李克强总理在政府工作报告中指出要重点落实带薪休假制度，这意味着困扰休闲度假旅游的"闲暇"问题将得到解决，更多的公民将有更多的出游时间，并参与到休闲度假旅游中来。世界旅游组织的最新调查也认为，休闲旅游将成为世界旅游业中最为重要的发展方向，休闲经济将无可争议地成为第三产业中最重要的产业。在这样的趋势与发展背景下，促进江西旅游业向休闲度假型转型是大势所趋。

（三）消费市场多元化发展促进产业转型升级

随着休闲度假游逐渐走向大众居民，旅游消费特征也正在悄然发生变化。游客作为旅游市场的主体，是旅游的根本。在大众旅游时代，省内居民的出游诉求更多地停留在观光、游览经历阶段。随着生活水平的提高，他们追求更高品质的旅游服务和旅游产品，此时的旅游已然成为一种改善人们生活质量、提升生活品质的重要方式。

旅游者休闲旅游活动形式渐趋个性化、多样化。当然，观光旅游作为传统、常规、普通的旅游形式，也许是永不"下市"的旅游产品和活动，无论是现在还是未来，都会拥有较大的市场空间，但它已不再是旅游者的唯一选择和基本需求，赴异国考察、去他乡采摘、至草原跑马、进森林探幽、登高处览胜、赴野外徒步等，都已成为广大旅游者的普遍追求的休闲方式。旅游者对个性化、多元化、精品化的休闲度假产品的需求与日俱增。

在全国旅游业由观光向休闲度假旅游转型的发展趋势下，江西旅游强省建设必然要走旅游产业转型升级和培育新型旅游业态之路，旅游产业向休闲度假旅游的转型升级不仅是时代的召唤，更是产业发展的必然。

二、建设休闲度假旅游目的地的重要性

（一）休闲度假旅游是江西旅游产业转型升级的重要内容

由观光型向休闲度假型转变是旅游产业发展的一般规律，休闲度假旅游的

兴起是经济社会发展、文明程度提高的必然趋势。目前，我国还处在观光旅游需求全面发展阶段，长三角、珠三角等沿海发达地区，已经进入观光旅游向休闲度假旅游转型的成熟阶段，取得诸多显著成效。江西作为内陆地区，旅游产业正处于由观光旅游向度假旅游发展的关键阶段，休闲度假旅游是江西旅游产业转型升级的重要内容。打造休闲度假旅游重要目的地，既是对江西旅游产业发展趋势的把握和宏观战略的定位，也是对江西建设旅游强省的一个实践性探索和重要举措。

（二）休闲度假旅游目的地打造是旅游强省建设的重要抓手

建设旅游强省必须以打造旅游精品为突破口，以实现旅游景区品质提升为目标，以形成一系列在国内乃至世界范围内享有较高知名度和美誉度的旅游目的地为抓手。目前，江西的红色旅游、乡村旅游、山水旅游、休闲度假旅游多元旅游业态，蓬勃发展，江西凭借其丰富的山水资源、独特的山水景观吸引游客，成为国内外游客向往的旅游目的地。

为了实现旅游强省的战略目标，江西加快旅游目的地建设步伐。例如，旅游城市、风景名胜区、A级旅游区、森林公园等建设速度加快，旅游目的地形象明显改观；庐山、三清山、龙虎山、龟峰、仙女湖等重点旅游景区接待条件大大改善；南昌、九江、赣州、景德镇、鹰潭、萍乡、瑞金等旅游目的地城市面貌都发生了较大变化，新的旅游景点不断涌现，旅游功能明显增强。同时，江西省委、省政府提出了"一核三片五城十县百区"旅游目的地体系建设设想：将南昌打造为江西旅游的核心集散地和旅游名城；将环鄱阳湖、赣中南、赣西三大旅游板块打造为重要旅游经济区；将景德镇打造为国际旅游名城；将九江、上饶打造为江西旅游发展的重要增长极和全国旅游强市；将赣州、鹰潭打造为国内著名休闲旅游目的地城市；打造10个以上旅游强县；打造100个4A级以上旅游景区（其中5A级旅游景区10个以上）。

另外，江西省委、省政府提出差异化发展战略，以打造三清山示范景区，带动赣东北旅游区域快速发展，进而引领全省旅游转变发展方式，推动旅游全面发展。同时，将庐山、井冈山、三清山、龙虎山、婺源、景德镇古窑等打造成为世界知名、国内一流的经典旅游景区；将瑞金、武功山、明月山、大觉山、三百山、瑶里、龟峰、庐山西海、仙女湖、鄱阳湖国家湿地公园等打造成为国内知名精品旅游景区，以强大的旅游目的地体系支撑旅游强省建设。

第三节　江西休闲度假旅游发展现状与问题

改革开放以来，随着经济社会稳步发展、人民生活水平不断提高、居民闲暇时间更加充裕，我国迎来假日经济发展和"大休闲"时代，休闲度假旅游市场需求日趋旺盛，尤其是现代休闲度假旅游与观光、疗养健身、商务会展、游憩娱乐等活动结合起来，极大地促进了休闲度假旅游的多元化和多样化发展，度假旅游发展水平已然成为衡量区域旅游发展成熟与否的重要标志。

在我国东部沿海地区，特别是长江三角洲经济发达、外向型经济明显的地区，追求度假旅游成为一种潮流、一种时尚。江西作为沿海地区的重要腹地，休闲度假旅游市场正在逐步升温。

一、江西休闲度假旅游发展现状

随着休闲经济与旅游产业的深度融合，江西旅游产业在改革和创新中发展，在旅游产业发展实践中，积极探索将休闲元素融入产品开发的实现途径和方法，合理组合旅游资源，积极开发乡村旅游、温泉旅游等休闲度假旅游产品，不断完善旅游网络休闲体验和在线服务功能，努力打造休闲旅游示范区、旅游度假村以及休闲度假旅游景区（点）。

（一）乡村旅游

乡村旅游是实现观光旅游向休闲度假旅游转变的重要途径。近几年来，江西省高度重视乡村旅游发展，多次召开乡村旅游专题工作会议，并提出多项政策和措施，有力推动了江西省乡村旅游的快速发展。2013年省发展和改革委员会、省旅游局制定了《江西省乡村旅游发展规划（2013—2017年）》，旨在引导全省乡村旅游规范、有序发展，为乡村旅游快速发展提供了良好的政策环境。目前，江西省乡村旅游产业体系已初具规模，旅游住宿、餐饮、文娱、交通等旅游产业体系日趋完善，从业人员队伍不断壮大，经营管理和服务水平不断提高。

截至2015年8月，江西已拥有7个全国休闲农业与乡村旅游示范县、1 125个中国传统村落、15个全国休闲农业与乡村旅游示范点、116个省级以上历史文化名村、名镇，16个特色景观旅游名镇、名村，121个A级乡村旅游点等，它们构成了江西乡村的基本框架，涌现出婺源、铜鼓、南昌凤凰沟、安义顾村、新余昌坊等一批发展典型，形成了城郊周边游、踏青游、亲子游、采摘游、摄影游、美食游、养老游、民俗游等丰富多彩的乡村旅游产品。

在2015年全国乡村旅游提升与旅游扶贫推进会上，江西省旅游行业916个单位和个人获"中国乡村旅游模范村"和"中国乡村旅游模范户"等国家级荣誉称号，总量位居全国第二。这标志着江西省发展乡村旅游的经验和做法，得到国家的高度肯定。

近几年，江西省成功打造了婺源、南昌凤凰沟、新余昌坊等典型乡村旅游目的地，其中，拥有优美生态环境、深厚人文积淀的婺源已经成为国内外闻名的乡村休闲度假旅游目的地。

婺源拥有丰富的生态旅游资源，被誉为"中国最美的乡村"。一直以来，婺源的旅游发展处于单一的门票经济和初生的观光旅游阶段。2004 年婺源率先提出要打破以传统观光型为主的模式，向生态和文化两大主题转轨。经过几年的发展，从 2012 年开始，婺源开始着力打造乡村休闲度假旅游胜地，大手笔做好旅游转型文章，突破"门票经济"瓶颈，高品位提升旅游接待服务水平，积极落实旅游业相关优惠政策，大力实施休闲度假旅游项目，加速了婺源旅游从观光型向休闲度假型转变，成为首个国家级乡村旅游度假实验区和全国旅游标准化示范县。

据统计，2012 年，婺源游客接待人数、综合收入分别为 839 万人次和 43 亿元，2013 年接待人数、综合收入分别为 1 007.5 万人次和 51.2 亿元，2014 年达到 1 283.2 万人次和 65 亿元，同比增加 27.4%和 27%。目前，婺源旅游商贸文化演艺中心项目、千年古城保护性开发项目、婺源国际赛车场项目、婺源篁岭民俗文化影视村项目以及朱子龙尾砚文化园等三十多个总投资过百亿元的大项目正在实施和建设中。这些项目的实施将进一步提升婺源旅游产业的综合效益，也将促进这种单一的观光型旅游向综合性的休闲度假康体旅游转变。可见，婺源的乡村休闲度假旅游正是适应休闲度假旅游时代发展和居民休闲需求增长的产物。但是乡村旅游发展仍需在乡村旅游设施、旅游产品层次、人力资源、旅游服务等方面加以完善和提高。

（二）温泉旅游

江西温泉旅游资源丰富，具有天然温泉 90 多处，数量多、流量大、品质高，温泉地热点总数与地热资源总量在全国排名分别为第 7 位和第 11 位，其中，温度在 40 摄氏度以上的有 51 处，它们水质较好，富含多种微量元素，具备养生疗养功能，为温泉休闲度假旅游开发提供了物质基础，成为江西省旅游发展的新增长点。2011 年以来，江西积极召开温泉旅游发展工作会议，成立温泉旅游工作领导小组，发布《关于加快发展温泉旅游的若干意见》，加快温泉旅游项目建设，形成江西庐山天沐温泉度假区、明月山天沐温泉度假区、资溪法水（天沐）温泉度假区、遂川县热水洲温泉、庐山西海温泉度假村、（宜春温汤）山水温泉疗养院、庐山龙湾温泉度假村、武功山嵊源温泉、金燕国际温泉城等一批知名温泉度假旅游企业。2014 年春节期间，温泉旅游受到游客青睐，明月山天沐温泉、樟树古海盐泉、靖安九岭森林温泉等客房预订率达到 100%，表明江西温泉休闲度假旅游具有良好的资源条件和较大的发展潜力与空间，但仍需积极创新休闲模式，延伸产业链，提高温泉疗养的技术性和温泉休闲的体验性，加大管理和培训投入，提升温泉休闲度假旅游服务水平。

（三）避暑休闲度假旅游

在各种旅游形式中，避暑休闲度假开始成为旅游的一种主要形式，相关的旅游产品已逐渐成为当今世界旅游产业中档次较高的产品，并引领世界旅游的发展趋势。江西涌现出庐山、井冈山、三清山、武功山和瑶里等观光休闲度假避暑目的地。其中，庐山清新的空气、秀丽的风景、适宜的气候、和谐的环境、厚重的文化、现代山城的时尚气息极具旅游价值，特别是因其地缘优势，庐山夏季的气温，与国内主要避暑旅游城市相比，属于凉爽、舒适、宜人型，加上其旅游基础设施、接待服务设施、管理服务水平等相对成熟，为打造避暑休闲度假地提供了充分条件，逐渐成为大量游客休闲旅游和避暑的好去处。庐山 2009 年接待游客 445.68 万人次，旅游总收入 36.7 亿元。2012 年庐山提出要走转型之路，推动庐山旅游业发展方式转变，实现从传统旅游向现代旅游形态的转变，构建国际著名度假休闲旅游避暑胜地。庐山大力整合旅游资源，将优质旅游资源进行置换、盘活、优化，使庐山旅游产品出现时尚化、差异化的新气象；快速提升硬件条件和软件水平，先后修建"抗战纪念碑"及"五教祈福园"、制作大型纪录片《庐山：人文圣山》、编辑庐山历代诗词全集、举办世界名山大会。庐山不断加大休闲产业投资力度，以"避暑"为特色，把休闲产业作为焕发经济增长活力的突破口之一，全力打造旅游观光、避暑休闲度假基地，带动江西旅游转型升级。2013 年，庐山景区接待游客达 1 003 万人次，旅游总收入突破 100 亿元；2014 年旅游接待人数达 1 206.5 万人次，增长 20.3%，旅游总收入 121.19 亿元，增长 21.19%。

（四）新型旅游业态

由于个性化旅游需求的变化，一些旅游新型业态成为休闲度假旅游的热点。旅游新业态是相对于传统旅游形式在主题上有新突破、在产品上有新创造、在产业上有新发展，或者是超越单一的观光形式，具有可持续成长性，并能达到一定规模，形成比较稳定发展态势的业态模式。现阶段在国外特别是欧美等西方发达国家，商务旅游业、会奖旅游业、文化娱乐旅游业、旅游信息业、修学旅游业、邮轮旅游业、营地旅游业、租车旅游业、影视旅游业、医疗旅游业等众多新型旅游业态都已经发展至成熟的程度。

目前，江西正在推动多元旅游业态发展，省政府加大力度发展旅游新业态，鼓励各地因地制宜发展红色旅游、乡村旅游与休闲农业、温泉旅游、森林生态旅游、水利旅游、养老旅游等多元旅游业态,重点推进文化创意产业与旅游的融合发展,建设城市休闲商务区;发掘历史与文化遗存等资源,开辟文化体验旅游线路;引导有条件的旅游城市、景区打造旅游演艺节目。大力培育积极健康、丰富多样的旅游文化产品,努力将独特的文化气息融合到旅游方式中,逐步将观光旅游转变为休闲度假旅游。其中,房车旅游备受中青年旅游者的青睐。江西自然风光吸引力较强,具备发展户外休闲度假旅游的资源条件和空间基础。相关企业和管理主体积极开发以房车为代表的户外休闲度假旅游产品,建设适合户外休闲需要的基本接待和基础服务设施。2013 年,江西季候风房车露营集团正式成立,它是江西首家集房车旅游、销售/租赁、露营地建设等于一体的旅游企业,通过租赁等方式参与房车游的人数已达到近两千人。该公司已经在南昌、九江、吉安、上饶、鹰潭等地积极投资建设江西露营地网络体系,努力提高江西房车旅游的接待能力和服务水平,推进江西休闲度假旅游个性化发展。

在诸多新型旅游业态中,以靖安为代表的以农宿文化协会主导的山村避暑度假旅游蓬勃发展,成为江西乡村旅游转型发展的重要形式。

被誉为"云中草原,户外天堂"的武功山,自 2008 年以来,每年均举办大型帐篷节,吸引全国各地户外运动爱好者,在武功山支起帐篷,安营扎寨,使武功山成为全国户外运动的著名标志地,极大地带动了江西户外旅游的发展。

在休闲农业发展过程中,江西逐步形成自己的休闲农业旅游节庆品牌:赣南大规模的脐橙节,南丰县的蜜橘节,石城、广昌、莲花等县的莲花节或荷莲文化节,安义县的杨梅节,南昌县的樱花节,永修县的桃花节,等等。

在城市休闲建设工作中,南昌市先后在红谷滩建设了赣江市民公园和秋水广场,在艾溪湖、象湖分别建设了湿地公园,在红谷滩中心区建设了万达购物广场,在九龙湖引进了万达文化旅游城项目。全省各设区市作为地域中心城市,也加强了城市休闲商务区的建设,增加城市绿地和休闲设施,极大地丰富了市民的休闲场所和旅游者的休闲活动空间。

江西休闲度假旅游正在以温泉养生旅游、乡村休闲旅游、户外运动旅游、城市休闲商务旅游、森林旅游、养老旅游等休闲度假旅游产品为主要发展形态[2],并且呈现出以城-景-村一体化发展带动多极综合性旅游目的地发展的趋势。江西要建设旅游强省,旅游业必须转型升级,提质增效,要在具有传统优势的以"红色旅游""绿色旅游"等观光旅游为主的旅游产品体系的基础上,开发新的旅游产品,建设新型旅游业态,转变旅游发展方式,展现江西旅游新优势,加速发展休闲度假旅游,打造休闲度假旅游目的地。

二、江西建设休闲度假旅游目的地存在的问题

江西凭借其得天独厚的山水自然资源及丰富多彩的历史文化遗存,旅游产品

层出不穷，休闲度假旅游产品的市场认知度不断得到提升。利用山水等度假旅游资源优势，在良好的生态环境中发展了一批休闲度假旅游景区景点，如庐山休闲度假避暑胜地，婺源全域型乡村休闲度假地，井冈山红色旅游拓展训练营，靖安农宿文化休闲村，星子、明月山、庐山西海温泉度假地，被省内外游客接受，初步形成了具有一定规模的休闲度假旅游目的地，这些产品为休闲度假旅游的大力发展奠定了良好的产业基础。但从构建体系全面、配套完善、产品丰富、服务优质的休闲度假旅游目的地来看，江西休闲度假旅游的健康、快速、可持续发展还遇到一些问题，主要表现在以下几个方面。

（一）休闲度假旅游目的地体系功能不健全

1. 城市休闲服务功能弱

与传统的观光旅游相比，休闲度假旅游更侧重游客的身心愉悦、舒适宜人，对休闲设施设备、环境和服务质量的要求比较高。城市作为一个旅游目的地，除了具有居住功能、工作功能和交通功能外，还应该具备包括休闲空间、休闲设施、休闲环境和休闲服务在内的游憩休闲功能，从而满足城市居民和外来旅游者休闲旅游的需要。近几年，为推动旅游业的发展，江西在加强硬件设施建设的同时，也比较注重软件设施的建设，但由于投入力度有限，休闲服务功能仍然不够完善，休闲服务水平也相对低下，表现较为明显的就是城市休闲产品滞后，城市休闲系统比较薄弱。例如，南昌作为江西省的省会，可供旅游者和居民休闲的文化及商业区域较少，旅游者通常都是把南昌作为来江西旅游的过境地和中转地，几乎不会想到在南昌开展休闲活动，享受休闲生活。近几年情况有所改变，南昌红谷滩新区建设了中央商务区、中央休闲购物区，建设了"一江两岸"亮化工程，打造了南昌楼群"灯光秀"，开辟了赣江夜游项目，逐步形成了城市文化休闲商业氛围。

2. 景区休闲配套设施不足

在景区建设和经营上未能充分考虑旅游者放松身心、缓解压力、感受别样风味的心理需求，而是过分强调"硬件"的规模和质量，以城市化的模式建设景区，景区的舒适度、宜人性、移情感被破坏。一些景区（如弋阳龟峰、南昌梅岭等）还停留在观光模式，主要建设线性的游览步道，对观景平台、休闲场所、活动空间、游憩廊道的建设未能统筹规划和建设，造成游客仅仅是"到此一游"而已的状况。一些旅游城市，对兴建度假酒店、文化商城、城郊别墅等固定建筑比较感兴趣，对具地方文化特质的可以流动的休闲娱乐项目的对接、招商和经营兴味索然，致使城市多数涉旅项目还是变成房地产开发项目。要建设休闲度假旅游目的地，必须真正满足"休闲"和"度假"两大要求，无论是在景区还是旅游城市建设中，都应尽量配套建设能够满足本地居民和外来人口的休闲设施，配置休闲娱乐项目,以拉长景区产业链条,增加城市文化与商务活动空间,让游客走进景区、住进酒店、融入城市,开展休闲游憩活动,体验不一样的生活,从而达到留住游客、促进消费的目的。

3. 乡村旅游缺乏氛围和规模

江西依托绝特的山水景观、优美的田园风光、深厚的古村文化、独特的乡村风貌、丰富的民俗风情、多样的风物特产、多元的山寨水乡等乡村旅游资源,因地制宜地推进乡村旅游建设,全省乡村旅游呈现快速、健康、高效发展的良好势头。可以说,乡村旅游已经在全省旅游行业中占有重要的一席之地,并且成为旅游产业发展中的一个新亮点。

但是,乡村旅游也出现游人熙熙攘攘、人流走马观花的窘境,未能发挥出乡村休闲的巨大功能:一方面表现在乡村旅游缺乏基本的环境与氛围建设,村民乃至乡村旅游经营者对乡村旅游的休闲价值及其价值链认识不全面,致使乡村旅游建设只局限在自己的农家小院;另一方面表现在农家乐的规模参差不齐。大部分的乡村旅游是以农家乐为主,而农家乐大多是农户个体经营,规模偏小,档次不高,并且大多以餐饮为主,配套设施跟不上,活动项目单一,没有突出农业、农户、农民主题,缺乏特色休闲项目。在挖掘本地民俗风情、风土人情和农耕文化,带动游客参与农事活动、品尝农家风味、体验农民生活等方面有待拓展和建设。

4. 主题公园缺失品牌和市场

江西旅游业正处于快速发展、质量提升、转型升级时期,但主题乐园(公园)建设尚在起步阶段。在江西主题公园中,有开业已久的赣州和南昌的宝葫芦农庄,靖安的中部梦幻城,九江的大千世界,中华贤母园,南昌的茵梦湖·北纬30度主题乐园和南昌万达文化旅游城,尽管江西的主题乐园呈现遍地开花的局面,看似形成多极"争霸"的现象,但基本未形成独树一帜的个性和特色,尤其是市场聚集效应不足、经营团队跟进不到位、适宜主题公园生存和发展的旅游休闲产业链未形成,无法形成规模效应,不利于品牌的树立。在主题公园主要靠品牌立世的时代,没有自己品牌的主题公园往往是门可罗雀。

江西大部分主题乐园在投资时往往缺少对客源市场的科学调查和分析,过分强调坐落城市的地理区位,忽视其经济区位和市场区位,造成过高估计客流量,忽视主题公园品牌招徕性和内外部产业链完整性,错误估计投资回报期,从而导致投资决策失误。例如,从2009年开始立项建设的江西赣州市的"世界最大机械钟塔主题公园"停建,在一定程度上是因为园内项目单一、客源市场支撑不起如此庞大的旅游投资项目、周边的配套建设和交通设施尚不完备、宣传推介力度不够等。

（二）旅游目的地通道不够完善

就江西大交通状况来看，进出省高铁和动车通道比较快捷。但因客源支撑不够，进出省的航空通道还有很多盲点；因城市公共交通等服务体系不够健全，省内铁路沿线旅游城市和周边景区之间的旅游通道仍然不畅；由于景区建设理念滞后，旅游目的地的旅游绿道和蓝道系统仍未建立。旅游绿道作为一种线性绿色开敞空间旅行方式，连接主要的公路、自然保护区、风景名胜区、历史古迹和城乡居民居住区，现在也受到越来越多的旅游目的地和景区景点的重视。其实，类似鄱阳湖生态旅游示范区的环湖旅游区就应该打通内外交通，形成景区的多通道联系，建设旅游绿道；类似梅岭、庐山等山地旅游目的地，可以建设围山绿道网，包括自行车道、慢行休闲道和栈道，游客可骑车游览景区。休闲旅游目的地的建设，理应把绿道建设作为景区基础设施的重要内容，使之成为市民休闲健身之道、游客观光之道。

（三）旅游目的地公共服务体系有待加强

休闲度假旅游目的地建设，需要旅游公共服务体系支撑。江西旅游公共服务设施建设明显不足。一是目的地旅游集散中心体系尚不健全，至今还未建立省级旅游集散中心，主要旅游景区间很少开通旅游专线，还没有形成旅游景区间的无缝对接。二是特色旅游产品开发不够，休闲度假的主打产品和支撑产品缺乏核心竞争力与影响力，在省内及周边区域内尚未形成亮点。赣江游轮、武功山高山草甸户外运动、龙虎山实景演出等产品还缺乏产业链的衔接，基础性的功能配套设施尚不完善。三是旅游产业要素功能不完善。从旅游六要素看，省内购物、演艺等旅游要素培育不充分，景区内尚未形成较大规模的特色旅游购物场所和对外有一定影响力的旅游演出节目，城市当中缺乏能体现江西资源特色和文化内涵的城市旅游特色街区，致使游客逗留时间短、人均消费水平低、旅游综合效益不明显。四是城市旅游公共服务水平有待进一步提高。旅游信息化、标准化、数字化滞后，部分旅游企业没有形成网络经营，不能很好地满足旅游者自助游、自驾游、家庭游的个性化需求。星级化、生态化的旅游厕所普及率有待进一步提高。旅游志愿者服务、旅游救助体系建设有待推进，旅游公共服务的现代化和人性化水平亟待提高。六是智慧旅游还需多层次、多地域覆盖。目前，江西智慧旅游尚在初级阶段，大部分是应用在酒店和旅游景区的营销工作中，如网上订酒店、电子门票、微信和微博"扫一扫"等，智慧旅游的作用还未真正发挥出来。但随着各类智慧旅游服务的普及，智慧旅游系统必须实现全覆盖，为游客及企业提供更好的服务与保障。七是缺少大型旅游龙头骨干企业的示范带动，江西旅游企业散小弱差的局面长期没有得到改变。

（四）旅游目的地品牌营销系统缺失

在旅游目的地营销方面存在的问题主要如下：一方面把旅游目的地促销当做营销，只重视形象的概念化设计，注重雷声大雨点小的节庆、节事活动；另一方面表现在目的地品牌营销呈现各自为政的趋势，在九江，富有疗养功效的星子温泉和避暑名山庐山，各自在做营销推广的时候，只对景区进行单独的宣传，并未在"大美九江，人文圣山"这一整体形象下形成宣传口号，造成有些游客只闻庐山，不知九江。其实，目的地品牌营销不能单纯依靠旅游企业来完成，还必须有目的地所在地政府的配合和支持。旅游是一个关联度很大的产业，个别拥有品质较高的旅游资源的景区，如庐山、三清山、井冈山等，它们凭借这些稀缺性的资源优势，在旅游市场上独领风骚，而其他大多数旅游景区均要依托大的城市旅游目的地"借船出海""搭船远航"。如果不借助有效的目的地品牌营销，它们就无法享受到目的地品牌所带来的优势，也很难在旅游市场获得应有的份额，所以营销行为还必须以目的地这一大区域为基本单位，由政府来主导，社会参与，企业联动。不管旅游目的地拥有何种等级的旅游资源，政府层面都应该加快建立"旅游目的地营销系统"，使其真正成为旅游目的地宣传推广、营运促销和展示个性化服务的重要平台。

当然，在一定程度上，江西气候"冬寒夏热"，宜人性不够，长期温饱型的生活方式形成的家居生活特征，城市休闲设施和场所的不足，以山岳景观为主形成的通道滞障带来的交通相对不便，受经济发展相对滞后影响而形成的商务、经济、文化活动不充分，中心城市经济文化活动热度不够造成的航班不能覆盖所有的省会城市、副省级城市和区域中心城市，都是江西发展休闲度假旅游的制约因素。

第二章

江西休闲度假旅游资源调查
与综合评价

随着我国经济社会的持续发展，人们的旅游观念也发生了重大改变，越来越多的人已经厌倦了走马观花式的观光旅游，转而开始爱上以休闲、放松和娱乐为主的休闲度假旅游。江西省休闲度假旅游正处于起步阶段，并非所有类型的旅游资源均可开发休闲度假旅游产品，休闲度假旅游资源开发应具备一定条件。鉴于此，针对江西省休闲度假旅游资源的调查与评价，在全省及各市、县旅游规划中的旅游资源调查的基础上，综合考虑资源的品级和产业开发基础两大因素，选取等级为世界级和国家级的综合型旅游资源作为休闲度假旅游资源进行调查、分类与评价。

第一节　休闲度假旅游资源的概念、特征与类型

一、休闲度假旅游资源概念

2003 年《旅游资源分类、调查与评价》国家标准对旅游资源界定如下：自然界和人类社会凡能对旅游者产生吸引力，可以被旅游业开发利用，并可产生经济效益、社会效益和环境效益的各种事物和因素[3]。

J. D. Strapp 指出度假与休闲密不可分，认为度假旅游是一种以度假与休闲为

主要目的和内容，利用假日外出进行令精神和身体放松的康体休闲活动，常被称为"休闲度假旅游"；休闲度假旅游以游憩、娱乐、度假、休养为主要目的，休闲度假行为需要较多的闲暇时间，以及区别于常住地良好的异地环境[4]。

休闲度假旅游资源属于旅游资源的一种类型，因此其概念可在旅游资源概念的基础上结合休闲度假旅游的概念进行界定。休闲度假旅游资源是具有优良自然环境或人文景观，并可被人们开发利用，为旅游者提供游憩、娱乐、度假、休养等活动，达到令旅游者精神和身体放松等目的的各类事物和因素的总和。

二、休闲度假旅游资源特征

（一）生态环境是休闲度假旅游资源的基本构成要素

休闲度假市场对旅游资源的第一需求，不是旅游资源的景观如何突出、如何有特色，不是文化旅游资源如何丰富多彩，而是生态环境如何。休闲度假旅游者在到达目的地后，并不急于去游山玩水，而是住下来好好享受那里的山水环境，然后参与那些体力消耗不大的、便于与人沟通和交往的休闲娱乐活动[5]。因此，各种休闲度假旅游资源无不是将优良的生态环境作为其基本构成要素的。

（二）自然或人文景观是休闲度假旅游资源的促进要素

如前所述，优良的生态环境是休闲度假旅游资源的基本构成要素，即如果没有较好的景观，也可以依托科学的人工规划和设计，开发出很好的休闲度假旅游产品。但如果在优良的生态环境的基础上，还拥有特色的自然或人文景观，如山川、田园、瀑布、湖泊等，就可将其作为休闲度假旅游的环境景观，开发出富有特色的度假旅游产品。显然，自然或人文景观虽然在观光游览旅游资源中所占比重不大，但拥有较好景观资源的休闲度假旅游地吸引力更大，是休闲度假旅游资源的促进要素。

（三）自然与人工创造是休闲度假旅游资源的两大构成要素

休闲度假旅游不仅对当地的生态环境要求较高，而且对相关设施和服务水平要求高，要求服务设施与周边环境协调，品质高，服务好，能体现出精细化、人性化、舒适性的特点。因此，休闲度假旅游资源虽然主要以自然生态环境和景观资源等自然要素为依托，但也包括休闲度假设施和服务，具体包括住宿、餐饮、娱乐等设施及相关服务，这些构成要素是经过人为活动创造的。

三、休闲度假旅游资源类型

为更好地对江西休闲度假旅游资源进行统计，本书结合国内外其他学者对休闲度假旅游资源的分类情况，根据休闲度假旅游资源的属性，将休闲度假旅游资源分为高山雪原型、海滨海岛型、地热温泉型、山地生态型、湖泊河流型、乡村田园型、人文综合型、流动设施型八种类型，具体如下。

（1）高山雪原型。以滑雪资源为基础，以滑雪休闲度假产品为核心，同时提供登山、攀岩、跳伞、徒步、日光浴、森林浴、冰川科考等配套旅游产品，主要分布在高纬度和高海拔地区，依托的主要旅游资源是气候气象、山地的地形和生态环境。

（2）海滨海岛型。以"3S" [海水（sea）、沙滩（sand）、阳光（sunshine）]旅游资源为基础，以滨海休闲度假产品为核心，同时提供冲浪、潜水、滑翔伞、垂钓、美食、海洋科考等配套旅游产品，依托的主要旅游资源是"3S"旅游资源、生态环境和优质的休闲度假设施和服务。

（3）地热温泉型。以地热和温泉资源为基础，以温泉疗养休闲度假产品为核心，同时提供运动健身、康体美容、特色美食等配套旅游项目，依托的主要旅游资源是地热和温泉水、良好的生态环境、优质的服务及接待设施。

（4）山地生态型。以山地自然生态资源为基础，以山地避暑休闲度假产品为核心，同时提供山地运动、森林浴、山地露营、徒步探险等配套旅游产品，依托的主要旅游资源是山地自然生态、山地气象气候、优质的服务及休闲度假设施。

（5）湖泊河流型。以湖泊、河流水体资源为基础，以湖泊休闲度假产品为核心，同时提供水上观光、水上运动、水疗康体等旅游产品，依托的主要旅游资源是水体自然景观资源、良好的水域生态环境、优质的服务及水上休闲度假设施。

（6）乡村田园型。以乡村生态田园资源为基础，以乡村生态休闲度假产品为核心，同时可开展民俗风情、民间节庆、乡间散步、骑马、网球、高尔夫球、农家生活体验等旅游活动，依托的主要旅游资源是乡村田园风光、良好的生态环境和乡村特色餐饮。

（7）人文综合型。以人文景观为基础，以文化休闲度假产品为核心，提供时尚购物、文化休闲、娱乐康体、品质餐饮等活动和项目，依托的主要资源为人文景观、文化底蕴良好的城镇生态环境、科学的规划设计、优质的服务及良好的休闲度假设施。

（8）流动设施型。该类型是指依托现代的交通工具进行休闲度假，包括游船、游轮、房车、豪华的旅游列车等，休闲度假活动主要以在交通工具上为主，但也需依托沿途或停靠点的良好自然生态环境。其中，游船、游轮和旅游列车休闲度假主要以车船上丰富的休闲娱乐活动、特色餐饮等为主，房车主要依托各地的房车基地进行户外的休闲度假活动。

第二节 重要休闲度假旅游资源调查统计

以上述对休闲度假旅游资源概念、特征和类型的界定为理论基础，以各县市旅游规划中的旅游资源调查为资料依据，对江西省休闲度假旅游资源进行多角度调查统计，以发现江西省休闲度假旅游资源的品质特征、类型特征及分布特征。

一、等级统计

针对休闲度假旅游资源的等级统计，主要是基于已获得国家级或世界级称号的旅游资源来进行，这些旅游资源分别为世界遗产、世界地质公园、国际重要湿地、世界生物圈保护区、世界瓷都等世界级资源，国家重点风景名胜区、国家 5A级景区、国家 4A 级景区、国家级自然保护区、国家森林公园、国家水利风景区、国家地质公园、全国历史文化名镇（村）、综合型全国文物保护单位等国家级资源。

根据上述统计方法，截至 2014 年 12 月，江西世界级休闲度假旅游资源分别为 3 处世界遗产、3 处世界地质公园、1 处国际重要湿地、1 处世界生物圈保护区、1 处公认的"世界瓷都"，剔除重复资源，江西世界级休闲度假旅游资源共 6 处；国家级休闲度假旅游资源分别为 14 处国家重点风景名胜区、6 处国家 5A 级景区、64 处国家 4A 级景区、45 处国家森林公园、27 处国家水利风景区、4 处国家地质公园、33 处中国历史文化名镇（村）、13 处国家级自然保护区、38 处综合型全国文物保护单位，剔除重复资源，江西国家级休闲度假旅游资源共 189 处，具体名单如表 2-1 所示。

表 2-1　江西高等级休闲度假旅游资源名录

等级	类型	名录
世界级	世界遗产	庐山、三清山、龙虎山（龟峰）
	世界地质公园	庐山、龙虎山、三清山
	国际重要湿地	鄱阳湖自然保护区
	世界生物圈保护区	井冈山自然保护区
	世界瓷都	景德镇
国家级	国家重点风景名胜区	庐山、井冈山、三清山、龙虎山、仙女湖、三百山、武功山、梅岭-滕王阁、龟峰、高岭-瑶里、云居山-柘林湖、灵山、神农源、大茅山
	5A 级景区	庐山、井冈山、三清山、龙虎山、婺源江湾景区、景德镇古窑民俗博览区

续表

等级	类型	名录
国家级	4A级景区	滕王阁、赣州通天岩、上饶弋阳龟峰、新余市仙女湖、景德镇浮梁古县衙、高岭-瑶里、婺源大鄣山卧龙谷、南昌天香园、九江星子庐山天沐温泉度假村、星子庐山龙湾温泉度假村、宜春靖安三爪仑、宜春明月山、明月山天沐温泉度假村、南昌八一起义纪念馆、赣州宝葫芦农庄、崇义阳岭、上饶婺源灵岩洞、景德镇得雨生态园、乐平洪岩仙境、景德镇中国瓷园、赣州赣县客家文化城、定南九曲度假村、瑞金叶坪红色旅游景区、上饶集中营景区、婺源文公山、婺源鸳鸯湖、吉安渼陂古村、庐山西海国际温泉度假村、婺源李坑、婺源思溪延村、抚州资溪大觉山、安源路矿工人运动纪念馆、赣州龙南关西围屋、安远三百山、赣州五龙客家风情园、瑞金中央根据地历史博物馆、萍乡武功山、赣州会昌汉仙岩、赣州兴国三僚景区、南昌市宝葫芦农庄、赣州市大余丫山景区、赣州市石城通天寨景区、赣州市宁都翠微峰景区、南昌市梅岭狮子峰景区、南昌市江西凤凰沟景区、九江市湖口石钟山景区、九江市共青城富华山景区、吉安市庐陵文化生态园景区、吉安市天祥景区、宜春市中部梦幻生态旅游区、上饶市鄱阳湖鄱阳湿地旅游区（鄱阳湖国家湿地公园）、上饶市婺源汪口景区、上饶市三清山田园牧歌景区、抚州市名人雕塑园景区、九江市庐山西海景区、修水南崖-马家洲景区、萍乡市荷花博览园景区、抚州梦湖景区、九江市武宁西海湾景区、乐平怪石林景区、萍乡杨岐山景区、赣州市陡水湖景区、上饶市婺源篁岭景区、吉安市青原山景区
国家级	国家森林公园	三爪仑、庐山山南、梅岭、三百山、马祖山、鄱阳湖口、灵岩洞、明月山、翠微峰、天柱峰、泰和、鹅湖山、龟峰、上清、梅关、永丰、阁皂山、三叠泉、武功山、铜钹山、阳岭、天花井、五指峰、柘林湖、陡水湖、万安、三湾、安源、九连山、岩泉、云碧峰、景德镇、瑶里、清凉山、峰山、九岭山、军峰山、五府山、岑山、怀玉山、碧湖潭、毓秀山、圣水堂、莲花山、彭泽
	国家水利风景区	上游湖风景区、景德镇市玉田湖水利风景区、贵溪市白鹤湖水利风景区、井冈山市井冈山湖水利风景区、南丰县潭湖水利风景区、乐平市翠平湖水利风景区、南城县麻源三谷水利风景区、泰和县白鹭湖水利风景区、宜春市飞剑潭水利风景区、上饶市枫泽湖风景区、赣州市三江水利风景区、铜鼓县九龙湖水利风景区、安福县武功湖水利风景区、景德镇市月亮湖水利风景区、都昌县张岭水库水利风景区、萍乡市明月湖水利风景区、会昌县汉仙湖水利风景区、赣抚平原灌区水利风景区、星子县庐山水利风景区、宜丰县渊明湖水利风景区、新建县梦山水库水利风景区、新建县溪霞水库水利风景区、武宁县桃花源水利风景区、九江市庐山西海水利风景区、万年县群英水库水利风景区、玉山县三清湖水利风景区、广丰县铜钹山九仙湖水利风景区
	国家地质公园	庐山第四纪冰川、龙虎山丹霞地貌、三清山、武功山
	中国历史文化名镇（村）	名镇：浮梁瑶里镇、鹰潭上清镇、横峰葛源镇、吉安富田镇、萍乡安源镇、铅山河口镇、广昌驿前镇、金溪浒湾镇、吉安永和镇、铅山石塘镇 名村：乐安流坑村、吉安渼陂古村、婺源埋坑村、高安贾家村、吉水燕坊村、婺源汪口村、安义罗田村、浮梁严台村、赣县白鹭村、吉安陂下村、婺源延村、宜丰天宝村、龙南关西村、婺源虹关村、金溪竹桥村、浮梁沧溪村、吉安钓源村、婺源思溪村、宁都东龙村、吉水桑园村、金溪曾家村、安福塘边村、峡江湖州村

续表

等级	类型	名录
国家级	国家级自然保护区	鄱阳湖候鸟自然保护区、九连山自然保护区、南矶山国家自然保护区、桃红岭梅花鹿自然保护区、江西武夷山自然保护区、井冈山自然保护区、官山自然保护区、马头山自然保护区、九岭山自然保护区、江西齐云山国家级自然保护区、江西阳际峰国家级自然保护区、江西赣江源国家级自然保护区、江西庐山国家级自然保护区
	综合型全国文物保护单位	井冈山革命遗址、瑞金革命遗址、景德镇湖田古瓷窑址、通天岩石窟、星子观音桥、白鹿洞书院、景德镇祥吉弄民宅、赣州城墙、庐山会议旧址及庐山别墅建筑群、永新湘赣省委机关旧址、横峰闽浙赣省委旧址、抚州流坑村古建筑群、龙南关西新围-燕翼围、景德镇御窑厂窑址、婺源清华彩虹桥、铅山鹅湖书院、婺源宗祠、婺源理坑村民居、大余梅关和古驿道、南昌青云谱、星子秀峰摩崖、万安城墙、紫阳堤、龙虎山古建筑群、明园、景贤贾氏宗祠、三清山古建筑群、白鹭洲书院、龙江祝氏宗祠、驿前石屋里民宅、凤山查氏宗祠、新源俞氏宗祠、东生围、南岩石窟、富田村诚敬堂、渼陂红四军总部旧址、"二七"陂头会议旧址、瑶里改编旧址

注：以上资料来源于各相关统计整理，时间截至2014年10月；2015国务院撤销新建县，设立新建区，本书沿用旧称

二、类型统计

前文将休闲度假旅游资源分为高山雪原型、海滨海岛型、地热温泉型、山地生态型、湖泊河流型、乡村田园型、人文综合型、流动设施型八种类型，江西由于自然地理原因，没有高山雪原型、海滨海岛型两种类型旅游资源。在以上对国家级以上休闲度假旅游资源统计的基础上，对各县市等级为国家级以下又适宜开发休闲度假旅游的旅游资源进行调查统计，以此对江西休闲度假旅游资源进行分类统计。统计得出地热温泉型51处、山地生态型143处、湖泊河流型62处、乡村田园型62处、人文综合型59处、流动设施型4种，扣除重复项共计377处（流动设施型除外），具体如表2-2所示。

表2-2　江西休闲度假旅游资源分类统计名录

属性	名录
地热温泉型	流湖南昌温泉城、靖安金锣湾温泉、靖安江钨温泉、奉新九仙汤温泉、樟树药都盐温泉、丰城仙姑岭温泉、星子庐山温泉、西海温泉、武宁上汤温泉、鄱阳乌金汉温泉、宜春温汤温泉、宜春洪江温泉、宜春梅花温泉、萍乡万龙山温泉、安福武功山温泉、万载鲁塘温泉、铜鼓温泉镇温泉、铜鼓汤里温泉、修水汤桥温泉、上犹平富温泉、大余河洞温泉、遂川汤湖温泉、遂川热水洲温泉、安远三百山温泉、寻乌青龙岩温泉、寻乌河角温泉、龙南九龙湾温泉、崇义上堡温泉、信丰安西温泉、全南逐址温泉、石城九寨温泉、石城杨坊温泉、石城琴水温泉、会昌会仙温泉、瑞金谢坊温泉、宁都湛田温泉、临川温泉、南丰付坊温泉、资溪法水温泉、崇仁汤溪温泉、黎川华山洲温泉、龙虎山温泉、龟峰温泉、三清山温泉、德兴大茅山温泉、醉石温泉、修水汤桥温泉、赣县遇龙温泉、于都杨公坝与公馆温泉、靖安中源温泉、樟树古海养生旅游度假区

属性	名录
山地生态型	庐山、井冈山、三清山、龙虎山、三百山、武功山、梅岭、龟峰、高岭、灵山、神农源、大茅山、赣州通天岩、婺源大鄣山卧龙谷、靖安三爪仑、宜春明月山、婺源灵岩洞、乐平洪岩仙境、婺源文公山、会昌汉仙岩、大余丫山、石城通天寨、宁都翠微峰、湖口石钟山、共青城富华山、资溪大觉山、厚田沙漠、上天峰、黄马白虎风景区、马游山风景区、星子县桃花源景区、栖贤峡谷、鞋山、湖口屏峰山、都昌南山风景区、都昌三尖源森林公园、都昌马鞍岛、瑞昌青山、永修龙源峡、永修凤凰山、武宁神雾山、云居山、武宁九宫山、武宁太平山、修水黄龙山、彭泽彭浪矶、崇义聂都溶洞群、崇义七星望月景区、上犹燕子岩峡谷、上犹大金山风景区、赣州莲花山、兴国宝石仙境风景区、于都罗田岩景区、于都宽石寨丹霞奇观风景区、于都金鼎寨丹霞奇观风景区、于都屏山风景区、宁都莲花山、瑞金罗汉岩、会昌县会昌山、寻乌桠髻钵山、寻乌青龙岩风景区、寻乌东江源生态公园、定南云台山、龙南小武当、龙南杨梅千年古树群风景区、全南天龙山、全南仙女陂、德兴梧风洞景区、玉山天梁山、铅山葛仙山、横峰赭亭山、奉新百丈山-萝卜潭、丰城玉华山、丰城罗山、宜丰洞山、宜丰五峰山、万载竹山洞景区、吉安卢家洲、永丰大仙岩风景区、新干莒洲岛、新干黎山、新干上寨桃源景区、峡江玉笥山、遂川白水仙-泉江风景区、青原山、遂川南风面、乐平怪石林、汪湖生态旅游区、余江马祖岩、莲花玉壶山、金溪翠云山、崇仁相山、南城麻姑山、乐安金竹瀑布群、宜黄曹山、百丈峰、分宜洞山、仰天岗、庐山山南、马祖山、鄱阳湖口、天柱峰、泰和、鹅湖山、上清、梅关、永丰、阁皂山、三叠泉、铜钹山、阳岭、天花井、五指峰、万安、三湾、安源、九连山、岩泉、云碧峰、景德镇、清凉山、峰山、九岭山、军峰山、五府山、岑山、怀玉山、碧湖潭、毓秀山、圣水堂、莲花山、彭泽、三江口、马岗岭、九峰、象山森林公园、桃红岭梅花鹿、武夷山、官山、马头山、齐云山、阳际峰、赣江源等国家级自然保护区
湖泊河流型	鄱阳湖候鸟自然保护区、南矶山国家自然保护区、仙女湖、庐山西海、婺源鸳鸯湖、鄱阳湖国家湿地公园、陡水湖、上游湖、景德镇市玉田湖、贵溪市白鹤湖、南丰县潭湖、乐平市翠平湖、南城县麻源三谷、泰和县白鹭湖、宜春市飞剑潭、上饶市枫泽湖、赣州市三江景区、铜鼓县九龙湖、安福县武功湖、景德镇市月亮湖、都昌县张岭水库、萍乡市明月湖、会昌县汉仙湖、赣抚平原灌区、星子县庐湖、宜丰县渊明湖、新建县梦山水库、新建县溪霞水库、武宁县桃花源景区、万年县群英水库、军山湖、青岚湖、象湖、艾溪湖、瑶湖、甘棠湖、长江、赛城湖、赤湖、湖口南北港、都昌大港水库、永修白莲湖、修水修河风景区、德安雁家湖、修水程坊风景区、安远九曲溪景区、定南九曲河、定南礼亨水库、德兴凤凰湖、德兴双溪湖、广丰七星湖、余干康山、余干瑞洪、丰城丰水湖、峡江万宝水库、峡江成子河、永新红枫湖、余江洪五湖、上栗天堂湖、南城醉仙湖、广昌青龙湖、崇仁虎毛山水库
乡村田园型	婺源江湾、瑞金叶坪、吉安渼陂古村、婺源李坑、婺源延村、兴国三僚村、三清山田园牧歌景区、乐安流坑村、婺源理坑村、高安贾家村、吉水燕坊村、婺源汪口村、安义罗田村、浮梁严台村、赣县白鹭村、吉安陂下村、宜丰天宝村、龙南关西村、婺源虹关村、金溪竹桥村、浮梁沧溪村、吉安钓源村、婺源思溪村、宁都东龙村、吉水桑园村、金溪曾家村、安福塘边村、峡江湖州村、婺源清华彩虹桥、蒋巷、扬子洲、汪山土库、西湖李家村、三江后万古村、广福永木黎村、星子太乙村、都昌鹤舍古村、彭泽兆吉沟、崇义上堡梯田、于都寒信村、宁都杨依古村、瑞金密溪古村、瑞金凤岗古村、石城田江村、信丰脐橙生态园、婺源篁岭、婺源江岭、万年河埠古村、万年裴梅荷桥村贡米生产基地、丰城白马寨、丰城厚板塘古村、吉水生态硒谷、泰和武山生态农业园、泰和千烟洲观光农业区、莲花路口古民居、东乡浯溪村、王安石故里-东乡上池村、资溪新月畲族村、崇仁浯漳村、南丰石油村、广昌百里莲花带、新余昌坊

续表

属性	名录
人文综合型	浮梁瑶里镇、鹰潭上清镇、横峰葛源镇、吉安富田镇、萍乡安源镇、铅山河口镇、广昌驿前镇、金溪浒湾镇、吉安永和镇、铅山石塘镇、瑞金沙洲坝、永修吴城镇、修水渣津镇、宁都小布镇、贵溪樟坪畲族乡、景德镇古窑民俗博览区、滕王阁、南昌天香园、南昌八一起义纪念馆、赣州宝葫芦农庄、景德镇得雨生态园、景德镇中国瓷园、赣州赣县客家文化城、赣州五龙客家风情园、南昌市江西凤凰风景区、吉安市庐陵文化生态园景区、吉安市天祥景区、永新湘赣省委机关旧址、宜春市中部梦幻生态旅游区、抚州市名人雕塑园景区、景德镇祥吉弄民宅、赣州城墙、万安城墙、紫阳堤、景德镇湖田古瓷窑址、星子观音桥、景德镇浮梁古县衙、白鹿洞书院、南昌青云谱、白鹭洲、东生围、西山万寿宫、德安江州义门陈风景区、中华贤母园、东林大佛、都昌老爷庙、瑞昌铜岭、德安万家岭风景区、定南神仙岭、大余牡丹亭公园、吉安科技园山庄景区、永丰永叔公园、吉水毛泽东祖籍游览苑、万安影视城、景德镇三宝国际陶艺村、乐平古戏台群、贵溪塔桥园艺场、上栗杨岐山、广昌莲花科技博览园
流动设施型	分布在省内各地游船、游轮、房车、豪华的旅游列车等流动设施

三、分区统计

（一）分设区市统计

为分析各设区市休闲度假旅游资源的分布情况,分别针对 11 个设区市进行统计,统计结果如下:南昌市 30 处、九江市 62 处、赣州市 78 处、上饶市 49 处、宜春市 36 处、吉安市 43 处、景德镇 19 处、鹰潭市 11 处、萍乡市 10 处、抚州市 33 处、新余市 6 处,总计 377 处,具体如表 2-3 所示。

表 2-3　江西休闲度假旅游资源分设区市统计名录

设区市	资源名录
南昌市	梅岭、圣水堂国家森林公园、安义古村群、南矶山、赣抚平原灌区、梦山风景区、溪霞风景区、流湖南昌温泉城、滕王阁、天香园、八一起义纪念馆、凤凰沟景区、青云谱、厚田沙漠、军山湖、青岚湖、象湖、艾溪湖、瑶湖、西山万寿宫、蒋巷、扬子洲、象山森林公园、上天峰、黄马白虎风景区、马游山风景区、汪山土库、西湖李村、三江后万古村、广福永木黎村
九江市	庐山、石钟山、庐山山南国家森林公园、马祖山、鄱阳湖口国家森林公园、三叠泉国家森林公园、天花井国家森林公园、九岭山国家森林公园、彭泽龙宫洞风景区、桃红岭梅花鹿自然保护区、鄱阳湖候鸟自然保护区、庐山西海、都昌县张岭水库、星子县庐湖、武宁县桃花源景区、星子庐山温泉、西海温泉、武宁上汤温泉、修水汤桥温泉、紫阳堤、星子观音桥、白鹿洞书院、秀峰景区、甘棠湖、长江、赛城湖、赤湖、中华贤母园、东林大佛、太乙村、星子县桃花源景区、醉石温泉、栖贤峡谷、鞋山、湖口南北港、湖口屏峰山、都昌老爷庙、都昌南山风景区、都昌三尖源森林公园、都昌鹤舍古村、都昌马鞍岛、都昌大港水库、瑞昌青山、瑞昌铜岭、永修龙源峡、永修白莲湖、永修凤凰山、永修吴城镇、武宁神雾山、云居山、武宁九宫山、武宁太平山、修水黄龙山、修水渣津镇、修水汤桥温泉、修水程坊风景区、修水修河风景区、彭泽彭浪矶、彭泽兆吉沟、德安雁家湖、德安万家岭风景区、德安江州义门陈风景区
赣州市	宁都湛田温泉、赣州宝葫芦农庄、赣县客家文化城、赣州五龙客家风情园、瑞金沙洲坝、赣州城墙、安远县东生围、崇义聂都溶洞群、崇义七星望月景区、上犹燕子岩峡谷、上犹大金山风景区、赣州莲花山、赣县遇龙温泉、兴国宝石仙境风景区、于都罗田岩景区、于都杨公坝与公馆温泉、

设区市	资源名录
赣州市	于都宽石寨丹霞奇观风景区、于都金鼎寨丹霞奇观风景区、于都屏山风景区、于都寒信村、宁都小布镇、宁都杨依古村、宁都莲花山、瑞金罗汉岩、瑞金密溪古村、瑞金凤岗古村、石城田江村、会昌县会昌山、安远九曲溪景区、寻乌桠髻钵山、寻乌青龙岩风景区、寻乌东江源生态公园、定南云台山、定南九曲河、定南神仙岭、定南礼亨水库、龙南小武当、龙南杨梅千年古树群风景区、全南天龙山、全南仙女陂、信丰脐橙生态园、大余牡丹亭公园、大余三江口森林公园
上饶市	三清山、龟峰、灵山、神农源、大茅山、婺源大鄣山卧龙谷、婺源灵岩洞、婺源文公山、铅山鹅湖山、广丰铜钹山、云碧峰、上饶县五府山、岑山、怀玉山、鄱阳莲花山、武夷山国家级自然保护区、婺源江湾、婺源李坑、婺源延村、三清山田园牧歌景区、婺源理坑村、婺源汪口村、婺源虹关村、婺源思溪村、婺源清华彩虹桥、婺源鸳鸯湖、鄱阳国家湿地公园、上饶市枫泽湖、万年县群英水库、鄱阳乌金汊温泉、龟峰温泉、三清山温泉、德兴大茅山温泉、横峰葛源镇、铅山河口镇、铅山石塘镇、婺源篁岭、婺源江岭、德兴梧风洞景区、德兴凤凰湖、德兴双溪湖、玉山天梁山、广丰七星湖、铅山葛仙山、横峰赭亭山、万年河溪古村、万年裴梅荷桥村贡米生产基地、余干康山、余干瑞洪
宜春市	靖安三爪仑、宜春明月山、天柱峰、阁皂山、官山国家级自然保护区、高安贾家村、宜丰天宝村、高安华林寨-上游湖、宜春市飞剑潭、铜鼓县九龙湖、宜丰县渊明湖、靖安金锣湾温泉、靖安江钨温泉、靖安中源温泉、奉新九仙汤温泉、樟树药都盐温泉、丰城仙姑岭温泉、宜春温汤温泉、宜春洪江温泉、宜春梅花温泉、万载鲁塘温泉、铜鼓温泉镇温泉、铜鼓汤里温泉、中部梦幻生态旅游区、奉新百丈山-萝卜潭、丰城丰水湖、丰城玉华山、丰城罗山、丰城白马寨、丰城厚板塘古村、丰城生态硒谷、樟树古海养生旅游度假区、上高九峰森林公园、宜丰洞山、宜丰五峰山、万载竹山洞景区
吉安市	井冈山、泰和国家森林公园、永丰国家森林公园、万安国家森林公园、三湾国家森林公园、吉安渼陂古村、吉水燕坊村、吉安陂下村、吉安钓源村、吉水桑园村、安福塘边村、峡江湖州村、永新湘赣省委机关旧址、泰和县白鹭湖、安福县武功湖、安福武功山温泉、遂川汤湖温泉、遂川热水洲温泉、吉安富田镇、吉安永和镇、吉安市庐陵文化生态园景区、吉安市天祥景区、万安城墙、白鹭洲、富田村、吉安卢家洲、吉安科技园山庄景区、永丰水叔公园、永丰大仙岩风景区、新干青洲岛、新干黎山、新干上寨桃源景区、峡江玉笥山、峡江万宝水库、峡江成子洲、吉水毛泽东祖籍游览苑、青原山、永新红枫湖、遂川白水仙-泉江风景区、遂川南风面、泰和武山生态农业园、泰和千烟洲观光农业区、万安影视城
景德镇	高岭、乐平洪岩仙境、景德镇国家森林公园、浮梁严台村、浮梁沧溪村、玉田湖、乐平市翠平湖、景德镇市月亮湖、浮梁瑶里镇、景德镇古窑民俗博览区、景德镇得雨生态园、景德镇中国瓷园、景德镇祥吉弄民宅、景德镇湖田古瓷窑址、景德镇浮梁古县衙、乐平怪石林、景德镇三宝国际陶艺村、汪湖生态旅游区、乐平古戏台群
鹰潭市	龙虎山、上清国家森林公园、阳际峰国家级自然保护区、贵溪市白鹤湖、龙虎山温泉、鹰潭上清镇、余江马祖岩、余江洪五湖、余江马岗岭森林公园、贵溪塔桥园艺场、贵溪樟坪畲族乡
萍乡市	武功山、安源国家森林公园、碧湖潭国家森林公园、萍乡市明月湖、萍乡万龙山温泉、萍乡安源镇、莲花玉壶山、莲花路口古民居、上栗杨岐山、上栗天堂湖
抚州市	资溪大觉山、岩泉国家森林公园、清凉山国家森林公园、军峰山、马头山国家级自然保护区、乐安流坑村、金溪竹桥村、金溪曾家村、南丰县潭湖、南城县麻源三谷、临川温泉、南丰付坊温泉、资溪法水温泉、崇仁汤溪温泉、黎川华山洲温泉、广昌驿前镇、金溪浒湾镇、抚州市名人雕塑园景区、东乡浯溪村、王安石故里-东乡上池村、金溪翠云山、资溪新月畲族村、崇仁虎毛山水库、崇仁浯漳村、崇仁相山、南城麻姑山、南城醉仙湖、南丰石油村、广昌莲花科技博览园、广昌百里莲花带、广昌青龙湖、乐安金竹瀑布群、宜黄曹山
新余市	仙女湖、毓秀山国家森林公园、百丈峰、仰天岗森林公园、新余昌坊、分宜洞村溶洞群

（二）分区域统计

在以上分设区市统计的基础上，进一步根据江西省颁布的《关于推进建设旅游强省的意见》将江西省分为环鄱阳湖、赣中南、赣西三大片区（环鄱阳湖片区包括南昌、九江、上饶、景德镇、鹰潭5设区市，赣中南片区包括吉安、赣州、抚州3设区市，赣西片区包括宜春、萍乡、新余3设区市），分区域统计休闲度假旅游资源分布情况。统计得出，环鄱阳湖片区为171处，赣中南片区为154处，赣西片区为52处。

第三节　江西休闲度假旅游资源评价

一、定量评价模型

定量评价通常采用构建定量评价模型的方法进行。休闲度假旅游资源具有与普通旅游资源不同的特性，根据其自身特征以及对资源属性要求特征，参考其他旅游资源评价模型，制定休闲度假旅游资源评价模型。模型包括评价项目、评价指标、评价因子三个层次，分别为3个评价项目、7个评价指标、19个评价因子，根据休闲度假旅游特征分别给予相应权重，再采用专家打分方式对各个旅游资源进行评价（总分100分），资源品级分为一级、二级、三级、四级、五级，得分分别为50~60分、60~70分、70~80分、80~90分、90~100分，具体如表2-4所示。

表 2-4   休闲度假旅游资源评价模型

评价项目	评价指标	评价因子	权重
资源要素	景观观赏价值 0.26	愉悦度	0.10
		奇特度	0.08
		组合度	0.05
		完整性	0.03
	文化艺术价值 0.19	历史价值	0.05
		文化价值	0.06
		科学价值	0.03
		艺术价值	0.05
	环境气候舒适度 0.17	环境舒适度	0.09
		气候适宜度	0.08

续表

评价项目	评价指标	评价因子	权重
市场要素	经济发展环境 0.16	区域社会经济发展水平	0.05
		旅游产业发展水平	0.03
		休闲度假旅游发展环境	0.08
	地理区位 0.14	交通条件	0.06
		区位条件	0.08
	知名度和影响力 0.08	市场知名度	0.03
		品牌影响力	0.05
附加值	环境保护与环境安全 +/-0.05	环境保护	+/-0.02
		环境安全	+/-0.03

由于涉及休闲度假旅游资源数量较多，定量评价的对象、内容及过程过于复杂，所以本书不一一对江西休闲度假旅游资源进行定量评价，而是重点对江西休闲度假旅游资源进行定性评价，有关定量评价模型可供局部地区参考。

二、定性评价

在第二节对重要休闲度假旅游资源进行多角度调查统计的基础上，对江西休闲度假旅游资源进行总体定性评价。

（一）资源赋存丰富，类型组合度佳

江西自然生态环境优良，全省森林覆盖率将近64%，位居全国首位，正好与休闲度假旅游对自然生态环境要求高的特征相吻合，就整体自然生态环境而言，江西适合开展休闲度假旅游。调查发现，江西休闲度假旅游资源丰富，达到377处，资源数量多、类型全，具体如表2-2所示。江西不仅拥有丰富的山地、森林、湖泊、温泉等自然资源，而且拥有丰富的乡村、古镇、人文综合型等人文资源，类型组合度佳。

（二）资源品级极佳，文化内涵深厚

江西休闲度假旅游资源不仅数量丰富、类型齐全，而且资源总体等级较高，文化内涵深厚。据对休闲度假旅游资源进行的等级统计可知，江西拥有世界遗产——庐山、三清山、龙虎山，国际重要湿地——鄱阳湖，世界生物圈保护区——井冈山，世界瓷都——景德镇，共拥有世界级休闲度假旅游资源6处（剔除重复资源），且市场知名度和资源品位极高，具有唯一性和稀缺性；同时，拥有国家重点风景名胜区、5A级景区等国家级休闲度假旅游资源共189处（剔除重复资源），具体如表2-1所示；江西温泉旅游资源分布广泛、品质较好，共统计出重

要的地热温泉资源共 51 处，另外，据江西地质勘探大队探明，全省现已发现天然出露的温泉（25℃以上）90 余处，此外还有 40 余眼钻孔揭露的地热井，全省地热点最高温度达 88℃，温泉地热点总数居全国第 7 位，地热资源总量居全国 11 位，在周边地区位居前列，是我国地热资源大省之一；江西的陶瓷文化、宗教文化、红色文化、民俗文化等历史文化资源具有"垄断性"，具有较高的科学和文化价值，且与自然资源组合度好，休闲度假旅游资源的文化内涵深厚。

（三）区域分布差异大，集聚度高

通过分别对 11 个设区市和分三个片区进行调查统计（表 2-3）发现，南昌市、九江市、赣州市、上饶市、景德镇、宜春市、吉安市等设区市的资源分布密度较大；从区域角度分析可知，环鄱阳湖片区的旅游资源密集程度明显大于赣中南和赣西片区，且资源品级极高，汇集了庐山、三清山、龙虎山、鄱阳湖、世界瓷都等世界级资源；从地理角度分析可知，休闲度假旅游资源多沿鄱阳湖和五河流域呈条带状分布，环鄱阳湖区域尤为密集；从城乡空间角度分析可知，南昌、九江、景德镇等市的旅游资源多分布在市区内或距离市区较近地区，而赣州、抚州、宜春等设区市大多距离市区较远，景区与中心城市的空间距离会影响游客的心理距离，进而影响中心城市的集散功能，赣州、抚州、吉安等区域的集散能力受到一定的制约，相对处于劣势。

（四）品质与利用效益不匹配，空间发展不均衡

江西省休闲度假旅游资源数量丰富、品质高，但由于受社会经济欠发达、资源分布偏远、宣传力度不够等因素影响，众多高品质的资源"养在深闺人未识"，旅游资源开发力度有限，尚停留在传统观光旅游开发水平，资源品位与利用效益严重不相匹配，导致休闲度假旅游发展滞后，资源潜力尚待发挥。另外，由于城乡二元社会分化明显，城镇社会经济基础优良，各项旅游配套设施较完善、招商引资效果好，旅游业发展水平较高；乡村观念相对落后，虽然资源丰富，但住宿、交通、餐饮、卫生等条件较差，在一定程度上制约了休闲度假旅游的发展，导致旅游资源转化为产业效率的能力较低。此外，江西省城乡之间、旅游区之间或旅游区内部的交通通道有待进一步疏通和扩展，逐步提高旅游区的可达性和便捷性是平衡城乡之间旅游发展的必要措施。

第三章

江西休闲度假旅游目的地竞争力
比较与市场前景分析

21世纪以来，全国掀起休闲度假旅游热潮，各地纷纷转变传统旅游发展模式，积极打造休闲度假旅游产品。江西省休闲度假旅游资源类型多样、品质优良、旅游价值较高，再加上良好的区域宏观环境、旅游经济实力、旅游产业支撑能力，均为江西省打造休闲度假旅游目的地提供了优势条件。但是，江西省休闲度假旅游发展仍然面临诸多挑战，特别是来自周边地区的竞争威胁，而且省内各地市休闲度假发展水平不均衡，旅游竞争力水平高低不等，因而比较江西省休闲度假旅游目的地竞争力与中部邻省的差距，从环鄱阳湖、赣中南和赣西三大板块分析省内各地市休闲度假旅游目的地发展优劣势，进而探讨江西省休闲度假旅游市场发展前景，对科学制定休闲度假旅游目的地发展战略有重要意义。

第一节　江西休闲度假旅游目的地竞争力省际比较

江西地处中部地区，凭借以上优势条件和产业基础，积极打造休闲度假旅游目的地，取得了一定成效，但欲了解其休闲度假旅游市场较中部邻省（即湖南、湖北、安徽）的竞争优势如何，其竞争力处于何种水平，则需要建立旅游竞争力评价模型做具体分析。旅游目的地竞争力是指将所拥有的资源转化为能持续为旅游者提供满意旅游体验，进而获得相应利益，同时又有利于当地居民福利发展的能力[6]。旅游目的地竞争力评价方法多样，比较典型的包括钻石模型、

DK 模型、CR 模型和五因素模型等综合评价模型。根据学术界目前所采用的评价模型，结合休闲度假旅游评价指标和数据可获取性，这里主要采用由市场占有率、相对优势、服务满意度（service satisfaction，SS）三个要素组成的评价指标体系[7]，分别从绝对量、相对量及服务质量三个层次对休闲度假旅游竞争力进行度量，从而较好地反映出休闲度假旅游竞争力的特点与发展现状。其中，市场占有率指标反映休闲度假旅游目的地竞争力的绝对优势，相对优势指标和服务满意度指标则反映休闲度假旅游目的地竞争力的相对优势，前者反映休闲度假旅游目的地竞争力在当地所有旅游目的地中的比重，后者则反映不同地区自身的休闲度假旅游服务品质优势，更强调休闲旅游的服务能力[8]。

一、评价指标

（一）市场占有率指标

市场占有率（market share，MS）指标反映休闲度假旅游在区域旅游市场中的影响力，用年度休闲度假旅游人数与该地区旅游接待总人数的比重来表示。其公式为

$$MS = X_i / Y_i$$

其中，MS 为市场占有率；X_i 表示 i 省休闲度假旅游人数；Y_i 表示 i 省旅游总人数。若市场占有率数值增加，则表明休闲度假旅游影响力提升；若市场占有率数值下降，则表明休闲度假旅游竞争力倒退或者休闲旅游市场规模绝对量增长与相对比重呈现下降趋势。总之，市场占有率指标较直观地反映了休闲度假旅游在区域旅游市场中的地位。

（二）相对优势指标

相对优势（relative advantage，RA）指标以地区休闲度假旅游人数在研究区域平均休闲度假旅游人数中所占份额与该地旅游总人数在研究区域平均旅游总人数所占份额的比值来反映区域休闲度假旅游的比较优势，用公式表示为

$$RA = (X_i / X_p) / (Y_i / Y_p)$$

其中，RA 为相对优势指标；X_i 表示 i 省休闲度假旅游人数；Y_i 表示 i 省旅游总人数；X_p 代表所研究省份平均休闲度假旅游人数；Y_p 代表所研究省份旅游总人数的平均值。RA 指标排除了总量波动的影响，可以较好地反映不同省份休闲度假旅游竞争力的相对优势。

（三）服务满意度指标

将经济学中的产品质量升级指数运用到休闲度假旅游研究方面，产生"服务

满意度"指标。它通过计算商品价格的变化来间接反映产品质量的变化，用公式表示为

$$SS=（E_i/N_i）/（E_p/N_p）$$

其中，SS 为服务满意度指标；E_i 表示 i 省休闲旅游创汇收入；N_i 表示 i 省休闲度假旅游人数；E_p 表示所研究省份休闲度假旅游平均创汇收入；N_p 表示所研究省份休闲度假旅游人数的平均值。若 SS 大于或等于 1，则表明 i 省具备休闲度假旅游服务竞争优势。

二、江西省与中部邻省休闲度假旅游目的地竞争力比较分析

本章以江西相邻的中部地区为研究对象，比较分析江西休闲度假旅游目的地竞争力与湖南、湖北、安徽三处周边邻省休闲度假旅游目的地竞争力的差距。首先从区域经济实力、旅游产业要素两个方面比较分析中部四省旅游业发展基础，其次采用所构建的三类分析指标，用林业旅游收入和林业旅游人数来表示休闲度假旅游人数与休闲度假旅游收入这两个指标，根据《中国旅游统计年鉴》、《中国林业统计年鉴》、各地区国民经济和社会发展统计公报整理得出指标数据，根据公式计算并分析中部四省的旅游竞争力情况。

（一）中部四省休闲度假旅游发展基本情况

江西林业旅游收入在中部四省中排名第二，并高于地区平均水平，表明江西休闲度假旅游经济收益在中部四省中处于优势地位，接待林业旅游人数在中部四省中排名第二，但低于地区平均水平，表现出江西休闲度假旅游市场规模有待开发与提升。从地区旅游收入和旅游人次来看，江西旅游总收入和旅游总人数均在中部四省中排名最后，说明江西不论是旅游市场规模还是效益均处于弱势地位，但同时也表现出巨大的发展潜力（表 3-1）。

表 3-1 2014 年中部四省林业旅游发展情况

地区	林业旅游人数/人次	林业旅游收入/万元	旅游总人数/万人次	旅游总收入/亿元
江西	68 125 867	4 172 568	31 306	2 650
安徽	64 761 764	2 682 708	37 900	3 430
湖北	46 188 342	1 918 899	47 200	3 752
湖南	101 725 731	5 477 547	41 200	3 046
中部四省平均水平	70 200 426	3 562 930	39 402	3 220

资料来源：旅游总收入和旅游总人数数据来源于《中国统计年鉴（2015）》；林业旅游人数与林业旅游收入数据根据增长率法，以 2013 年数据为基础测算而得

（二）中部四省休闲度假旅游目的地竞争力比较

根据三类指标公式，分别计算中部四省的旅游市场占有率、相对优势和服务满意度，并探讨江西省休闲度假旅游目的地竞争力在中部四省中的优劣势，计算结果见表3-2。

表3-2　2014年中部四省休闲度假旅游目的地竞争力指标评价

地区	市场占有率/%		相对优势		服务满意度	
	2014年	2011年	2014年	2011年	2014年	2011年
江西	21.76	26.72	1.22	1.51	1.21	1.08
安徽	17.09	16.76	0.96	0.94	0.82	0.64
湖北	9.79	10.17	0.55	0.57	0.82	0.77
湖南	24.69	20.54	1.39	1.16	1.06	1.03

结果表明,江西2014年休闲度假旅游市场占有率在中部四省中排名仅次于湖南，较2011年有所降低，从第一名下降到第二名，表明江西休闲度假旅游市场在中部地区的市场地位以及在区域旅游规模中的地位有所下降，休闲度假旅游市场的增长速度小于旅游市场规模的增长速度，应当引起重视，不断开发具有特色的休闲度假旅游产品，增强旅游吸引力，扩大休闲度假旅游规模；相对优势方面，江西2014年休闲度假旅游竞争力相对优势较2011年有所降低，在中部地区的排名从第一位下降到第二位，低于湖南，表明江西休闲旅游市场面临来自湖南的巨大压力，休闲度假旅游竞争力相对优势减弱，仍需深度开发休闲度假旅游，提高休闲度假旅游的市场份额；江西休闲度假旅游服务满意度均大于1，2014年达到1.21，较2011年提高0.13，始终保持在中部四省地区排名第一的水平，表明江西休闲度假旅游人均消费高于中部四省地区平均水平，休闲度假旅游服务具有竞争优势。

比较而言，2011~2014年中部其他省份（除湖北以外）在市场占有率、相对优势和服务满意度方面总体呈现增长趋势。湖南2014年休闲度假旅游市场占有率在中部四省中的数值最大，较2011年有所提升，赶超江西，从排名第二上升到排名第一，表明湖南休闲度假旅游发展加快，休闲度假旅游市场规模较大。2014年湖南休闲度假旅游相对优势更加显著，从第二位上升到第一位，与其他省份之间的差距逐渐缩小，表现出竞争压力。湖南服务满意度有所增加，但始终排名第二，增加幅度也低于江西，可见江西休闲度假旅游人均消费市场具有较大的增长空间和发展潜力。

安徽休闲度假旅游市场占有率、相对优势和服务满意度排名均保持排名第三，其数值2014年较2011年有所增加，表明安徽休闲度假旅游保持与区域旅游业同步发展，具有较强的稳定性。湖北休闲度假旅游市场占有率、相对优势和服务满意度在中部四省中排名最低，前两项指标均呈下降趋势，服务满意度指标 2014 年较 2011 年有所增长，但增长幅度较小，表明休闲度假旅游并不是湖北旅游市场的发展重点，休闲度假旅游市场绝对优势和相对优势不显著，服务满意度均低于 1，表明其休闲度假旅游人均消费呈现降低趋势，不具备服务竞争优势，对江西休闲度假旅游的威胁相对较小。

综上，在中部四省中，江西发展休闲度假旅游主要受到来自湖南的竞争威胁，湖南旅游资源丰富而且个性鲜明，旅游开发历史悠久，拥有张家界、长沙、岳麓山、岳阳楼、衡山、凤凰古城等世界闻名的旅游目的地，与江西旅游资源类型和产品开发在一定程度上具有同质性。另外，安徽休闲度假旅游市场也受到关注，特别是安徽加入长三角旅游经济合作区后，更加注重休闲度假旅游市场开发，成为沿海休闲度假旅游市场的后花园。因此，江西休闲度假旅游应该另辟蹊径，不断转变发展思路，做好战略构想和主题定位，探索观光旅游向休闲度假旅游转变的创新模式，从空间上整合资源，根据主次、分层级规划旅游特色休闲度假旅游功能区，开发个性化、多样化的旅游产品体系，真正形成江西休闲度假旅游品牌，提升在全国的知名度，打造真正的实力强劲、品牌突出、个性鲜明的休闲度假旅游目的地。

第二节　江西休闲度假旅游目的地竞争力省内比较

根据江西省旅游强省建设发展意见中所提出的"打造'一核三片五城十县百区'旅游目的地体系"目标，江西省休闲度假旅游目的地建设应在此思想指导下，积极打造环鄱阳湖、赣中南、赣西三大旅游板块，分析板块内部各区市的旅游竞争力及板块之间的旅游竞争力，为江西省打造重点休闲度假旅游目的地提供参考。其中，环鄱阳湖板块包括南昌市、九江市、上饶市、景德镇市、鹰潭市，赣西板块包括宜春、萍乡、新余，赣中南片区包括吉安、赣州、抚州。下面将从区域经济实力（包括地区生产总值、人均地区生产总值、第三产业产值、等级公路里程）、自然生态环境（包括自然保护区占辖区面积比重、森林覆盖率、绿化覆盖面积、污水处理率、生活垃圾处理量）、旅游产业要素（包括入境游客数量、国际旅游外汇收入、国内游客数量、国内旅游收入、星级饭店数）和城市休闲设施（群众艺术馆文化馆数量、博物馆数量、公共厕所数量）四方面分析三大片区发展休闲度假旅游的竞争力水平，为江西省休闲度假旅游目的地空间发展奠定基础。

一、区域经济实力

经济基础决定上层建筑。区域经济实力的高低关系到休闲度假旅游的投资环境、建设实力和可行性。

（1）环鄱阳湖地区。区域凭借良好的地理区位条件，以及环鄱阳湖生态经济区建设的发展契机，经济发展速度较快，交通通达性良好，特别是近年来区内南昌、九江、上饶、鹰潭作为动车、高铁线路的重要节点，也是省内半数以上机场所在地，极大促进了区域人流、商务流的聚集，可见区域拥有显著的区位优势。区域经济发展水平在三大板块中最高，2014 年区域地区生产总值的平均值达到 1 687.88 亿元，第三产业产值的平均值达到 640.85 亿元，均在三大板块中排名第一。但是区域人均地区生产总值为 46 603.92 元，等级公路里程为 9 154.28 千米，均在三大板块中排名第二，表明区域人口密集所承载的交通压力较大，人均经济水平有待提高。从区域内各地区来看，南昌的经济水平最高，其次是九江、上饶、景德镇、鹰潭。等级公路方面，完善程度从高到低依次为上饶、九江、南昌、景德镇和鹰潭，可见区域内上饶、九江、南昌将依然是区域经济中心地带，而景德镇和鹰潭将会是区域经济新增长点，第三产业特别是服务业具有较大的发展空间。

（2）赣中南地区。区域是全省经济发展的后备力量，经济发展规模较大，交通条件较好，2014 年平均地区生产总值为 1 394.62 亿元，第三产业产值的平均值为 493.62 亿元，均在三大板块中排名第二，等级公路里程排名第一，但人均地区生产总值排名最低，表明提高区域收入水平、刺激区域消费是新时期的关键任务。从区域内各城市来看，赣州经济水平最高，交通发达，地区生产总值、第三产业产值和等级公路里程均在区域内排名第一，但人均生产总值最低，表明经济效益和人均消费有待提高；吉安地区生产总值、人均地区生产总值、第三产业、等级公路里程均排名第二；抚州人均地区生产总值最高，经济总体实力和等级公路在区域中排名最后，表明赣中南地区将会以赣州为发展重点，以吉安和抚州为其辐射地带。

（3）赣西地区。赣西地区是三大板块中经济实力最弱的区域，地区生产总值、第三产业产值、等级公路里程排名最后，赣西地区在经济发展规模、产业结构调整、交通网络建设等方面仍需努力。从区域内部来看，宜春相对具有较强竞争力，地区生产总值、第三产业产值和等级公路里程最高，将是区域发展的重点地区，但仍需提高人均收入，萍乡、新余在区域甚至是全省都处于弱势地位，与全省总体水平差距较大，区域发展更关注新兴经济增长点，如开发休闲度假旅游、提升区域旅游经济贡献率。

二、自然生态环境

良好的自然生态环境是发展休闲度假旅游的基础,不仅要关注区域绿化覆盖面积、森林覆盖率、自然保护区建设,还要重视污染处理、垃圾处理等方面的内容。

(1)环鄱阳湖地区。区域重视生态环境保护,绿化覆盖面积、自然保护区占辖区面积比重最大,污水处理率最高,森林覆盖率最低,生活垃圾处理量最高,表明区域污染排放水平较高,生态压力较大,生态环境仍然有待改善,在建设生态经济示范区的过程中,应积极开发生态产业,休闲度假旅游目的地开发过程中仍需要加强环境保护工程建设。特别是南昌,应加强森林护林工程、生活排污处理工程建设,九江应保持森林覆盖率、增加城市绿化覆盖、减少污水处理、加强生态环境保护,鹰潭应加强城市绿化、保持污水处理效率,景德镇应保持森林覆盖优势,上饶应在城市绿化和森林保护方面进行改善。

(2)赣中南地区。区域森林覆盖面积最大,城市绿化面积和自然保护区比例处于第二位,表明区域自然环境良好,但污水处理率较低,区域生态自然环境仍需加强保护,水体、生活垃圾的控制和治理水平有待提高。从各城市来看,赣州的森林覆盖率较高、绿化覆盖面积和自然保护区比例最大,吉安自然绿化方面有所欠缺,抚州自然保护区面积比例最高,表明三个城市在自然环境方面各有所长,同时也各有缺陷,这就要求它们在发展休闲度假旅游的过程中,注重取长补短。

(3)赣西地区。区域污水处理率最高,森林覆盖率排名第二,其他指标均排名最后,并且与其他两个片区差距较大,在自然保护方面仍需加强。

三、旅游产业要素

在江西省积极打造休闲度假旅游目的地的背景下,各地市贯彻旅游强省战略,不断创新思路,努力建设具有地方特色的休闲度假旅游目的地。休闲度假旅游市场是旅游市场的重要部分,区域旅游市场整体是休闲度假旅游市场的潜力市场,因而将各城市休闲度假旅游市场作为分析依据,探讨三大片区入境旅游、国内旅游的规模、效益和饭店数量。

(1)环鄱阳湖地区。区域拥有庐山、婺源、景德镇等著名旅游城市,国内外旅游收入、游客人数和星级饭店数量均在三大片区中居于首位,表明区域依然是休闲度假旅游开发的核心区域。其中,九江拥有丰富的生态旅游资源、历史悠久的人文资源,被评为2014年中国最美文化旅游目的地城市。九江凭借这些著名旅游资源,以庐山西海风景区为代表,积极开发温泉度假、山水休闲等休闲度假旅游产品,力争打造休闲度假旅游目的地。九江在区域五大城市中入境旅游指标排名均处于第一位,表明九江旅游业在国际旅游市场中占有显著优势,也将是休闲度假旅游开发的重点。景德镇的国际旅游收入、国际游客规模排名第二,国内游客规模、国内游客收入和星级饭店数量排名第四，表明景德镇的国际旅游市场接待能力较强。得益于陶瓷文化在国际中的影响力，未来在休闲度假旅游开发过程中应围绕陶瓷文化开发休闲体验旅游产品，同时突出特色，挖掘国内旅游市场。南昌作为省会城市，星级饭店数量排名第二，国内旅游市场规模第三，国内收入、国际旅游规模和国际旅游收入排名第四，表明区域经济社会的发展速度、城市化进程较快，使得旅游发展空间有限，南昌目前是省内主要的旅游集散中心，是连接旅游客源地的桥梁。未来南昌休闲度假旅游开发仍然要发挥南昌的集散功能，同时要完善城市休闲功能、加快城市旅游综合体的建设、优化城市旅游环境、推进智慧旅游城市建设，将区域打造成为休闲度假旅游的功能齐全、要素集聚、优势显著的旅游集散中心。上饶国内游客数量和旅游收入排名第一，国际旅游外汇收入、入境游客、星级饭店数在片区中排名第三，上饶旅游业发展地位处于中等水平，但发展速度快、发展潜力巨大。上饶市拥有 2 个世界自然遗产、2 个世界地质公园、2 个 5A 级景区和 12 个 4A 级景区，以及中国最美乡村婺源等著名旅游景区（点），区域基础设施不断完善，特别是高铁时代的到来为区域发展带来契机。上饶市人民政府将旅游业作为主导产业来发展，与中国研究院建立合作关系，努力将上饶打造成为世界著名、国内一流的旅游目的地。鹰潭在片区中处于弱势，各项指标均排名最后，但资源丰富、休闲度假旅游开发空间较大，区域在"旅游强市"发展战略的指导下，积极整合旅游资源，以龙虎山景区为重点，大力发展城市旅游，推动旅游产业转型，加快建设赣东北旅游圈，努力打造全国著名休闲旅游目的地。

（2）赣中南地区。区域中赣州客家文化、吉安庐陵文化、抚州临川文化特色鲜明，拥有客家文化建筑群、瑞金、井冈山、流坑等著名旅游目的地，具有一定知名度。区域旅游各项指标在三大片区中排名第二，这意味着区域将是休闲度假旅游开发的重点区域。其中，吉安国内外旅游收入和规模在区域中最强，星级饭店数量排名第二，表明吉安具有旅游市场优势，将是未来片区中休闲度假旅游目的地开发的中心。赣州星级饭店数量最多，旅游接待能力较强，赣州积极打造"红色故都、江南宋城、客家摇篮、生态赣州"四大品牌，是片区中发展较快的旅游目的地，适合打造特色休闲度假旅游项目。抚州在片区中实力最弱，在全省亦是如此，但区域资源有一定开发空间，可开发文化休闲旅游产品。

（3）赣西地区。区域旅游业实力在全省中最弱，各项指标均较低，表明旅游接待能力有限，是休闲度假旅游目的地开发的后备资源。其中宜春星级饭店数量最多，旅游接待能力较强，宜春高铁线路的畅通，使得区域也成为重要旅游集散地，将来休闲度假旅游开发会发挥其集散功能，打造温泉休闲度假、城镇休闲度假旅游产品。萍乡国际市场规模在区域内处于首位，国内旅游收入和规模在区域中位居第二，表明区域国际旅游实力相对较强，目前区域正积极打造休闲度假旅游目的地，从景区建设、旅游项目工程、品牌宣传推广等方面，不断加强"萍水相逢"品牌影响力，因此区域也将是江西省休闲度假旅游建设后发地区。新余旅游业在区域和全省都处于弱势，区域休闲度假旅游竞争力最弱，需要加强基础设施建设，成为省内旅游业后方的补给区域。

四、城市休闲设施

城市拥有艺术馆、博物馆和公共厕所等休闲设施的规模及其公共性与开放性关系到休闲度假旅游开发能力。环鄱阳湖地区公共厕所和博物馆数量最多，为开发城市休闲度假旅游奠定了基础，区域内群众艺术馆排名第二，表明区域的城市文化公共性开放性程度与旅游地位不相匹配，有待加强。赣中南地区艺术馆数量最多，表明区域文化内涵丰富，文化保护性建设程度较高，具备开发文化休闲度假旅游的环境优势和文化优势。赣西地区三项指标均最弱，表明需要在区域休闲旅游开发过程中加强公共休闲环境方面的建设。

第三节　江西休闲度假旅游市场结构与发展前景

休闲度假旅游市场从观光旅游发展而来，因而应将区域旅游市场作为休闲度假旅游的潜力市场，分析区域国内旅游市场与入境旅游客源市场结构、旅游动机等旅游市场特征，从而帮助定位休闲度假旅游目标市场，分析区域休闲度假旅游发展前景。

一、国内旅游市场

（一）国内旅游客源市场结构

江西旅游信息中心发布的《2014 年上半年江西旅游经济运行分析报告》显示，2014 年上半年，江西国内旅游客源市场主要来自浙江、广东、湖南、福建、湖北、江苏、安徽、上海、河南和山东，这 10 个省份的游客总量达到全省接待国内旅游总人数的67.18%，这些省份或与江西毗邻，或位于长三角、珠三角地区，是江西国内旅游主要一级省外客源市场，表明江西近程旅游消费市场不断扩张。同时，江西通过"江西风景独好"旅游特卖会活动，积极扩展中远程旅游市场，获得显著成效，北京、西安、香港、澳门、台湾等地游客规模日益扩大。

综上，根据休闲经济的就近原则，本省游客是江西休闲度假旅游目的地的核心国内客源市场，江西休闲旅游国内旅游市场发展首先应开发多样的短期旅游活动和精品旅游线路，增加本地居民旅游优惠活动，提升休闲度假旅游体验性和娱乐性；其次将浙江、广东、湖南、福建、湖北、江苏、安徽、上海、河南和山东作为江西休闲度假旅游的一级国内旅游客源市场，顺应信息化、科技化和高端化的趋势，积极发展具有差异化、个性化、高端化和本地化特征的休闲度假产品，创新发展高端休闲度假旅游、温泉休闲体验、山水休闲旅游、休闲农业等新型休闲度假旅游产业，持续完善旅游交通、城市公共服务系统以及其他基础接待设施，提高旅游目的地可达性、便捷性；最后，江西的休闲度假旅游资源与华北、东北、西北和西南地区相比具有差异性，对其旅游吸引力较强，应将其作为江西休闲度假旅游的潜力客源市场，构建以省会城市、旅游城市为重要节点，向周边发达城市辐射的休闲度假旅游市场网络，积极组织旅游宣传推介活动，加强合作经营和省域互动，从整体上增强江西休闲度假旅游国内市场竞争力。

（二）国内旅游客源市场出游方式

我国旅游市场逐渐进入散客化时代，2013 年全国散客旅游者比例达到总量的76.6%。这种新型出行方式的快速发展，促使江西接待散客规模不断增加，相对应的团队数量则在减少，2014 年上半年，江西散客与团队的平均比例达到 8：2，各类型旅游企业接待游客中，景区的散客规模有所增加，有些甚至达到90%，而旅行社作为团队接待的主要媒介，其接待游客规模呈现减小趋势，2014 年上半年江西旅行社接待旅游总人数较上年下降 35.6%。这种出行方式的转变为江西发展休闲度假旅游开发提供了发展契机，庞大的散客将会是未来休闲度假旅游的主要客源，同时江西休闲度假旅游市场的拓展对于促进江西实现散客化具有重要推动作用。另外，出行方式从以团队为主向以散客为主的转变，对旅游产品结构、经营管理模式和服务质量提出了更高要求，因而江西休闲度假旅游市场应以散客为主体，提高旅游公共服务接待能力，优化区域生态环境，加强旅游集散中心建设（集聚信息服务、咨询服务、在线查询服务、紧急救助服务、旅游投诉等功能），增强旅游智能化水平，创新开发新型业态，如积极开发房车旅游休闲度假产品，提供房车租赁、维修、营地建设和网络咨询等服务；旅游企业应转变传统经营模式，形成星级饭店、经济型酒店、酒店式公寓、家庭旅馆、青年旅社等多种类型、不同层级、风格各异的旅游接待体系，完善在线经营、管理、咨询、搜索、预订、支付、评价等功能，为休闲度假旅游者提供个性、方便、快捷、经济、优质的服务。

二、入境旅游市场

近年来江西省入境旅游市场规模逐年扩大，旅游收入和旅游人数均表现出增加趋势，2014 年，江西省入境旅游人数达到 1 716 759 人次，入境旅游收入为

55 687万美元，分别比上年同期增长 4.93%和 6.05%。这些入境旅游市场也将是江西省休闲度假旅游目的地的主要入境客源市场。

（一）入境旅游客源市场构成

江西省入境旅游市场中，港澳台始终保持主体地位，2000~2014 年旅游人数保持持续增长，这主要得益于港澳台与江西的地缘优势、相互贸易往来，以及社会文化背景的相似性，因而未来江西省打造休闲度假旅游目的地，也应将港澳台作为重点入境旅游市场，加强旅游合作，提升签证、护照等手续的快捷性，在乡村休闲度假、山水休闲度假、生态休闲度假等方面大做文章，增加粤语、闽南语导游服务。国际旅游市场中，外国人数逐年增加，但外国国际旅游市场结构在发生变化，2000 年日本、美国、德国、英国、泰国、新加坡、马来西亚、法国、韩国、加拿大是江西省主要国际客源市场，随着中国与各国政治关系和贸易往来的变化，2014 年日本不再是最主要的客源市场，美国取而代之，成为江西省最主要的国际客源市场，随后是韩国、英国、德国、新加坡、法国、俄罗斯、日本、马来西亚、印度尼西亚、澳大利亚。江西省休闲度假旅游市场开发应将美国、韩国、英国、德国、新加坡、法国、俄罗斯作为一级国际客源市场，积极开发高端休闲度假旅游产品，提供高水平服务，增强产品娱乐性和体验性，提供无语言障碍环境；将日本、马来西亚、印度尼西亚、新西兰、菲律宾作为二级国际客源市场，利用地缘优势和贸易往来合作项目，开发行程短、线路精、价格低、购物少、服务优、口碑好的中端经济型休闲度假旅游产品；将加拿大、意大利、澳大利亚、瑞士等发达国家作为三级国际客源市场，提供个性化休闲度假旅游产品，并充分融合文化要素，提高旅游产品与服务质量。

（二）国际旅游收入构成

我国国际旅游收入主要来自长途交通、娱乐、购物、邮电通信、市内交通和其他消费，其中长途交通费用往往是国际旅游收入的主体。江西省国际旅游收入构成也是以长途交通费用为主，其次是购物、住宿、其他、游览、餐饮、娱乐、邮电通信、市内交通，其中长途交通费用和购物两者所占百分比超过 50%（表3-3）。从时间上来看，2013 年旅游收入总体费用有所增加，但比例结构发生变化：长途交通费用有所增加，较 2012 年增加 1 340 万美元，国际游客采用的出行交通工具从民航、汽车、铁路、轮船转变为民航、铁路、汽车、轮船，特别是铁路出行受到越来越多国际游客的青睐；游览、娱乐、购物费用和其他费用所占比例均有所下降，住宿、餐饮、邮电通信费比例得到提升。可见，江西省休闲度假旅游国际市场开发，应重点优化交通网络，开辟更多的国际航班航线，并加强省域动车、高铁与机场的对接，建立省内外便捷化交通网络，不断减少长途交通费用，节约国际游客出行成本，同时增加特色旅游项目，完善休闲度假旅游产业链，延长国际游客的旅游停留时间，增加游览、娱乐费用，提高江西省休闲度假旅游国际市场的收益。

表 3-3　2013 年江西省国际旅游收入情况

指标	国际旅游收入/万美元		在总量中所占比重/%	
	2013 年	2012 年	2013 年	2012 年
长途交通	16 803	15 463	32.00	31.90
民航	8 927	7 659	53.13	49.53
铁路	3 623	4 266	21.56	27.59
汽车	2 888	2 472	17.19	15.99
轮船	1 365	1 066	8.12	6.89
游览	3 255	3 296	6.20	6.80
住宿	5 828	4 460	11.10	9.20
餐饮	4 201	2 908	8.00	6.00
娱乐	2 363	2 521	4.50	5.20
购物	13 705	13 427	26.10	27.70
邮电通信	1 470	969	2.80	2.00
市内交通	1 050	921	2.00	1.90
其他	3 833	4 508	7.30	9.30

资料来源：根据《江西省统计年鉴》整理而得

三、市场发展前景

江西休闲度假旅游市场开发应坚持以国内市场为主、以入境旅游市场为辅的发展格局，其中，国内旅游市场开发以本省游客为核心的国内客源市场，以浙江、广东、湖南、福建、湖北、江苏、安徽、上海、河南和山东为一级国内旅游客源市场，以其他华北、东北、西北和西南地区为潜力国内客源市场。国际旅游市场开发以港澳台为重点国际客源市场，以美国、韩国、日本、俄罗斯为一级国际客源市场，以新加坡、马来西亚、泰国、印度尼西亚等东南亚和澳大利亚洲为二级国际客源市场，以英国、德国、法国等欧洲国家为三级国际客源市场。休闲度假旅游目的地市场年龄结构方面，首先以中青年为主要市场，他们年龄为 25~55 岁，收入较高、消费能力较强，表现出猎奇、探险、求变等心理需求，针对他们可开发各种探险、体验、娱乐等休闲度假旅游产品，创新开发地下工作室、陶瓷窑洞、堡寨古村、客家围屋、道家洞天、仙人洞府、苦修禅堂等不同风格的家庭旅馆、闲人客栈、旅人茶馆、游人生活馆等，并将其网络化，提高各种网络在线服务水平；其次以青少年为动态客源，他们年龄为 15~24 岁，主要利用寒暑假出游，针对这类人群开发新奇型、时尚型、参与型、趣味型等休闲旅游产品，开发学人书院、学生夏令营、幽人读书会、帐篷训练营地等特色基础设施，做好季节宣传促销活动，搭建网络经营管理、互动交流、咨询消费平台；最后以老年游客为发展市场，他们年龄为 60~70 岁，具有一定经济基础和大量时间，针对这些老年旅游爱好者，应深化"旅游+医疗"模式，以回归自然原生态为卖点，完善旅游疗养度假村、疗养公寓等企业设施，开发养生休闲、温泉疗养、医疗旅游等休闲度假旅游产品[9]。

第四章

江西休闲度假旅游目的地
主题定位与战略构想

第一节　指导思想与发展理念

一、指导思想

按照省委、省政府关于"科学发展，绿色崛起"的总体要求，以省委、省政府《关于推进旅游强省建设的意见》为纲要，呼应《国务院关于促进旅游业改革发展的若干意见》，依托江西丰富的休闲度假资源，迎合"全民休闲时代"的需求，通过打造一批在国内外有影响力的著名休闲度假目的地，规划一批特色鲜明的区域休闲度假中心，建设一批适合大众消费的休闲度假场所，将江西打造成为世界知名、全国著名的休闲度假胜地，提升旅游产业的经济和社会综合影响力，使旅游产业成为江西实现"发展升级、小康提速、绿色崛起、实干兴赣"目标的重要抓手。

二、三大发展理念

（一）山水出彩，特色创新

江西的青山绿水是最大的休闲度假资源。将江西打造成为休闲度假胜地，必须依托江西的青山绿水资源，打造系列依山傍水的度假产品。把山水度假文章做亮、做足，让山水出彩是江西打造休闲度假胜地的第一要务。

目前旅游新业态层出不穷，让江西山水度假占据高地，还必须依托江西本土资源进行特色创新，创新系列业态，开发乡村俱乐部、乐居山庄等获得市场认可的项目，形成新的度假产品体系。

（二）核心引领，层次分明

将江西打造成为休闲度假胜地，实现江西从观光型旅游向休闲度假型旅游转变的关键抓手是大项目，特别是能起核心引领的大项目。应重点抓江西庐山等四大名山、西海等众多名湖、南昌等历史文化名城从旅游功能向休闲度假功能转变的项目，从而以其巨大影响力，带动江西旅游产业整体转型。

构建江西度假休闲产品体系，仅有核心大项目还不够。应构建"国家级旅游度假区、省级旅游度假区、休闲城市、度假乡村、农家乐"等多级别、层次分明的产品体系，以拓展休闲度假市场，做大、做强江西休闲度假产业。

（三）类型丰富，布局合理

江西休闲度假产品应丰富多彩，能够为不同层次、不同消费需求的人提供良好的服务，既有适合商务人士的高端俱乐部，又有人民群众喜闻乐见的农家休闲小屋，还有令城市小资阶层陶醉的休闲街区。

随着"全民休闲时代"的到来，休闲度假将成为人们日常生活的组成部分，休闲度假市场潜力巨大。因此，应合理布局江西休闲度假市场产品，要求做到每个县都有若干个乡村旅游点，每个地区都有大型度假中心，以方便、快捷的方式为大众提供度假服务。

第二节　建　设　目　标

一、战略目标

通过五年左右的建设，江西旅游产业真正实现从以观光为主向休闲度假为主的转型，从而促进江西经济、社会和环境等方面发展。

（1）江西作为全国著名休闲度假目的地形象深入人心，旅游产业成为江西国民经济的支柱产业，并在促进江西区域经济快速发展中发挥核心作用。

（2）旅游产业的快速发展带动全民致富，促进就业增长，从而带动社会服务、社会保障、社会福利等相关产业发展，在促进和谐社会方面发挥着重要作用。

（3）江西休闲度假产业的快速发展与江西生态环境保护相辅相成，良性互动，江西的青山绿水成为永恒的财富。

二、总体目标

（1）江西成为世界知名、全国著名的休闲度假旅游胜地。

（2）全省旅游产业实现结构转型，即由现在的以观光为主的格局转为"观光、休闲、度假"三位一体的结构。

三、具体目标

（一）产品目标

（1）形成"一心·两带·三片"的休闲格局，使南昌大都市休闲度假旅游核心区和京九铁路、浙赣铁路，以及沿线的高铁和高速公路成为全省休闲度假市场的高地和游客集散地，环鄱阳湖片区成为世界级山水文化休闲度假旅游高地，赣西成为世界级康体养生休闲度假目的地，赣中南片区成为世界级文化生态休闲度假旅游目的地。

（2）构建以"5城、10县、20景、50村"为框架的休闲度假旅游目的地体系，即将南昌、景德镇、赣州、九江、宜春5个城市打造为休闲度假城市，将婺源、靖安、奉新、星子、玉山、石城、瑞金、安义、寻乌、资溪10县打造为休闲度假全域县，重点将庐山、龙虎山、井冈山、三清山、明月山、武功山、龟峰、三百山、西海、梅岭、高岭-瑶里、仙女湖、陡水湖、三爪仑、阳岭、大鄣山、百丈山、鄱阳湖国家湿地公园、醉仙湖、通天寨20景区打造为核心休闲度假景区，全省范围重点打造50个休闲度假乡村，以构建优质的乡村旅游度假体系。

（3）庐山、井冈山、三清山、龙虎山、武功山、明月山、龟峰等名山实现向综合型景区转变，由观光目的地转变为休闲度假名山。

（4）建构类型齐全、层次分明的宾馆体系，五星级酒店增加4~5家，涌现一批特色农家旅馆、家庭旅馆、汽车旅馆、青年旅馆。

（二）品牌目标

（1）以南昌大都市休闲度假旅游核心区、鄱阳湖山水文化休闲度假片区、赣西养生休闲度假片区、赣中南文化生态休闲片区为依托，成功申报2~3个"全国旅游休闲度假示范区"。

（2）以梅岭、鄱阳湖、西海、三清山、龟峰、龙虎山、明月山、仙女湖、陡水湖等景区为依托，成功申报3~5个国家级旅游度假区，以其他4A级旅游景区为依托，全省范围内成功申报 10~15 个省级旅游度假区。

（3）以省级休闲农业与乡村旅游示范县（点）为基础，成功申报 5~8 个全国休闲农业与乡村旅游示范县（区）和 18~20 个全国休闲农业与乡村旅游示范点。

第三节　主题定位与战略构想

一、主题定位

（一）特色主题定位

江西打造休闲度假胜地的主题特色，必须依托其优势的资源进行。江西旅游资源最大的特色是青山绿水。青山绿水使江西环境优美、空气清新、民风淳朴、饮食生态，这些都是发展休闲度假产业十分有利的要素。因此，江西休闲度假产业的特色定位为"江西，青山绿水中的度假胜地"。围绕特色定位可设计系列宣传口号："休闲江西欢迎您"，"江西风景独好，赣鄱休闲真好"，"来江西度假，给您最好的山水生活"。

（二）六大产品主题定位

围绕江西"山水度假"主题，依托江西的资源特色和旅游产业发展水平，应重点打造六大主题产品，分别如下。

1. 安逸·山水休闲产品系列

依托江西青山绿水，在山水观光产品的基础上，推出以放松身心、回归大自然、释放激情为主的系列休闲产品，如在江西的庐山、井冈山等名山，增设酒吧、咖啡厅、茶座、歌舞厅等休闲设施，打造名山休闲商业街区；在西海、仙女湖等湖泊景区增加以夜生活为主题的休闲岛屿；等等。

该产品系列主题特色为"安逸"。

2. 生态·山水养生产品系列

江西生态环境优美、空气清新，还有中医药文化的深厚文化底蕴，适合发展养生和养老的产品。例如，可以依托江西丰富的温泉资源，开发系列温泉养生康体产品；可以依托樟树底蕴深厚的中医药文化开发中医药系列养生产品；可以依托江西各地原生态的美食，开发系列具备养生和保健功能的食疗产品；等等。

该产品系列主题特色为"生态"。

3. 激情·山水运动产品系列

激情运动也是人们休闲度假方式之一，特别是相对年轻的游客，他们需要在运动中释放青春，燃烧激情。目前，针对 80 后、90 后年轻游客的运动产品在江西的度假产品体系中较少，应尽量增加。除了比较常见的真人野战、户外素质拓展等产品之外，还可以大力开发以汽车为主题的拉力赛、野营基地、弯道赛车、汽车影院等符合现代年轻人需求的产品；可依托江西的大湖泊开发水上排球、水上摩托车、赛艇等充满活力的水上运动产品；等等。

该系列产品主题特色为"激情"。

4. 浪漫·山水温泉产品系列

江西温泉资源丰富，开发江西休闲度假产品，温泉的开发和利用是非常重要的内容。目前，江西温泉旅游产品开发已成规模，但是，同质化比较严重，特色不够鲜明。江西的山水环境优美，在温泉开发方面不能千篇一律地开发日式温泉，而应依托江西名山好水，开发峡谷温泉、岩石温泉、湖中温泉、岛屿温泉等产品，以温馨、浪漫、野趣为主题，在尽量契合当地特色文化和传统温泉文化的前提下，将山水资源和温泉资源完美地融合在一起。

该系列产品主题特色为"浪漫"。

5. 野趣·山水郊野产品系列

良好的生态环境使江西的郊野非常秀美，具有开发针对城市人休闲度假旅游需求的绿色郊野系列产品的得天独厚的条件，在发展绿色郊野旅游这一方面，江西优势非常明显。郊野旅游虽然属于乡村旅游的组成部分，但是更应强调其"绿色""野趣"等品质。可开发以林中漫步、森林氧吧、野外烧烤等为主要内容的城郊休闲系列产品；可开发以绿色蔬菜、生态禽肉、生态鱼类为食材的各种绿色餐饮产品；可开发以各种季节花为主题的乡村赏花游和以四季蔬果为主题的采摘项目；等等。

该系列产品主题特色为"野趣"。

6. 风情·山水乡村产品系列

浓郁的乡村风情和淳朴的民风民俗也是旅游休闲度假市场的卖点之一。江西各地文化各有特色，并不统一，各地均有引人入胜的民风民情，可开发融合休闲度假功能的风情乡村产品系列。例如，针对游客开发以欣赏傩戏、采茶戏、东河戏等民间戏曲为主题的乡村大舞台；在旅游人气比较旺盛的乡村旅游点打造融合民情风俗的实景演出项目；根据各地具有地方特色的节庆举办符合游客需求的各种节庆活动，如赏花节、灯笼节、火把节等。

该系列产品主题特色为"风情"。

二、战略构想

目前，江西旅游业正从观光向休闲度假旅游转变，从单一的观光消费向多元体验消费转变，可以说是产业转型升级的重要机遇期。这对旅游方式、旅游地区、旅游环境、旅游业态、旅游格局等都提出了新的要求。构筑江西旅游可持续发展的整合体系，关键是抓住江西由观光向休闲度假旅游转变的要点。

（一）旅游方式——实现从观光到游憩到游住的转变

观光向休闲度假旅游转变的重要表征，就是游憩、游住的常态化。要使休闲度假游成为江西主流产品，最重要的是挖掘能够吸引旅游者停留的江西差异性文化因素，即让游客领略具江西风情与特质的本土文化。江西旅游资源丰富、优质是不争的事实，但旅游发展相对滞后，重要原因就是缺乏对赣都风情的本土文化项目的"包装"。例如，针对泡温泉，全国各地温泉疗养地众多，但大部分承载形式基本相同，规模相当，而游客更愿意选择一处有文化主题、具乡土特色的温泉度假地。有两种文化现象对休闲度假旅游具有重要意义：一是融入了当地生活、民情的乡土文化，其渗透在当地民居、风俗、饮食等因素中，我们称之为弥散型文化。例如，游客到湘西凤凰旅游，除了观光，更看中其休闲氛围，总是千方百计地留下来体验一下这里的夜生活，吸引他们的是以古朴、悠闲为特征的乡土文化生活。二是以主题活动为核心的元素文化，我们姑且称之为内聚式文化。世界著名的伍德斯托克摇滚音乐节就是一个非常好的例子，"这是一个让一切对音乐有过奢望和理想的人，一想起来就热泪盈眶的盛会"，从一开始若干组织者搭建起音乐节的架子，到后来无数参与者，在无数次参与中，以不自觉的方式共同提炼出了主题活动的文化内涵，让它在一个本没有太多吸引游客能力的地方扎根、开花，并形成核心的文化品牌。这种"文化"方式与文化活动的形成，对江西旅游决策者来说非常有借鉴价值。

为实现江西由观光到游憩到游住的转变，建议做好以下工作：①在重要旅游城市和具住宿功能的景区建设夜生活场所,并推出能让游客互动的各种文艺活动。让游客实现白天游山玩水，晚上游憩看戏，享受本土生活，体验民俗风情。②在中心旅游城市和 5A 级旅游景区打造文旅结合的大型演艺节目。例如，广西的"印象刘三姐"、云南的"梦云南"、陕西的"长恨歌"、贵州的"多彩贵州"等文化演出活动，不仅让本土的优秀文化得到复苏和展示，而且极大地繁荣了旅游市场，提升了旅游形象和综合效益。让传统文化"活"起来，才能给游客以鲜活的、立体的旅游体验。③旅游目的地要开发一批呈现原生性、多样性的文化体验项目。例如，婺源的"木雕"作为建筑物构件不仅要供游人参观，而且要制成旅游纪念品、个性收藏品，还可以由老工匠教游客制作"木雕"，变成旅游体验项目，增强参与性和趣味性。同样，景德镇、洪州窑、吉州窑等地可以建设一批陶吧和瓷器作坊，让游客参观或亲自参与制作。这样，既能满足游客的体验与收藏需求，也传播了本土文化，更增加了经济收益。④旅游城市要建设大型文化休闲场所和大型旅游购物中心。

（二）旅游地区——实现从"城·景"二元结构向"城市·乡村·景区"三位一体的转变

从江西目前的状态看，从外省来的游客基本上还是将城市作为中转站，在城市稍作停留就前往景区，过程中更是以游览与购买土特产为主，呈现出典型的"城市·景区"二元结构的旅游地区格局。当下产生旅游需求的群体以城市居民居多，他们更愿意接受纯天然和原生态的环境，一些民风淳朴的乡镇，还有风貌原始的山村，越来越受到游客的青睐。相对于城市与景区旅游来说，乡村旅游是江西向休闲度假旅游转变的重点领域。向休闲度假旅游转变，就是在建设好休闲城市的基础上，对特色乡镇和山水村庄进行规划和开发，实现"城市·乡村·景区"的三位一体观光休闲度假旅游地区新格局。乡村休闲度假旅游以农业景观、田园风光、古村文化、民俗风情和原野环境为依托，江西在这方面有明显的优势，发展乡村休闲度假条件得天独厚。浙江的安吉以打造"中国美丽乡村""中国大竹海"两大县域旅游品牌为抓手，全力推动休闲农业与乡村旅游的转型升级。作为休闲旅游产业的重要组成部分，安吉农家乐经历了培育、发展、规范、提升几个阶段。十余年来，安吉乡村旅游规模不断扩大，管理日趋规范，质量稳步提升，品牌逐步打响。目前，全县共完成创建"中国美丽乡村"精品村150个，重点村14个，特色村4个，省级农家乐特色村10个，省级旅游特色村3个。2013年，安吉接待游客1 044万人次，实现综合收入102.3亿元，门票收入1.86亿元。安吉乡村旅游基本形成产业化，无论是从产业集聚度、产业成熟度还是经营管理理念看，都成为中国乡村旅游的典范和标杆，其经验给江西打造乡村旅游"升级版"提供了有益启示。

（三）旅游环境——实现从景点到"景区·城区·园区"三区联动的转变

一说到发展旅游业，我们往往关注景区景点开发、宾馆饭店兴建，景区建设的标准和环境要求比城市都要高，这是观光时代的特殊产物。其实，作为休闲度假旅游地的环境，除了具备新鲜空气、良好生态外，还要有舒适宜人的生活空间。所以，城市及其园区（文化休闲功能聚集区）的休闲功能与旅游产业之间有密切的联系。从现代旅游发展观念来看，城市休闲功能区、重点工程与水利设状、大型购物商场的建设，工厂、学校、田园乡村等的规划与建设，甚至路灯形状、公交车特色等，都是城市休闲满意度评价的重要指标。当地的生活习俗、居住环境、文明程度也成为影响游客是否驻留的因素。因此，要树立大旅游和全域旅游观念，注重城市与文化休闲功能聚集区的旅游环境建设。在城市休闲已成风尚的趋势下，以城市良好的公共基础设施为依托，以城市功能齐全的休闲场所、丰富深厚的人文景观资源，以及优质、周到的服务为吸引要素，大力发展城市休闲旅游，是江西促进旅游产业由观光向休闲度假转型的重要选择。

华侨城集团建设的"武汉东湖华侨城"休闲度假基地，在一个功能完善的规划模板上，通过"四大公园、四大文化中心、两个主题酒店、一个文化湾区"的产品形态建设，将文化景区、都市休闲娱乐、酒店服务、文化艺术、生态居住等诸多充满人文气息的生活元素与休闲设施完美融合，形成一处大规模、高品位的现代服务业聚居区，成为华中地区备受期待的标杆性大型文化旅游项目，为城市居民提供多样化的精神文化选择带来非常舒适的空间和动感的体验，让生活状态与度假感觉在繁华都市中心地自然地融为一体。这里既有欢乐谷、玛雅海滩水公园、欢乐童年儿童公园这样的都市欢乐之地，也有国际演艺中心、当代艺术中心、生态展示中心等充满艺术气息的地方。所有的生活需求，都被妥帖地满足。城市与自然，生活与度假，不再有泾渭分明的界限，而是浑然一体，为武汉带来全新的生活方式，营造出城市休闲度假的全新境界。武汉华侨城堪称城区与园区休闲度假空间环境建设的典范，开创了我国由景区休闲度假环境建设向城区、园区休闲度假环境建设延展的先河，值得借鉴学习。

（四）旅游业态——实现从传统单一到创新的多维化和个性化转变

旅游业态创新是向休闲度假转型的重要内容。虽说在转型期的很长一段时间内，观光旅游仍然占主导地位。但我们应该建立这样一个共识，就是在巩固传统观光市场份额的同时，大力推动旅游业态创新。一要大力开发多维新型业态旅游产品，如房车旅游、温泉旅游、游船旅游、滨湖旅游、会展旅游、奖励旅游、健康旅游、探险旅游等。二要强力构建基于电子商务的旅游新形式。旅游电子商务是互联网技术生活化应用的一种形式，深刻影响着人们的旅游消费方式，重新整合了旅游业的产业链条。其应用范围逐步扩大到休闲度假、景区门票、餐饮等。我国的在线旅游企业也不断成长，携程、艺龙、淘宝旅行、芒果、同程、去哪儿网等网站，依靠强大的网络预订渠道和信息影响能力，正在改变传统旅游商业模式的市场主导地位。门户网站、旅游垂直搜索引擎、SNS(social networking services，即社会性网络服务)、社会网络、博客等旅游电子营销渠道也在飞速发展。所以，江西在经济力不如其他省市的状况下，应该采取不惜血本聚集人才的非常规渠道，强力加快电子商务、网络营销、品牌经营、集聚开发等旅游商业模式的创新，为休闲度假区的建设、推广与销售抢占先机，以及奠定良好的业态环境和经营软环境基础。三要着力建设个性化旅游业态。旅游不是简单地住酒店、看景点,越来越需要个性化的业态和产品,满足度假旅游者的出行意愿。游客对个性化产品的重视,正悄然影响着江西旅游产品与业态的延伸方向。例如,开着房车旅游,是欧美国家常见的旅游方式。如今,这种户外休闲方式已走进江西。2013年江西第一家集房车旅游、销售/租赁、露营地建设等于一体的江西季候风房车露营集团成立,通过租赁等方式参与房车游的人越来越多,他们乐于在房车中度过休假之旅。该公司正在着力建设江西露营地网络体系,使江西逐步具备接纳全国各地的车友驻足留宿的能力。房车旅游,留宿山水间,享受大自然,既是江西生态环境提供的一种优势条件,也是游客在度假过程中追求另类满足感的一种体验需求。

(五)旅游格局——实现由点、线到面到聚集与聚约的转变

如果说观光旅游是典型的点-线结合的旅游,那么休闲度假旅游则主要是对这个"点"的聚集、聚合与聚焦,即对"点"进行深度拓展、宽度延伸和高度塑造,从这个意义上说,休闲度假旅游其实是对"点"进行适度扩充,再进行立体建设,实现由"小点"到"大点"到"面"再到"立方体"的延伸和提升,实现产业聚集、经营聚约,即要在整体环境、总体规模、全体功能上满足游客对休闲活动和度假生活的需要。第一,观光是一种广谱适应性旅游,受年龄、教育、身体、职业、偏好、技能、收入、时间等的限制较少,但休闲度假受这些因素的影响较大,休闲度假项目往往是一种窄谱适应性旅游。例如,打高尔夫受收入限制,拓展运动受身体素质限制,垂钓受偏好限制,攀岩受技能限制,不能都适应大众群体。这要求旅游供给方对休闲度假市场进行细分,分离出多个"休闲聚焦点",推出针对不同细分市场的专项旅游产品。第二,观光产品的升级,主要关注游线内容结构的优化与服务项目的配套,增加游憩节点,达到点-线-面吸引力的整体协调,最大限度地拉伸观光体系的深度与广度,这样才能实现向休闲度假旅游产品转型。第三,休闲度假产品的打造,关键是提炼出观光过程之余的休闲主题和度假功能,如在景区、城市、乡村打造出浪漫小镇、风情小城、避暑小区、滨水静街、多彩之城、不夜乐都、狂欢大街、特色村庄等具有招徕力的休闲生活社区,并针对森林、温泉、水滨、田野、山谷、村镇等资源形成个性度假生活形态与非常态接待型服务设施,从而实现依托观光产品转型下的休闲产品设计与度假项目开发,这是江西旅游产品完善与业态创新的一项系统工程。

第五章

江西从观光旅游向休闲度假旅游
转变的路径探索

　　旅游作为一种异地休闲消费形式，有着丰富多彩的内容；从旅游目的指向来看，其包括事务性与休闲性旅游两大基本类型；其中休闲性旅游又可分为观光旅游、度假旅游与专项（专题、特色）旅游三个递进层次[10]。其中，度假与休闲密不可分，Strapp 认为度假旅游属于休闲旅游的一种，是指利用假日外出，以度假和休闲为主要目的和内容，进行令精神和身体放松的康体休闲活动，故常被称做"休闲度假旅游"[4]。它们之间形成"休闲-旅游-休闲旅游-休闲度假旅游"的概念种属关系。与观光旅游等其他旅游形式相比，度假旅游具有"目的地相对固定、更强调休息、在一地停留时间较长、回头率较高、无须导游、对娱乐设施要求较高"等特点。

　　休闲度假旅游与观光旅游虽然同属常规旅游，但前者是后者的深度发展，都是未来旅游的基本形式。虽然我国目前还处在观光旅游需求全面膨胀期，但从局部特别是东部沿海地区与内陆大中城市来看，休闲度假旅游需求早已产生，旅游业正面临转型升级机遇，休闲度假时代已悄然来临。当前，江西旅游产业正处于由观光旅游向度假旅游发展的关键阶段。江西休闲度假旅游模式的选择既关系到其度假旅游产品体系的建设，也关系到未来江西休闲度假旅游目的地的竞争实力和发展命运。本章主要根据江西旅游产业发展阶段和发展路径，从转型升级模式、拓展完善模式、创业创新模式、产业融合模式方面提出如何实现根本转变的一系列有效方案。

第一节 转变路径之一：转型升级模式

目前，观光旅游仍为江西旅游的主打产品，以观光旅游为代表的传统旅游转型升级，核心是实现旅游产品结构的转变，即由单一观光旅游向观光与休闲、度假的复合旅游转变，强化旅游多功能开发和向产业链延伸。

一、初级产品升级模式

旅游产品作为旅游者直接面对的旅游对象，其转型升级在整个产业的转型升级中具有重要的意义，是吸引旅游者的魅力之源和最初与最终的动因。随着产业阶段的变化，我国旅游业已经形成了以下几代产品：第一代产品开发，高度依赖原生资源，甚至核心产品即等同于资源。其类型主要是以名山大川和名胜古迹为代表的观光产品。第二代产品开发，则不完全依赖原生资源的分布，开始兼顾市场引导，出现了浅层次的休闲度假、商务旅游等非观光产品。但其设计思路不成熟，产品内容编排粗糙。第一代和第二代产品统称为初级旅游产品。随着整个旅游市场的快速发展，以及大众休闲时代、体验经济风潮的到来，游客对旅游产品的休闲游乐、情景互动、参与体验等的要求越来越高。初级旅游产品的升级在于旅游产品结构方面的转型与升级，即由单一型向复合型转变。升级的重中之重是实现旅游产品由单一型、粗放型向系列化、精品化的方向发展，由观光型向主题型、休闲型、度假型和个性化方向演进[11]。具体而言，初级旅游产品转型升级的方式如下。

（一）以旅游者需求为导向

根据旅游者需求的变化，以市场为导向，及时调整和改进旅游产品的开发与设计，最大限度地凸显旅游产品的个性，满足旅游者的需求。从性别、年龄、层次等不同层面出发，开发多种专项旅游产品，使旅游产品的内容、形式结构适应不同客源市场的需求。在符合游客消费需求日益个性化趋势的基础上，向深层次、多元化方向发展，变"一次性创新开发"为"系列产品持续创新"，用有序不断的开发来延长产品的生命周期，用群体的理念来代替个性的理念。

（二）深入挖掘旅游产品的文化内涵

人们外出旅游不仅是为了休闲，更是为了满足更多的精神需求，这也就对旅游产品的品质和品位提出了较高的要求。如果能够把旅游产品蕴涵的多层面的文化内涵挖掘出来，一方面就可以提升旅游产品的品质，另一方面也就可以吸引具有不同文化需求的旅游者。从文化的整体性出发，旅游产品文化内涵的挖掘可从旅游产品所处的背景和环境的文化特征入手，通过文化创意、文化包装、文化经营等方式精心打造文化主题型旅游产品，增强旅游产品的文化品位和市场竞争力。

（三）运用先进技术打造旅游产品

要充分运用先进的科技成果和信息技术手段来开发具有现代气息的、科技含量高的旅游产品，以满足旅游者追求新、奇、特的旅游心理。可运用高科技手段保护景区现有的历史和文化遗迹，减少稀缺旅游资源的损耗；借助视频、视听系统等现代技术手段，全面展示景区的景观和文化内涵；在讲解服务中引进电子导游系统，游客可根据自己的个性化要求，自主安排游程。

★案例分析：南昌梅岭——观光旅游的转型升级

南昌梅岭风景区位于南昌市西郊 30 千米处的西山脉中段，面积约为 150 平方千米。梅岭山势嵯峨，层峦叠翠，四时秀色，气候宜人。长期以来，梅岭景区的旅游产品较为单一，市场定位和宣传脱节，使得旅游发展停滞不前。为摆脱梅岭旅游发展的困境，推进旅游产品的升级，近年来梅岭景区以优良的生态资源为基础，整合丰富的旅游资源，以旅游休闲为导向，提出打造以生态休闲为主体的梅岭休闲旅游综合体，重点发展休闲观光、度假养生、运动体验、会议商务、乡村旅游等旅游业态，努力发展成为南昌市民休闲度假的集中区、省市会议商务活动的重点区、省内外知名的旅游目的地。

第一，综合发展休闲产业。根据旅游者的需求的变化，以市场为导向，梅岭旅游产品不再局限于简单的旅游景点、景观观光的概念，而涵盖包括创意文化、体育运动、生态农业、拓展体验、商务会议、休闲地产等在内的泛生态休闲旅游产业的综合发展架构。为此，梅岭风景名胜区走休闲产业综合发展之路，在开发樱花谷景区、梅岭佛文化博览园、洗药湖避暑山庄二期和狮峰生态漂流、神龙潭高山杜鹃等新景点的同时，通过改善景区农村面貌，为各项休闲产业的发展创造条件。例如，对梅岭、太平两个集镇建筑立面整体进行旅游风情特色改造，建设旅游商业休闲街以实现旅游商业的发展；将荒山荒坡和茅草丛生地改造为万亩茶园，大力发展生态农业；等等。

第二，综合配置旅游服务功能。旅游综合体不同于传统旅游景区的特色之一，在于集聚了多种旅游功能，既能突出某项功能，又能一站式满足游客全方位的旅游体验需求。为此，梅岭风景名胜区大力提升全景区的旅游综合配套功能，建设新城区，扮靓景区"门户"，按照"高起点规划、高标准建设"的要求，加快推进旅游新城区建设；建设旅游接待服务中心，配套建设星级酒店和旅游商业、文化街区，完善旅游接待设施和旅游服务功能。

第三，加大招商引资的力度。梅岭传统旅游产品转型升级的目标，就是要成为"城市特色功能区、旅游休闲新地标、城市文化新名片"。依照这一目标，梅岭风景名胜区将进一步加大招商引资的力度，引进大企业、大项目、大资金和新理念、新模式，高起点、高品质、高效益地建设和经营梅岭旅游综合体；在继续深化与南昌市政公用集团合作开发的同时，积极寻求与东部华侨城、中旅、国旅等旅游业"巨头"投资合作；积极配合南昌市申办"中国国际园林花卉博览会"。

二、传统旅游景区转型模式

"传统"是相对于"现代"而言的，传统旅游景区作为一个名词虽然经常出现在相关文献中，但目前学术界对其还没有明确的定义。一般认为，所谓传统旅游景区，是相对新兴旅游景区而言的，这类旅游景区是区域旅游资源的杰出代表，作为江西旅游业的主力军从改革开放到现在已发展三十多年，其表现形式多是名山大川、文物古迹等，如庐山、井冈山、滕王阁。传统旅游景区由于旅游资源等级较高，在改革开放后就被优先开发出来，成为江西旅游业发展的主力军。它们曾经独领风骚，支撑了江西旅游业的发展，直到现在仍是江西旅游业的脊梁。但是，随着众多新兴旅游目的地的兴起和旅游需求环境的变化，传统旅游景区越来越感受到外界的压力和挑战。同时，它们自身的发展也凸显出一些问题，如主题形象陈旧、旅游产品老化和发展结构失衡等。虽然部分一流的传统旅游景区还可凭借其资源优势和品牌效应吸引国内外游客，但众多的二流传统旅游景区则有些举步维艰，对其进行转型升级已是刻不容缓，否则长期以来积累的优势地位将会逐渐消失[12]。传统旅游景区升级可采用内源驱动模式，即以内涵提升为目标，以内部要素为驱动因子，通过提升旅游景区内部要素品质和协调要素间的关系，使旅游景区的整体质量上升到一个更高的状态。升级路径包括主题升级、结构升级、功能升级、产品升级和服务升级等。

（一）主题升级

旅游景区主题形象是指旅游者和社会公众对景区资源、设施和服务等形成的总体印象与认识。目前，随着社会、经济环境的不断变化，部分传统旅游景区的主题形象与市场需求之间出现了裂痕，导致了吸引力减小、综合效益下滑的情况，而要扭转这种局势则必须对陈旧的主题形象进行更新和升级。发现原有旅游资源的新价值、提升次要旅游资源的地位和深度挖掘文化内涵，是传统旅游景区主题升级的重要方法。例如，杭州以前脍炙人口的主题形象"上有天堂、下有苏杭"，但现在为了适应市场需求的多元化，提出了"休闲之都"和"爱情之都、天堂城市"等新的主题形象。

（二）结构升级

旅游景区的结构涉及空间结构、产业结构、产品结构和市场结构等。产业结构是指吃、住、行、游、购、娱六要素的比例关系。在传统旅游景区发展中，交通问题曾是瓶颈，现在该问题得到了较好的解决，但购物和娱乐所占消费比例过小的问题仍没得到很好的解决；同时，住宿和餐饮过去多分布在景区内，造成了对景区环境的破坏，所以现在有向景区外延伸的趋势。传统旅游景区空间结构优化表现为外延式空间拓展和内涵式空间升级两个方面。前者是指新景点的增加和景区空间的扩大，如由于环保和用地限制等，部分旅游景区已无休闲度假的建设用地，而在与该景区相连、相邻的广大乡村可能找到此类空间。实现与此类空间的资源对接和功能互补，就能使新建休闲度假地最大限度地利用观光胜地既有的客源市场和品牌价值，迅速切入以主景区为核心的旅游圈，形成新的亮点。内涵式空间升级是指在不增大景区面积的条件下，以游客的内在需求和空间行为规律为导向，根据旅游资源和设施的空间布局现状，建设新的旅游节点，延伸或增加旅游线路，使功能不同的各条旅游线路实现有机衔接，从而带动面的整体发展。

（三）功能升级

在传统旅游景区开发的初期，旅游功能一般较为单一，大多停留在观光层面。随着人们生活质量的提高，单纯的观光旅游正在向复合型旅游转变，休闲度假旅游已成为一种时尚和潮流。在这种情况，不少传统旅游景区，尤其是观光型旅游景区，面临游客增长停滞、经济效益下滑的困境。走出困境的关键是，在保持传统优势的同时进行景区的功能升级，主要体现在两个方面：一是依托环境优势、资源优势和品牌优势，由单纯观光功能向休闲度假功能转变，建设"风景区中的度假区"，如九寨沟、黄山等就在实现这种转变。二是运用现代科学技术，发现旅游资源的新价值，大力发展参与性较强的专项旅游。例如，重庆大足石刻景区，经过这几年的发展，已初步完成了功能升级，已由单纯的石刻观光发展成为集游览观光、温泉度假、商务会议、科普教育和宗教朝拜于一体的复合功能景区。

（四）服务升级

根据服务的分类，服务升级包括技术质量升级和功能质量升级。在技术质量方面，旅游景区的建设更加重视意境设计，同时旅游设施的空间布局将更加人性化，如观景亭、服务点的布置，包括厕所的修建，应和景观的特点及游客在游览过程中的生理、心理变化相适应。在功能质量方面，要增强旅游服务的互动性，强调与游客的沟通和参与，满足他们个性化的需求。因为对于游客来说，他们不仅关心获取了什么体验，更关心获取这种体验的方式和过程，后者的主观性更高，对旅游的满意度影响更大。

★案例分析：庐山旅游转型升级

庐山是世界名山，经过三十多年的旅游开发，成为江西知名度最高的传统景区，也是江西旅游业发展的主力军。如何让一个老景区展现新魅力，是摆在庐山面前的一道难题。近年来，庐山也不遗余力地积极推动旅游业转型升级，努力改善软、硬件设施，多管齐下，着力打造休闲度假游，实现由观光型向"观光旅游+休闲度假+专项旅游+文化创意"综合型转变，由单一的旅游地向复合型旅游目的地转变，从而带动江西旅游转型升级。

第一，主题升级。庐山是首批全国重点风景名胜区、国家 5A 级旅游区、世界文化景观遗产地、世界地质公园。一直以来，庐山以优美的自然风光吸引着国内外游客，观光旅游占据主导。为适应旅游事业发展变化，庐山提出从传统旅游观光型景区向世界避暑休闲度假型景区转型升级的战略举措。为实现这一转型，庐山着重打文化牌，以文化的挖掘、发展、创新为原动力，整体提升庐山的吸引力和软、硬实力。文化需要传承、传播，为使庐山的文化内涵更加丰富，庐山风景名胜区管理局深入挖掘文化内涵，与中央电视台合作，共同拍摄十集大型高清人文纪录片《庐山·人文圣山》。该片的拍摄跨时两年，并于 2010 年在中央电视台四套、中央电视台七套、中央电视台十套、高清频道、英语频道五个频道播出，产生了良好的社会反响；庐山"人文圣山、避暑胜地"的形象逐步树立起来，庐山的知名度、美誉度进一步提升。

第二，结构升级。为推动庐山旅游产业结构、空间结构的升级，景区精心划分片区，形成立体化庐山旅游业态，满足不同游客群体的多样性消费需求。例如，积极做好牯岭街业态调整和大林路商业街开发，将大林路作为牯岭街的延伸，培育壮大特色餐饮、面包房、茶楼、酒吧、咖啡屋、足疗洗浴等三产服务业，打造休闲娱乐一条街。推进景区改造提升工程，增加环湖游步道、亲水平台、游船和夜晚文化活动场所。除此之外，随着庐山行政服务中心下迁，空置出来的办公用房引进品牌商家，牯岭街上集地方名特优产品、特色旅游纪念品等于一体，休闲服务功能进一步突显。

第三，功能升级。旅游转型升级，离不开功能完善。庐山加快培育和发展旅游商品产业集群，以庐山云雾茶为主打品牌，开发庐山牌烟、酒、矿泉水等庐山品牌产品，做优旅游特色副食品；融合江西物产资源，做美旅游工艺美术品；挖掘庐山文化底蕴，做精旅游文化纪念品；充分发挥旅游业综合带动功能，延长旅游消费产业链，拉动人均消费增长。此外，庐山以高端体育赛事、特色活动加大品牌输出力度、带动庐山旅游业转型升级。近年来，庐山先后开展了"博动江西、风景独好"、第四届"全国网络媒体江西游"及"庐山梦、中国情"国际摄影艺术大展、"为爱攀登"公益登山等活动，引起媒体广泛关注，社会反应良好。2014年，庐山与国际赛事联手，推出山地汽车拉力赛；邀请国内外知名画家来山写生、创作，打造国际画家村；与德国共同举办庐山"牡丹—国色天香"德国书画展，65幅书法、剪纸、绘画、刺绣等作品持续参展四个月，宣传了庐山世界地质公园品牌。

第四，服务升级。庐山旅游服务的升级从两方面着手：一方面完善旅游设施，南北山换乘服务中心投入使用，宽敞的售验票大厅、人车分流进山通道，游客进山十分方便；观光车线路延伸到山下，游客凭票可以在7天内享受一站式的乘车服务；在南北山设立导游服务站，为散客（自由行客人）提供专业化的旅游服务。近年来庐山投入大量资金进行旅游设施建设，仅2013年就投入1.2亿元进行景区规范提升工作。其中，投资300多万元对景区星级公厕全面提升，投入200余万元资金按照国家5A级景区标准，对全山的导览图、全景图、25个停车场的标志标牌、500多个景区果壳箱、50个公用电话亭进行更新。另一方面提升服务水平，开展了"优良秩序、优美环境、优质服务、满意在庐山"的"三优一满意"活动，开展了"人人争做文明有礼的庐山人"、"争做服务游客标兵"、"争做文明交通参与人"和"争做诚信经营示范店"等活动，庐山人的文明素质显著提升。2012年，庐山旅游业蓬勃发展，全年散客数量占游客总量的45%，散客自由行数量上升了10%。这一变化反映出庐山休闲度假游悄然兴起，庐山旅游业转型升级取得显著成效。

三、观光旅游升华模式

从产品的角度，一般情况下可以将旅游产品划分为四个层次：①基础层次——陈列式观光游览自然风景名胜与人文历史遗迹，属于最基本的旅游形式，是旅游规模与特色的基础。②提高层次——表演式展示，即通过民俗风情表演与娱乐展示，满足旅客由"静"到"动"的多样化心理需求，通过旅游文化内涵的动态展示，吸引旅客消费向纵深发展，这是观光旅游的深化。③发展层次——参与式娱乐与相关活动，亲身体验娱乐项目，满足旅客的自主择项、投身其中的个性需求，是形成旅游品牌特色与吸引旅客持久重复消费的重要方面。④完美层次——自然资源与环境相协调，人文旅游利用现代技术，利用图、声、像，使人文景观与历史完美结合，令游客身临其境；生态旅游从时空相结合角度研究特色旅游产品，即旅游产品整合，从而增加对游客的吸引力，满足游客的旅游需求。旅游产品基础层次、提高层次、发展层次、完美层次的不断演进，是旅游市场日益变化的必然要求，也是旅游业良性、持续发展的必要手段[13]。

目前，江西旅游产品仍然是以传统的观光产品为主，尤其是对自然观光旅游产品严重依赖，而休闲度假和会展商务及专项类旅游产品严重缺乏；旅游产品结构较单一，旅游产业链条较短，呈现出典型的"门票经济"特征。长期的观光产品的主导地位既阻碍了其他产品类型的成长和进入，又不能满足现代游客希望停下来下马赏花这种慢游式的需求和个性化、多样化的游览心理，导致游客的停留时间短，重游率不高，门票经济现象突出，其他购、娱等要素难以健全，旅游经济效益不高，产业链条难以拉长。

观光旅游的升华可分为两大方式。

（一）通过新建旅游项目提升吸引力

自然风景以独特迷人的生物景观等旅游资源为特征，其本身具有较强的旅游功能，但游客的好奇、探新的心理一旦满足以后，他们会产生喜新厌旧的情绪，目光会转向其他的景点，故这类景点的重游率低，游客在这类地区的停留时间较短。克服这些"瓶颈"的手段是，以观光旅游为基础，结合时尚需求，利用现代物资技术条件，人工创造新、奇、特游览项目，即通过智力投入、文化投入和技术投入，完善旅游目的地基础配套设施，创造性地更新游览内容，增加游客在目的地的参与性与娱乐性等。例如，武功山拥有 10 万亩（1 亩≈666.7 平方米）高山草甸，可以利用高山草原景观的优势，策划并实施大型滑草场、高山草原运动游乐场项目，还可购置观景热气球、飞伞，开展高空观光、速降活动，增加游客的活动项目。这样，景区就能实现观光、体育、休闲等娱乐保健项目的梯度开发。

（二）深度挖掘资源

人文型景观具有建筑、绘画、雕刻、文艺等历史文化艺术的唯一性，但是，这种人文的世界级价值并不表示它们都具有世界级的旅游价值。对文化遗产型的观光产品的文化和历史内涵进行深挖掘，本着为旅游者提供娱乐的、审美的、教育的、体验的目的，对旅游产品进行深加工，并对这些产品进行精心包装，提高其附加值。在开发中，依托原有的自然景观和人文景观，挖掘其内在的文化及市场因子，不断创新旅游产品，将观光旅游与生态旅游、休闲度假旅游等形式结合起来，延长其生命周期，以深化传统的观光旅游。

★案例分析：三清山打造旅游全产业链经济

三清山位于江西省上饶市东北部，景区总面积 229.5 平方千米，是世界自然遗产地、世界地质公园、国家 5A 级旅游区。三清山创造了世界上独一无二的景观，呈现了引人入胜的自然美。近年来，为适应旅游市场快速扩张和旅游需求多元化趋势，三清山打破了对"门票经济"的过度依赖，由数量增长型发展模式向效益增长型发展模式转变，实行游览区与服务区分离，形成功能齐备、运作有序、服务规范的旅游服务体系，延长旅游产业链条，做大旅游产业规模。

第一，创新分工协作机制，优化旅游资源配置。按照"山上游、山下住，景区游、城里住"的模式，把旅游经济"蛋糕"做大，实现互补、互动、互利、互赢。其一，拓展区域旅游发展空间。启动位于三清山东麓的金沙服务小区开发，总面积 4.5 平方千米，规划旅游床位 4 920 个。以"金沙、冰泉、猿啼"为主题，以"生态旅游、探险旅游、水上活动、野营活动"为内容，突出休闲度假特色，提升服务品味和综合效益，改变"白天爬大山，晚上睡大觉"的现状。其二，提升玉山县城旅游功能。在玉山县城规划建设旅游服务区，总面积 4.5 平方千米，优化"吃、住、行、游、购、娱"旅游六要素，为游客提供休闲、娱乐、度假、餐饮、住宿、会展及集散中转服务。

第二，加大旅游产品研发。充分利用三清山的山林资源，大力发展露营、登山等具有现代气息和风格的山地健身休闲产品，开发水果采摘、枫林"枫"情、快乐农场等特色乡村农业休闲产品，针对不同季节、不同群体、不同市场，推出"三八"丽人、赏花春游、清凉避暑游、亲子家庭、重阳感恩、"七夕"浪漫游等形式各异的旅游产品。在绿谷酒店、田园牧歌、青云山庄已发现温泉的情况下，加快对全山进行温泉勘探，做好三清山温泉开发的可行性研究。以温泉笼人气、聚财气，促进淡季旅游发展，弥补季节性不平衡。

第三，完善住宿接待体系。构建多层次复合型的住宿接待体系，引进中档和经济型酒店品牌，加大对农家乐的管理和引导，打造一批主题酒店、度假酒店、青年旅馆、休闲庄园、特色客栈、露营地等住宿业态。

第四，加快旅游商品开发。加大对黄金茶、白玉豆、三清笋干、高山葛根等三清山特产的推广力度，形成有特色、易携带、高品位的三清山特产。加大对畲族特色服饰、民俗文化商品的梳理和研究，发展富有特色的民间工艺品。

第五，三清山要在发挥观光功能，完善"山上游、山下住"的游览格局的基础上，加强周边休闲旅游产品体系建设，将汾水、金沙、枫林、紫湖等主要担负人流集散功能的游客中心地拓展为有文化、能生活、可休闲、宜度假的休闲旅游城镇，同时在山下建设山乡休闲生活方式，营造"三清人家"山水度假胜地的环境和氛围，让游客体验真正的山居生活。只有这样，三清山才能留住过夜客，实现由观光名山向休闲度假名山的转变。

第二节　转变路径之二：拓展完善模式

20 世纪 90 年代以来，以生态旅游、乡村旅游、文化旅游等为代表的非传统观光旅游快速发展，成为旅游活动中的热点。这些旅游带有休闲度假的成分，但开发层次较浅，不能满足旅游者日益多样化的旅游需求。这些旅游形态向休闲度假游过渡的重点在于旅游产品的拓展和完善，即旅游产品层次的提升、质量的提高、业态的丰富、科技含量的提高，以突出人性化、多元化、特色化、动态化、主体化，增强吸引力、竞争力和带动力。

一、文化旅游修学模式

文化旅游是以鉴赏异国异地传统文化、追寻文化名人遗迹或参加当地举办的各种文化活动为目的的一种旅游形式。随着体验经济时代的到来，旅游者的旅游需求正从传统的"观光旅游"向"文化旅游"方向转变。而修学旅游作为文化旅游的一种形式，最能深刻地揭示文化旅游的本质内涵，以文化体验为主的修学旅游才是满足游客内心需求的永续之道。修学旅游目前采取的形式很多，或者到风景名胜区参加各种学习班或培训班，或者到一些有影响的学术中心、著名学府、主要历史学派的活动遗迹或著名学者故里及其从事学术活动的场所参观访问，在优美的环境中，探古思幽，增长知识，增进技艺。修学旅游产品不同于常规的观光和度假产品，发展修学旅游的关键是观念，重点是产品，焦点是服务，难点是市场，突破口是体制和机制[14]。

江西历史悠久，人文昌盛，保存着相当丰富的文化遗存和历史悠久的文化传统。江西的文化旅游资源极为丰富且品位高，景德镇的陶瓷文化、白鹿洞的书院文化、抚州的名人文化、龙虎山道教文化、佛教禅宗文化、井冈山和瑞金的红色文化等都是高质量的修学旅游资源，可进行深度开发。结合江西的实际情况，文化旅游修学模式开发的路径如下。

（一）主题鲜明，突出特色

修学旅游要主题鲜明，突出求学的特色。鲜明的文化特征和深厚的文化内涵是文化旅游产品的核心竞争力，也是促进旅游产业兴旺的关键要素。江西文化底蕴深厚、种类繁多，发展文化修学旅游应牢牢抓住最能代表赣鄱特色的文化进行打造。佛道文化、红色文化、陶瓷文化、名人文化、书院文化等文化类型最具本土特色，都可打造成为修学旅游重要的基础产品和载体。在产品打造上下功夫，把修学旅游与游客的需求结合起来，细化旅游产品，重点打造名人朝圣、陶瓷技艺、革命洗礼、禅修等旅游产品品牌。

（二）活动内容以"修"为主

修学旅游项目要将旅游的休闲性与修学的严肃性有机结合起来。修学旅游要求将修学与旅游有机地融为一体，游与学的结合深度要适宜。一方面，要克服常规旅游项目的肤浅性，体现旅游者的主体参与，将学习功能镶嵌在旅游过程的每一环节。另一方面，要侧重教育功能，以注重熏陶、积累沉淀为宗旨，做到以游助学，使游客在游的过程中接触的知识更系统、更易吸收，融合知识性、参与性与趣味性。传统文化博大精深，加深对传统文化的理解，使现代人能在修学中真正对江西文化的精髓有所感悟，并将其运用到现实的生活、工作中去。在内容组合上，采用 "修学游+培训" "修学游+研讨" "修学游+探险" 等方式[15]。

（三）强调旅游者的参与

注重参与性是现代旅游产品开发的一个明显的趋势，通过旅游活动获得愉快的经历是旅游者的普遍意愿，参与性越强的文化旅游产品，能给予旅游者的体验就越生动，游趣就越浓，体验感也就越强。开展修学旅游，关键在于体验这个过程，了解传统文化、特色文化，让旅游者有一个全新的体验，获得一种精神的升华。修学旅游的活动形式不断翻新，特别是强化了参与性，像穿古代学士服、戴古代学士帽、在白鹿洞书院举行开学典礼、听理学大师讲课这些寓教于乐的特色活动，要成为修学团的必修课。

★**案例分析：景德镇——陶瓷文化修学旅游**

景德镇以陶瓷闻名世界，陶瓷文化底蕴十分深厚，具有千年瓷都的美名。千百年以来，熊熊不断的窑火，使景德镇留下了丰富的陶瓷历史遗迹、珍贵的陶瓷艺术、精湛的制瓷技艺和瓷味十足的地方风情，形成了独具特色的陶瓷文化旅游文化。长期以来，景德镇陶瓷文化旅游品牌挖掘较"浅"，未能挖掘出吸引游客的"看点"和"亮点"。为深入挖掘历史悠久、内涵丰富的陶瓷文化，促进景德镇陶瓷文化旅游的转型升级，必须实现"陶瓷文化观光游"到"陶瓷文化修学游"的转变。

第一，突出陶瓷文化突出特色。在陶瓷文化修学旅游开发中，不仅让旅游者学会看陶瓷，学会制作，还要使其懂得品文化。这就需要开发一系列有关陶瓷文化的实体景区，让旅游者更直观地感受博大精深的景德镇陶瓷文化。例如，陶艺广场，它能集中体现陶瓷生产地的独特文化内涵，集休闲、娱乐与公益于一体，是陶瓷旅游较高层次的景点。按照以旧修旧的原则复建釉果手工作坊、陶瓷手工作坊、龙窑遗址、水碓小世界等陶瓷文化遗址，让游客可觅远古瓷韵，感悟这里厚重的历史文化沉淀和古代劳动人民质朴的生活。

第二，设计陶瓷文化修学游精品线路。线路安排如下：景德镇陶瓷学院—景德镇陶瓷艺术研修苑—雕塑瓷厂—景德镇陶瓷学校。创办于1958年的景德镇陶瓷学院，是我国唯一的一家具有陶瓷专业背景的高等学府，这里不仅有老师和学生创作的精美的陶瓷作品——陈列，而且为陶瓷界学术交流研修提供了一个场所。景德镇陶瓷艺术研修苑是由国家旅游局投资建设的，专门对仿古建筑和园林式的陶瓷进行专业研修，它同样为陶瓷艺术的交流提供了基地。景德镇的雕塑瓷厂则是专业生产雕塑瓷，其中的陈列室内珍藏了各类美轮美奂的雕塑瓷精品。此外，还有明清园、陶艺研修室、名人画坊等诸多景点。景德镇陶瓷学校内设有护车36台，以及彩绘和陶艺教室等大型教学设施，是全国中小学生培养陶瓷制造的技术和兴趣的培训基地[16]。

第三，强调旅游者的参与。修学旅游，不应局限在观览上，最好要有更多实地操作，用实践检验游人的学识，在更多层面唤起游客的社会责任感。在陶瓷文化旅游开发中，不仅要注重观赏性和趣味性，还要培养旅游者的参与热情，对参与性强的陶瓷工艺项目，如陶泥、擂泥、印坯、修坯、捺水、画坯、上釉、烧窑、成瓷等，适当予以开发，鼓励旅游者动手参与到具体的制作工艺中去。例如，游客在考察古窑景区的过程中，除参观镇窑、馒头窑、龙窑，聆听瓷乐，观看老艺人表演的传统制瓷技艺以外，还可设置DIY（do it yourself，手工制作）体验区，在窑工的指导下，让游客自己完成制坯、成型、点染、入窑等工艺流程，深刻体验陶瓷文化。

二、乡村旅游延伸模式

乡村旅游是以旅游度假为宗旨，以村庄野外为空间，以人文无干扰、生态无破坏为宗旨，以游居和野行为特色的村野旅游形式。占江西土地总面积超过60%的农村地区拥有丰富的旅游资源和发展旅游产业的优势条件，伴随着江西城镇化水平的不断提高，江西乡村旅游已步入快速发展阶段，同时也存在不少问题和发展瓶颈，制约其健康持续发展。目前，江西各乡村旅游地现有旅游产品大多雷同，观光型产品不外乎赏花、生态园林观光、乡村民俗风情、宗教朝拜等类型，休闲度假基本上是麻将、棋牌活动、浴足、保健和唱歌等活动，这些产品自乡村旅游发展之初沿袭至今，没有多大变化，而且各地相差无几。而能够体现乡村旅游特色的农事体验型、乡村康体健身型的旅游产品十分缺乏。从国际经验来看，国内当前以民俗村、采摘园、观光农园、渔家乐、农家乐等为主的乡村旅游产品，并不符合乡村旅游发展的大趋势。未来乡村旅游产品应该不断由观光向休闲、由审美愉悦向体验参与和康体娱乐转变，由此必将带来乡村旅游产品的转型升级，具体策略如下。

（一）在开发理念上，倡导游居、野行

第一，游居是一种具有享乐、游玩、养乐性质的居住，是以享乐为目的、比较自由的讲乐世和崇归野的高品位的生活方式。为满足游客游居的需求，可从两方面入手。一方面，在风景优美、环境幽静的乡村建造具有乡野特色的度假休闲设施，满足一部分人乡居休闲的要求。另一方面，在政策许可前提下，兴建乡村特色住宅或别墅，游客以出租或购买的形式拥有，供假日养生度假使用，可称为第二居所。第二居所是逆城市化趋势下促生的新型游居式旅游地产和游居场所，它卖的不是房子，不是农庄，甚至也不是村野美景，是生活方式，是敬畏村野、共建与投身村野、享受村野的养乐生活方式。游客居住在青山绿水中，不仅有助于缓解疲劳，延年益寿，更能陶冶性情，修身养性；创造人与人、人与自然和谐相处的环境，形成最为惬意的乡村休闲旅游氛围。

第二，野行原本是一项具体的体育项目，随着乡村旅游业的发展和逆城氛围市化时代的到来，野行被应用到旅游领域。野行是一种具有趣味性和养乐性的乡村旅游形式，是一种以强身养性为宗旨，以村庄野外为空间，以人文无干扰、生态无破坏、行走无路径为特色的村野徒步运动。野行路径主要由湿地、野山、丛林、村落等组成，野行比赛线路也只有起点和终点，没有具体路径，野行者可以自由选择符合要求的野行路径。他们以敬畏村野、投身村野、感受村野为精神追求，以游乐和强身养性为目的。

（二）在开发模式上，实现产品结构和功能的转型

第一，在产品结构上，乡村旅游产品向多元化、休闲化转型，从以简单观光、采摘旅游为主到以休闲度假、康体娱乐为主的多元休闲旅游产品转变。应突破狭义的乡村概念和范畴，融入现代休闲文化元素，将单一的、雷同的产品结构向多元化、体验化、休闲化、文化性转变，与休闲度假、森林旅游、生态旅游、康体旅游等形式有机结合，如将有条件的乡村打造成综合性的乡村旅游度假区。

第二，在产品功能上，乡村旅游产品向创新化、体验化转型，从服务经济向体验经济升级，让游客参与其中，"表演"旅游[17]。

（三）在开发方式上，提高档次、突出特色

要摒弃传统的、粗糙的开发方式，在保持乡土、乡风、乡情的前提下，做到用心、细心、精心开发设计，提高乡村旅游产品的档次、等级、品位，打造乡村旅游的精品、极品和绝品[18]。尽管乡村观光、采摘等仍然是大众旅游市场的重要组成部分，但它们已不再是市场的唯一主体。休闲度假、水上旅游、森林旅游、生态旅游、康体旅游等新型乡村旅游产品也亟待开发。要保证在现有资源的基础

上，保留和延续产品的乡村性，在资源中注入文化，在文化中凸显特色，在特色中形成专题，以专题组合线路，在线路的基础上建设精品，最终形成各具特色的乡村旅游产品系列。

★案例分析：安义古村——乡村旅游升级

安义千年古村群坐落在南昌市西山南麓，安义县石鼻镇境内，距南昌市60千米，由罗田、水南、京台三大自然村连缀而成。这里不仅有保存较好的明清古宅一百余栋，还有大量的文物古迹散布村中。自21世纪初古村开始开发旅游，在较长一段时期内，旅游产品基本是观光型，不外乎参观古建筑、观看乡村民俗表演、品农家菜等，休闲度假活动很少，体现乡村旅游特色的农事体验型、乡村康体健身型的旅游产品十分缺乏。为提高古村旅游的综合效益，安义古村采取多种方式，促进乡村旅游产品的转型升级。

第一，旅游产品向多元化、休闲化转型。安义古村以项目建设为抓手，以节庆活动为载体，推进乡村旅游的发展。赤家垅花果山、梓源民国村、仙游谷等景区建设也正在快速推进中，已初步形成大小"明珠"串联发光、各显风采、相得益彰的乡村休闲度假旅游发展格局。古村群还把旅游开发与新农村建设有机结合起来，规划打造了以"赏花-摘果-垂钓"等多种生态休闲情趣为特色的古村群游览线路，受到游客的欢迎。节庆是旅游的载体。近年来，安义县利用传统节日和特色品牌，举办了以油菜花为品牌的"金花节"系列活动，参与承办了南昌市"休闲农业·秀美乡村"安义县部分活动，利用清明节、"五一"小长假，举办了唢呐比赛、民俗表演、农耕文化展览等活动。

第二，旅游产品向创新化、体验化转型。古村旅游开发紧贴乡村游主题，重现古代习俗，彰显农耕文化，推出赏花、摘果、垂钓、吃农家饭等富有乡村气息的活动。在旅游旺季，游客除游古村外，还可观看一系列原汁原味的民俗表演——舞狮、蚌壳灯、采莲灯、民间戏曲、采茶戏、坐独轮车、体验踩水车、坐碾车、抛绣球等系列活动，以独特、风趣、热闹的民俗文化丰富景区内容。逢年过节，安义古村便推出村民舞龙灯、耍狮子、吹高腔唢呐、敲十八番锣鼓、唱采茶戏、演三脚班、舂糍粑、炸年糕、酿米酒、合春饼等观赏性、参与性强的游乐活动，让游客深度体验浓郁的民俗文化。

第三，提高产品档次、突出特色。近年来，安义古村建设多个大型、高档次休闲度假项目，加快古村导入区、绿缘度假村、鼎湖家园等重大项目的建设；其中，投资16亿元的鼎湖家园将填补江西省高端养老的空白，投资60亿元的圣兰蒂斯项目，拟打造成集会展、休闲、度假于一体的一流旅游休闲度假区。

三、生态旅游养生模式

生态旅游是以可持续发展为理念，以保护生态环境为前提，以统筹人与自然和谐发展为准则，并依托良好的自然生态环境和独特的人文生态系统，采取生态友好方式，形成集聚生态体验、生态教育、生态认知、愉悦身心等功能的旅游方式。养生是指通过各种方法颐养生命、增强体质、预防疾病，从而达到延年益寿的目的，包括养身与养心两个方面。养生生态旅游是一种以提升生命质量、增进身心健康、延年益寿为目的，在生态旅游地依托温泉、森林、海滨、盆地、草原、民俗、医药等养生旅游资源，将养生文化、养生保健和生态旅游方式融为一体的综合性旅游体验活动。生态旅游的养生化是对传统生态旅游理念的重大突破，它将基于原生生态环境与以生物多样性为核心内容的纯自然生态旅游拓展为以生态产业与生态文明为核心内容的产业生态旅游，因而极大地拓展了生态旅游资源，丰富了生态旅游产品。

江西生态环境优越，全省森林面积 1.43 亿亩，森林覆盖率 63.1%，在全国名列前茅；婺源、崇义、武宁、靖安、铜鼓等 43 县市是重点林业县，全省拥有 45 个国家森林公园，省级以上森林公园总数达到 100 个。江西水资源丰富，湖泊众多，庐山西海、仙女湖、陡水湖、醉仙湖等湖泊水质优良、风景优美。优良的生态环境为养生生态旅游的开发提供了基础，江西养生生态旅游可从以下几方面着手。

（一）构建养生生态旅游产品体系

与养生有关的自然资源是开展养生生态旅游的必要条件。江西分布广泛的山地、森林、滨水空间为自然养生文化提供了丰富的资源。江西应以优良自然环境为生态基础，以负氧离子、绿色环境、湿润空气、适宜温度、矿泉水质、中草药等为养生原料，通过融入养生文化构建日光浴、森林浴、雾浴、竹海浴、避暑、生态食疗、温泉疗养、养生运动等丰富多彩的系列休闲养生产品[19]。在生态环境优良、养生资源富集的地方，可建设养生生态旅游区。

（二）建设养生生态旅游设施

养生生态旅游设施包括基础设施和养生设施两部分。基础设施分交通、能源利用、给排水工程、邮电服务、建筑设计与布局五个方面。交通可依托外部交通指示标识与养生环境背景相和谐，以及在休闲、居住等养生活动场所用林带消除或弱化噪声、尾气的影响，凸显示范区养生特色。养生设施建设主要从住宿、餐饮、购物、休闲四个方面展开。倡导建设集服务、观赏、休闲于一体的多功能养生综合体、养生体验区或养生信息中心，为游客提供养生文化的深度体验[20]。

（三）培育养生文化

养生文化可分为自然养生文化、民族民俗文化、宗教文化、饮食文化、中医药文化和现代养生文化等多种不同类型。与养生有关的民族民俗文化和宗教文化是养生生态旅游的灵魂。江西传统文化中养生资源十分丰富，尤其是樟树被称为"药都"。饮食文化、中医药文化和现代养生文化应融入养生生态产品中，以丰富产品的内涵，提升服务质量。同时，在环境养生、食物养生、中医药养生、运动养生等多个领域向公众传输养生休闲文化。

★案例分析：靖安——从生态旅游拓展到生态旅游养生

靖安县位于宜春市北部，距省会城市南昌市 80 千米，总面积 1 377.49 平方千米，森林覆盖率 83%，三爪仑国家森林公园区内森林覆盖率高达 97%，被称为"南方绿色宝库""天然氧吧"。经过十多年的发展，靖安县旅游业取得了卓著的成效，三爪仑已成为江西有一定影响力的旅游景区，但靖安县旅游发展中还存在一些问题，如产品以单一自然风光游览和娱乐休闲产品为主，缺乏整体性和多层次的综合项目，没有形成合理有机的多层次产品体系。为充分发挥优越的生态资源优势，靖安县围绕宜春市打造"全国知名养生休闲度假胜地"的总体定位，大力实施"旅游产业升级战"，从生态旅游拓展到养生生态旅游。

第一，构建养生生态旅游产品体系。靖安县以市场和游客需求为导向，从资源品位、产品设计等方面，筛选和谋划符合旅游业发展潮流、能够引领未来发展的重大项目，重点开发北河樟树林、九里岗高尔夫训练场、宝峰禅修基地等优质生态养生旅游资源。其中，宝峰古樟林生态养生休闲城以樟水湾度假区的开发建设为龙头，北经宝峰寺，延伸到盘龙湖，突出佛教禅宗休息主题，建设沿北河的禅修养生主题产业带。通过发展为休闲旅游服务的禅修中心、禅乐中心、会议中心、娱乐中心、特色街区、主题度假村等休闲旅游设施，建成集观光、休闲、养生、度假、娱乐于一体的休闲避暑度假胜地。

第二，大力建设生态养生旅游设施。靖安县结合各乡镇特色资源，因地制宜，设计策划一批休闲养生、避暑度假、宗教禅修等特色旅游小镇，将靖安县秀美的山水景点、厚重的人文景观以及现有的重大文化旅游项目精心融合包装，推出一批精品旅游线路。完善交通、住宿、餐饮、娱乐等旅游服务设施，通过大力建设，全县有一定规模、特色的休闲农业企业（园区）达到 104 家，新建农宿文化广场 60 个，农宿文化接待点 286 个。2013 年，靖安县荣获"全国休闲农业与乡村旅游示范县"称号。

第三，培育特色养生生态文化。靖安是佛教圣地，禅宗文化源远流长，被誉为"禅宗文化之乡"。靖安东白源道教养生谷依托双溪镇曹山村优越的生态环境和深厚的宗教文化而建，景区总投资 10.7 亿元，占地面积 8 000 余亩。景区养生文化突出三大特点：一是以曹仙羽化故事为主线，打造"参道、论道、悟道、得道"的文化脉络；二是以"仙"为特点，打造"仙田、仙谷、仙山、仙气"四大空间意境；三是以"养"为主旨，"养身、养性、养心、养气、养神"逐步升华。

四、红色旅游体验模式

体验经济是以需求为中心，强调需求结构升级，从消费者角度出发考虑生产的经济形态。反映在红色旅游中，就是旅游者不仅仅是以旁观者的身份去品评红色文化的行迹，更应该以参与者的角色去完成对红色精神内涵的深度体会。目前，红色旅游景区无论是革命圣地还是伟人故居，大都是物品存列配以图片、文字解说，表现方法陈旧，文物的陈列没有从游客视角考虑问题，在娱乐、教育、遁世和审美体验的创造性设计方面显得很苍白。体验型红色旅游开发，就是要深入地挖掘红色旅游产品的文化内涵，融入地域文化，以旅游者为中心，从娱乐、教育、遁世和审美体验入手多方位整合旅游体验元素，在旅游过程中为游客创造"重回革命年代"的难忘经历，即以游客体验为中心来选择和利用资源、开发旅游项目[21]。

江西被誉为"红土地"，既是指全省以红壤土为主体的地形地貌，更是指江西为最重要、最著名的革命老区，是革命烈士鲜血浸染的一片红色的土地，具有丰富的红色旅游资源，红色旅游是江西旅游业的重要组成部分。当前，从江西各地开发的红色旅游产品来看，体验式的特种旅游产品很少，大多是滞留时间短的观光式旅游，有的更是以一个纪念碑、纪念馆、故居会址等形式展示，缺乏体验元素。提升红色旅游吸引力的关键，就是把一般的红色文物陈列展示（即"文物旅游"）转变为以红色年代的生活体验为核心的"文化旅游"，形成以情境化为基础的参与式、体验式旅游模式。应将红色旅游与旅游体验更加完美地结合，要丰富红色旅游的体验形式，可以从红色旅游的吃、穿、住、行、游、娱等方面着手[22]。

（一）走"红色"路线

为了让旅游者更真切地了解红色革命时期的生活，可从体验入手，对其进行磨难教育，使其重走"红色"之路，追寻"红色"足迹。可以给旅游者提供当年的"红色"服装，让他们腰背水壶，手拿红缨枪，沿着划定的路线，徒步走向目的地（当然只是其中的一段路程），体验当年的情景。在整个行程之中，导游可以给旅游者讲述该景点和该段路程上所发生的"红色"故事，甚至可以请老红军讲述当年的红军故事，把老红军的家作为旅游行程的一部分，老红军身临其境的精彩讲述定能把旅游者带进战火纷飞的战争年代。

（二）吃"红色"饭菜

中国有着悠久的饮食文化，旅游者去旅游有时也是抱着尝尽天下美食的美好愿望。我们都知道"红色"革命时期的环境是异常艰苦的，尤其是在红军长征的时候。那时候食物匮乏，红军只好以野菜、树根为食。现在是和平时期，经济也是一片大好形势，为现在的旅游者提供当年红军吃过的"野菜宴席"，不仅可以使旅游者调节口味，也可以让他们充分体验红军当年的生活。当然提供这样的饭菜，首先要保证饭菜的安全性和卫生性，让旅游者吃得放心、玩得开心。此外，有些特殊的红色旅游景点，可以开辟自己特色的饮食。革命圣地井冈山可推出以"红米饭、南瓜汤"为特色的红军宴，红色古都瑞金可将红色文化与客家饮食相结合，推出红色客家宴。

（三）看"红色"影片

在一天疲惫的旅游结束后，大多数的旅游者都是回到自己的房间休息。其实这是一天之中的一大块时间，为了充分安排旅游者的活动，让旅游者更加充分地体验"红色"之旅，可以安排大家在所住的宾馆内共同观看"红色"革命时期的经典电影。此类活动定能受到很多旅游者尤其是年龄偏大的旅游者的好评。这不仅是红色旅游的一部分，也是他们回忆童年的一个途径。不同的经典影片所讲述的事情在不同的地点发生，这样一来，经典革命影片中故事的发生地也就可以成为第二天的参观景点。让旅游者想象着影片中的情景来参观旅游地，更加深了红色旅游的体验感受。

（四）住"红色"驻地

红色旅游的参观地点是红军当年战争行程所经过的地方，也是旅游者路过并且休息的地方。如此一来，可以开放部分红军曾经住过的地方，将其提供给旅游者暂时居住，或者从保护文物的立场出发，仿造红军曾经住过的地方提供给旅游者。例如，陕西的窑洞至今还有很多保留了下来，但由于资金的缺乏，有些窑洞现在处于荒废和无人管理的状态。如果提供给旅游者暂时居住，然后将旅游者所付出的费用用于窑洞的修复，则可以达到双赢的目的。在整个旅游体验的过程中，旅游者通过各种体验方式，实现了在情感世界和精神世界的徜徉和回归。

★案例分析：瑞金——从红色旅游扩展到红色体验

江西瑞金是闻名中外的红色故都、共和国摇篮，有着丰富而独特的红色旅游资源。在较长的一段时间内，瑞金红色旅游区旅游产品类型单一，基本上以传统的观光型旅游产品为主，度假旅游产品、会议旅游和其他的专项旅游产品发展都比较缓慢。在单一的观光旅游产品类别下，以博物馆静态景观陈列的方式来表现红色旅游的现象比较普遍，因此缺乏多样化的旅游产品项目和内容，以及旅游精品和旅游名品。可以说，瑞金的红色旅游，是典型的"文物旅游"，没有形成"文化旅游"，更没有开发出"体验旅游"。近几年来，瑞金积极采取多项措施，积极打造红色体验旅游。

第一，营造红色体验环境与氛围。近年来，瑞金市按照"修旧如旧"的原则，多方筹集资金 1.6 亿元，修复了中华苏维埃共和国中央执行委员会人民委员会革命军事委员会旧址、红军总政治部旧址等一批革命旧居旧址，再现了当年的苏区历史原貌。深度挖掘红色历史文化，鲜活的红军故事，包括故事中最感人的情境细节，进而通过"情境恢复与情境再造"，打造原生态红军村落。

第二，推出参与型活动项目。从"走""吃""看"多方面入手，改变传统的一张桌子、一张床的简单陈列方式，在增加游客的参与互动性上下功夫。在叶坪景区推出了《选举》《扩红》《活捉张辉瓒》等经典红色历史情景再现表演，让广大旅游者亲身体验当年激情燃烧的岁月。在红军村推出了以"当一天红军、过一天苏区生活"为主题的体验式旅游项目。游客可以报名参加红军，可以在红军训练场体验列队、刺杀等军事项目，还可以在红军食堂体验红军当年的饮食生活。

第三，建设复合型旅游产品。在红色旅游开发中，注重新农村规划建设和发展乡村旅游，力促红色旅游与乡村旅游互动发展，通过丰富旅游活动，增加游客的旅游体验。把邻近红色旅游景区的村庄规划成农家乐旅游景点，建成各具特色的旅游村庄，吸引游客。例如，瑞金市沙洲坝镇红井小组就紧靠毛泽东故居旧址。在新农村建设中，将该村庄规划建设成了红色旅游村，房屋统一粉饰建成四合院式的客家民居，与旧址建筑风格浑然一体。新村庄内开设了客家风情表演、吃农家饭、干农家活等节目，让参观完红井等景点的游客争相前来过过农家生活瘾。

五、商务旅游休闲模式

商务旅游是相对观光休闲旅游而言的，它是旅游的又一重要形式。世界旅游组织将商务旅游定义为：出于商业目的，人们到达非居住地并在非居住地停留的活动。商务旅游活动不同于一般性的观光旅游活动，是指旅游者基于公务或商务目的，以参加会议、展览会、文体活动、处理机构事物及享受旅游奖励等为目的，而引发的对旅游产品及专项服务的综合性消费活动。现代旅游业的发展使商务旅游的内涵有所扩展。商务旅游不再局限于经商与旅游活动的结合，它涵盖了所有因工作关系到外地从事与商贸事务有关的个人或集体活动，通常包括商务洽谈、投资考察、商务视察、贸易展览、商务会议等内涵，也包括广义的公务旅游。

酒店、餐饮、会议中心以及相关旅游吸引物是发展商务旅游的基础。南昌是江西的经济、政治和文化中心，长江中游城市群重要城市，鄱阳湖生态经济区核心城市，中国重要的综合交通枢纽。南昌城市功能完备，邮电通信发达，城市绿化覆盖率高，市内交通方便，具有公众休闲、城市娱乐、康体、文化、商贸和购物等城市功能。随着一大批全国性和地方性品牌商务会展项目落户南昌，以及南昌国际展览中心等多处大型会展场馆建成并投入使用，南昌市商务会展业迎来了蓬勃发展的势头。和国内一些著名都市，如上海、广州相比，南昌的商务旅游还存在巨大差距。发展江西商务旅游，需要树立大旅游的观念，将商务活动与休闲旅游相结合。

（一）走商旅结合的道路

发展商务休闲旅游，必须树立大旅游观念，走商旅结合的道路。以商促旅、以旅兴商，旅游业和商业、餐饮业、交通业等相互渗透、客源共享，推动商旅共同发展。在大旅游的观念下拓展都市旅游，就是要把都市风光、都市文化和都市商业融为一体，将其看做不可分割的整体。一方面，拓展经贸、会议、展览等商务活动，不能就这些商务活动在商言商，而是要将其纳入旅游产品的整体范畴中；另一方面，拓展商务旅游、购物旅游，也要跳出单纯的商业观念，看到购物旅游、商务旅游既有购物、商务的一面，也有旅游的一面。此外，以大旅游的观念来发展商务和购物旅游，要紧贴市场、适应市场，满足旅游者的多种需求。

（二）开发文化旅游创意产品

大力发展具有江西文化特色的旅游文化创意新产品，开发所谓另类旅游新景观，也是吸引商务游客的重要方式。例如，北京的 798 艺术中心，深受中外商务游客的喜爱。针对近几年来我国高收入商务旅游者追求产品专业化、个性化的特点，可开发"商务专业培训游""大型会展节事观摩游"等高端商务旅游产品；另外，大力开发具有特殊体验功能的商务旅游新产品，如奖励旅游采用邮轮包船游、超级球迷观战游等，都对商务游客具有极大的吸引力。

（三）以主题化创品牌，以特色化聚人气

旅游博览会以为参展商和专业观众提供旅游产品展示、推介、交流和交易的平台而受到各地旅游企业、旅游管理及服务机构、旅游采购商和旅游运营商的青睐。以"节事"为主题举办的"旅游交易会"或"旅游博览"，会收到良好的吸引商务游客的效果[23]。例如，2014 江西旅游商品博览会在南昌举办，省内外一千多家旅游商品企业携三千多种旅游商品参展，展出面积达 6 800 多平方米，集展览展演、销售洽谈、合作研讨和评选公示于一体，取得了良好的效果。

六、户外运动游憩模式

广义的"户外运动"是指所有在户外进行的，以健身、休闲、娱乐为目的的运动项目，它几乎涵盖了所有运动，包括各种室外球类、骑马、射箭、游泳、水上运动等大类和其中的各种小项。户外运动旅游可以根据其本身的难易程度分为大众型户外运动旅游和专业型户外运动旅游。大众型户外运动旅游包括竹筏漂流、集体登山等，而专业户外运动旅游则是指参与人数较少、人员要求限制较严格的旅游项目，如攀岩旅游、溯溪、蹦极等。随着旅游的个性化发展以及人们对走马观花式的观光旅游的不满，户外运动旅游将成为新型的旅游形式[24]。江西丰富多元的自然风光和浓郁的地方特色文化，构成了户外运动旅游资源的核心吸引物，是发展徒步穿越、登山探险、溯溪漂流、拓展训练等现代户外运动、水上娱乐、游憩旅游的理想场所。江西众多名山大川，如武功山、庐山、井冈山、梅岭等，都适合开展户外游憩活动。江西户外运动游憩开发应采取以下方式。

（一）大力建设户外运动游憩项目

结合江西独特的资源、环境，设计一批陆地、水上、空中、山间的精品项目，重点设计探险刺激、休闲娱乐、康体健身等类型的细分户外产品。井冈山革命历史辉煌，自然风光绚烂，红绿辉映，融为一体，是全国著名的革命圣地和风景名胜区。井冈山的户外运动游憩，可根据当地特点进行一些场地建设。例如，利用当地的河流、瀑布资源建设漂流运动场所，利用山川小道建设定向越野赛道，利用原始森林建设野外生存基地，利用盘山公路建设一系列公路赛道；利用山崖峭壁建设攀岩场地及蹦极场地。当地政府也可利用自身红色资源优势，建立一系列的红色户外运动基地，如建立红色户外旅游基地、青少年红色户外活动基地、红色拓展训练基地、高校红色军事训练基地、大学生野外生存基地等[25]。

（二）促进户外运动产业与服务业的融合

户外运动的发展同样辐射其他产业的发展，涉及的产业如下：一是与户外运动有关的公园、观光设施、高山、森林等生态产业；二是与户外运动有关的商业、服务业，如服装、餐饮、旅行社等产业；三是服装制造等第二产业，甚至辐射到农业等第一产业。发展户外运动游憩，应主动将户外运动融入现代服务业，如使度假旅游、酒店、休闲娱乐、商贸、会展等行业协调融合，形成互补，将户外运动产业与休闲健康、旅游度假等相结合，打造体育健身、休闲度假的产业链[26]。

（三）举办有影响力的户外体育赛事

从户外运动发展的历程来看，重大的赛事活动能极大地带动餐饮、旅游、商贸等行业的发展，赛后体育场地设施又可以为白领及时尚人士提供健康休闲、度假旅游的场所。江西户外运动游憩开发应以赛事为龙头，打造户外运动知名品牌。尤其要注重促进单一的观赏型赛事旅游产品向赛事体验旅游产品、赛事休闲旅游产品、赛事文化旅游产品以及赛事会展旅游产品等多元化产品体系的转型[27]。

　　★案例分析：武功山——户外运动游憩

　　武功山位于江西省西部，地跨吉安市安福县、萍乡市芦溪县、宜春市袁州区三地，是集人文景观和自然景观于一体的国家 4A 级山岳型风景名胜区，景区面积达 445 平方千米。武功山旅游资源特色被专家概括为"山景雄秀、瀑布独特、草甸奇观、生态优良、天象称奇、人文荟萃"，其中金顶和发云界的 10 万亩高山草甸，是武功山的精华所在。近年来，为发挥丰富户外游憩旅游资源的优势，改变景区单一观光旅游的产品模式，武功山大力发展户外游憩旅游，并取得了巨大的成效。

　　第一，以"帐篷节"为龙头，打造"户外天堂"品牌。武功山帐篷节于 2008年由萍乡市政府创办，至 2014 年已连续举办七届。该活动是以露营为媒介，融旅游休闲、文化娱乐、户外赛事于一体的大型户外节庆活动，帐篷节包括负重徒步、山地车赛、篝火狂欢、山居电影等特色活动，逐步影响和聚集了一大批户外爱好者，成为一项在户外爱好者中家喻户晓的全国性户外运动盛会。自 2008 年举办以来，已成功举办了七届，人数规模由最初的近 4 000 人达到 2014 年的 2 万余人。由于帐篷节的成功举办，武功山也被户外爱好者一致誉为"云中草原　户外天堂"，景区的品牌和影响力不断提升。

　　第二，开发草甸的滑草、骑马及射箭等健身娱乐性产品。武功山有 10 万亩草甸，海 1 918.3 米，春夏绿油油，秋季金灿灿，冬天白皑皑。除供游客观赏外，还逐步开发出滑草、骑马、草地射箭等户外运动项目。这使得资源得到了充分开发利用，增强了景区的旅游吸引力。

　　第三，开发奇峰异岭的攀岩、滑翔与蹦极等挑战刺激性产品。武功山满山奇峰罗列，形态奇特；处处深壑幽谷，美妙绝伦；适合开发具有挑战刺激性的体育旅游新产品。在开发中，已利用羊狮幕、千丈岩、吊马桩的奇峰异石，设计推出攀岩、户外拓展等户外产品。

　　第四，开发水上运动的休闲健身产品。武功山的水景是一大特色，水量充沛，长年不竭，流水飞流直下，或气势磅礴，或逶迤潺潺，峭丽异常。金顶峡谷的水源充足，溪水蜿蜒流动，小溪崎岖，起伏跌宕，风景优美，可开发为森林漂流，山下的万龙峡可建设水上乐园[28]。

第三节　转变路径之三：创业创新模式

进入 21 世纪，以城市旅游、温泉旅游为代表的专项旅游快速发展，这些旅游活动集旅游、休闲、娱乐、度假于一体，已成为休闲度假游的热点。在激烈的旅游市场竞争中，江西省内的各专项旅游也需要在产品内涵、设计创意、服务内容上不断优化创新，这样才能增强吸引力，形成竞争优势。

一、新兴业态拓展模式

随着旅游产业的深度发展和分工细化，"行业"和"产业"已难以全面描述旅游业的发展状态，因此，旅游学者将商业中的"业态"一词引入旅游业，称其为旅游业态。随着体验经济时代的到来，人们需求的不断变化，以及市场竞争的加剧，旅游业进入了一个转型升级的阶段，由此，传统旅游业态有了新的发展和突破，产生了"旅游新业态"[29]。旅游新业态就是相对于旅游主体产业有新突破、新发展，或者是超越了传统的单一观光模式，具有可持续成长性，并能达到一定规模，形成比较稳定发展态势的业态[30]。进入 21 世纪，随着体验经济时代的到来，人们的需求又呈现出了新的变化特点。首先，人们更加注重旅游过程中的体验性和参与性，不断追求刺激、新颖的旅游经历。旅游市场提供的传统型观光旅游产品，已经不能够满足所有旅游者的消费需求了，因此许多注重旅游者体验和参与的旅游新业态（如一些娱乐性的主题公园、探险旅游等）应运而生。

多产业嫁接是旅游新业态拓展的主要模式，即旅游与新兴产业结合，形成新的旅游业态。一些非旅游功能的行业为了深化发展，通过行业的业态创新，添加旅游功能，不断向旅游业渗透。实现多产业嫁接，要突破传统的资源框架限制，拓宽资源视角，进一步深挖产品内涵。对于江西休闲度假旅游而言，可大力发展的"旅游新业态"主要有以下几种形式。

（一）中医药养生旅游

养生旅游作为一种以"养生"为主题的休闲旅游形式，正逐渐成为人们健康旅游的首选，是最具旅游吸引力、最具开发性的专项旅游。中医药健康养生旅游作为一种集"康复""养生""休闲"于一体的消费理念，在现代人的思维中已逐渐形成，成为当代人们生活的一种时尚。良好的生态环境、浓郁的文化氛围、独特的中医药资源是开展中医药养生旅游的基础条件，江西省内的樟树、龙虎山、宜春温汤等地适合开发中医药养生旅游。在开发建设中医药养生旅游项目中，应做好以下几点。

一要加强中医药文化建设，努力打造一批集科技农业、名贵中医药材种植、田园风情生态休闲旅游于一体的养生体验观赏基地。

二要开展养生授课、名医问诊、养生茶和养生药膳项目，将知识性、趣味性、观赏性、体验性完美结合，使游客在旅游休闲中了解中医药传统文化的精髓及发展历程，增加养生知识。

三要充分利用地方特有的温泉、沙漠、湿地、草地、森林氧吧等自然资源。

四要在加强旅游开发的同时，注重中医药养生知识的普及、宣传、教育；开发药浴、沙疗、泥浴等系列项目，开展中药熏蒸、中药热敷、推拿按摩、保健功法、中医蜡疗等特色项目，同时还要开发野生原生生态绿色食品、养生环境（青山绿水森林乡野）、养生活动（动静结合的休闲、度假、娱乐）、养生餐饮（健康食品、绿色食品、药膳）、养身教育（科学的生活方式和思维方式）等项目，达到吸引游客和中医养生的目的。

★案例分析：樟树市打造"中国第一养生旅游天堂"

樟树市药业源远流长，始于汉晋，成于唐宋，盛于明清，历经 1 800 年不衰。享有"药不到樟树不齐，药不过樟树不灵"的美誉，为海内外药界同仁公认的"国药之都"。樟树市围绕"中国第一养生旅游天堂"的发展目标，着力建设融国教、国药、国酒于一体，集休闲、疗养、保健于一堂的养生休闲旅游胜地，着力打造特色中医药养生旅游重点项目。

第一，阁皂山养生旅游区。该景区设计突出了深厚的道教文化和中医药保健文化底蕴、绝佳的生态环境和山水灵气，在恢复以大万寿崇真宫为中心的道观群古迹的同时，利用区内类似 S 形自然沟谷和错落有序的地形特点，设置了兼具吃、住、养生、保健、休闲和文化等不同功能的休闲养生区。

第二，中国古海养生旅游度假区。该度假区位于樟树市葛玄路，距市区约 4 千米，以世界罕见的地下古盐海为核心资源，以中国养生之道为底蕴，集盐养、药养、酒养、本草养生、文化养生、运动养生等于一体。在全国首倡"在旅游中养生，在养生中旅游"旅游新概念，建设和开放了海洋之恋、养生会馆、3D（three-dimensional，即三维）漂浮影院、盐晶动感水疗中心、太极盐泥馆等景点。

（二）汽车营地旅游

自驾车旅游是一种适应现代生活时尚的自助旅游方式，是一项集观光、健身、度假、休闲于一体的深层次旅游。在自驾过程中，自驾者会从事与传统意义上的旅游（观光）相关的活动，更可能从事与休闲相关的活动，自驾者不仅是旅游者，更是旅行者。近年来，随着高速公路网的建设和完善以及私家车数量的不断增加，我国自驾车旅游呈现蓬勃发展的态势。

江西优越的生态环境、优美的自然风光和便利的交通条件为自驾游的开展提供了良好的环境。近年来，自驾车旅游这一新兴的旅游方式开始在江西迅速发展，成为江西旅游的新热点。依托江西经济的崛起、优越的区位及自然资源条件，江西各主要自驾车旅游目的地（如庐山、婺源、武功山、三百山等）每年均接待大量的自驾车游客。自驾车旅游的持续火爆为传统及新兴旅游区带来了新的发展机遇，各旅游区纷纷借力自驾车旅游丰富自身旅游产品体系，实现自身旅游产品的转型或升级。目前，江西自驾游发展中凸显的三个主要问题有：自驾车旅游服务体系还不够完善；自驾车旅游产品缺乏针对性；自驾车旅游营地建设滞后，现有的自驾车旅游营地基本都是规模小又数量少，能为自驾车旅游者提供的服务非常少，远远不能满足自驾车旅游者的需求。因此，发展江西自驾车旅游，促进旅游产品的转型升级，需要做好以下几方面的工作。

1. 构建自驾车旅游产品体系

针对不同的市场人群开发不同的自驾车旅游目的地，构建"知名景区-普通景区-城郊景区"的自驾车旅游目的地体系。知名景区，如三百山、武功山、婺源等主要针对国内市场，注意保持生态环境、民俗资源的原真性，开发独具地域特色的观光、度假旅游产品；普通景区针对省内及周边省份市场，主要面向省内外1~2日游人群；城郊景区主要针对城镇人口对乡村田园生活的体验需要开发一日游，注重设计轻松的休闲娱乐活动，开发时令民俗活动，如策划采摘、溯溪、观鸟、春游等活动[31]。

2. 强化自驾车旅游专项服务

首先，要加强江西自驾车旅游资讯平台建设，开发江西自驾车旅游网站、短信平台、电话热线，适时发布与江西自驾车旅游相关的旅游资源、精品路线、汽车旅馆、餐饮、天气、酒店预订的信息；其次，加强旅行社与汽车俱乐部的合作，发挥其各自的优势，策划开发自驾车旅游精品路线，建立汽车俱乐部、民间组织、交警共同组成的自驾车救援系统；鼓励大型汽车租赁公司连锁经营、简化租车手续等，开发自驾车旅游专项租赁业务等。

3. 大力建设自驾车营地

自驾车营地可分为景区依附型和体验型两种。景区依附型自驾车营地一般设置在各类景区外围附近，主要是为游览相关景区的自驾车游客提供服务，主要包括泊车服务、咨询服务、车辆租赁服务、自驾车旅游用品的出租服务、车辆维修保养服务、医疗救护服务以及其他各种必要的服务等。体验型自驾车营地是在自然环境优美的地方，专门为自驾车游客提供主题体验活动的营地。该营地除应具备景区依附型营地的各项功能外，还应具备一定的主题以及相关特色功能区，包括露营区、室内住宿区、餐饮区、购物区、主题休闲娱乐区、主题活动体验区等。

对于江西自驾车营地而言，应在省内 3A 级以上旅游景区和大城市周边择址建设自驾车营地、汽车旅馆等，参照其他省份的有关标准和行业发展趋势，设计露营地营位、住宿设施、娱乐设施、旅游信息系统等，并在相关旅游网站和政府的旅游网站上推介。

★案例分析：三百山——打造自驾游圣地

三百山风景名胜区位于江西省安远县境内、地处赣、粤、闽三省交界处，集山势、林海、瀑布、温泉等于一体，由东风湖、九曲溪、福鳌塘、仰天湖、三叠潭五大景区 165 个景观组成。三百山既是东江源头，香港同胞用水的发源地，又是全国唯一一个对香港同胞具有饮水思源特殊意义的旅游胜地。优美的自然风光、较高的知名度，加之距离珠三角经济发达区域较近，众多广东、香港等地的自驾车游客纷纷来到安远三百山观光旅游。2008 年"江西三百山-东江第一瀑-东江源温泉旅游度假区"被评为广东自驾游特色线路。为打造"江西自驾游第一圣地"，三百山景区从多方面入手，大力发展自驾游。

第一，注重对自然生态环境的保护。在旅游开发中，大力保护三百山的原始森林风貌，依山取景，把人文景观和自然景观巧妙地融合在一起，使得知音泉、九曲十八滩、天印奇松等景点保存了浓郁的原始野趣；抓好对三百山及其周边生态的保护，从环保、林业、水保等部门抽调人员专门从事三百山及其周边的生态环保监测工作，从群众中聘请环保监督员，形成县、乡、村三级环保监测网络；中止和关闭了可能对三百山生态造成影响的十余个工业项目，并组织群众开展生态保护活动。通过多项举措，三百山风景区森林覆盖率达到98%以上。

第二，大力加强基础设施建设。在景区外围，加强对寻信公路、安定公路、沙园公路和右版公路的建设与维护，使景区与外围高速公路、国道以及周边县市的交通联系更加便利。在景区内部，改造、拓宽现有公路，提高公路的路况质量和等级，增强公路的通行能力，确保交通安全可靠；在景区内部建设七个大中型停车场，方便游自驾车游客车辆的停放。规划建设一个自驾车旅游营地，营地分为生活区、后勤保障、娱乐活动区等多个功能区块，实现营地功能的多元化。生活区包括帐篷区、木屋区、房车区、餐厅、休息室、商店、酒吧等。后勤保障区包括医疗室、值班室、保安室、汽车修理区等。娱乐活动区包括儿童游乐场、垂钓、游泳、划船、KTV、羽毛球、乒乓球、篮球等一般休闲娱乐项目，满足自驾车旅游者日常休闲的需要。

第三，完善旅游产品体系。为丰富旅游活动内容，安远县整合"绿"、"红"、"古"和"客家"四大旅游资源，抓好国家森林公园、温泉公园、生态观光果园、客家风情园四大园建设，提升三百山生态观光旅游的品位。综合开发仙人峰、山川潭等周边果业基地的生态农业观光资源，建设 96 个配套的农业休闲观光基地。

发挥安远作为赣南采茶戏发源地的优势，兴建一批以农家乐和客家风情为主的旅游特色文化村，为游客表演客家风情节目。

（三）游轮休闲旅游

游轮旅游是指人们以愉悦身心为目的，借助游轮在水上旅行的一种旅游形式。游轮旅游集休闲旅游与观光旅游于一体。随着中国经济长期稳健的发展，居民的旅游消费需求迅速增长，旅游方式从以游览观光为主向度假休闲转变，游轮旅游作为一种充满魅力的新兴旅游方式逐渐引起了中国旅游消费者的关注。2009年国务院发布的《关于加快发展旅游业的意见》将邮轮游艇作为新时期重点培育的旅游消费热点，这无疑会推动游轮旅游及相关产业的发展。南昌市水资源极其丰富，城中湖泊点缀，城在湖中，湖在城中，赣江穿城而过，濒临中国第一大淡水湖——鄱阳湖。从2003年开始，南昌开始兴建江心洲跑马场，之后南昌客运港首次推出赣江游轮项目，南昌旅游市场推出夜游赣江赏大桥路线，但是这些水上游乐项目都因种种原因无法维持下去。2014年5月，南昌泛江游轮正式运营。乘坐游轮观赣江夜景和灯光动感秀，给游客带来了新奇的体验。为充分发挥水资源优势，丰富南昌休闲度假旅游产品，促进旅游转型升级，树立"鄱湖明珠、中国水都"的品牌，南昌游轮休闲游应从以下几方面进行打造。

1. 合理规划旅游线路

南昌以游轮为载体，以赣江为大舞台，以赣江航道为轴，将沿岸旅游景点串联起来，构建赣江游轮黄金游线，为市民及游客提供休闲娱乐和康体健身活动，以及感悟自然，体验赣都历史、民俗、民风的生态型和文化型水上游览项目。赣江游轮旅游项目填补了南昌"白天有景点，晚上无亮点，水上无看点"的缺憾，为南昌水上旅游注入了新的内涵，是南昌休闲度假旅游的亮点。随着旅游开发的深入，赣江游轮航线还可延伸到鄱阳湖，并串联吴城、老爷庙、星子温泉、石钟山、龙宫洞等景点，形成真正意义上的环鄱阳湖游。

2. 着力打造沿岸景观

首先，打造南昌一江两岸景观亮化提升工程，升级后的赣江沿岸景观灯风格统一，南昌市区赣江八千米沿岸的建筑上的灯饰连成一片，泛舟赣江观赏两岸夜景将成为赣江游轮旅游的亮点。其次，围绕赣江上的六座桥梁做大文章，包括八一大桥、南昌大桥、豫章大桥等在内的几座桥都是大型桥梁，而且每座桥的名字都有南昌地方特色。要把桥梁的亮化做好，突出桥梁名字，然后在解说员讲解时注意阐述每座桥背后的故事。最后，挖掘赣江上的文化并活化呈现。例如，元代著名航海家汪大渊是南昌人，可以在赣江上或游轮上想办法把他的相关事迹显现出来，让游客深刻体会到江西丰富的文化内涵。

3. 实现水岸互动

首先，将岸上景点纳入游轮游程，在游览过程中，不仅仅是简单的巡游，而且是沿途观光与驻足休闲娱乐相结合，这样能极大丰富旅游活动内容。例如，联合厚田沙漠景区重磅推出一条"坐游轮去沙漠"的水上旅游新航线；游轮到达秋水广场、渔舟湾湿地公园等地时可以下船游览。其次，要建好游轮码头，做一个聚集商气、人气和文气的码头，让游人愿意来码头休闲，这样才能为游轮吸引客源。

（四）养生养老社区旅游

旅游房地产是指依托周边丰富旅游资源（包括自然旅游资源和人文旅游资源），借助以旅游度假为目的的开发营销模式，以求全部或部分实现度假休闲旅游功能而开发建设及经营运作的房地产项目。旅游房地产是以度假休闲为目的，以旅游休闲人群为对象，集旅游、休闲、度假于一体的项目，其开发物是实现全部或部分旅游功能的房地产，有时其项目本身就是景点。休闲旅游的发展离不开旅游房地产的支持，能为休闲旅游提供便捷、舒适的场所，为旅游地基础设施建设添砖加瓦，它本身的休闲功能、度假功能、娱乐功能可更好地引导休闲旅游活动深入开展[32]。当前，中国社会已进入老龄化时代，2013年年底中国60岁以上老年人口已超过2亿人，养老产业已成为一个极具市场发展潜力的产业。2013年国务院出台了《国务院关于加快发展养老服务业的若干意见》，提出了加快发展养老服务业的总体要求、主要任务和政策措施。将房地产旅游与养老服务结合起来，发展养生养老社区旅游将是房地产旅游发展的新方向。江西旅游资源丰富，生态环境优越，"红色、绿色、古色"是旅游资源优势，具有开发养生养老社区旅游的独特优势，养生养老社区旅游主要有以下开发模式。

1. 候鸟式养生养老模式

利用目的地独特的养生资源，如天然氧吧、宜人气候、中草药等，建设良好的养老硬件服务设施，提供健康管理服务。利用不同季节形成的独特养生资源，如夏避暑、冬避寒，吸引国内外老年游客前来养生，使老年人在游玩中健健康康、快快乐乐地享受老年生活。我国最为典型的就是广西巴马长寿村。

2. 立体养生养老模式

该模式是集文化资源与自然资源于一体，将运动、医疗、宗教、文化等养生方式相结合的立体式养生理念，是养生养老综合体的表现。江西众多山水文化观光型景区多处于风景秀丽的福天洞地当中，因此，具备了养生的天然优势。目前在大景区的周边，形成的各类项目层出不穷，如"问道武当山，养生太极湖"便是武当山风景区在武当山观光的基础上推出的养生项目。

3. 住房养生养老模式

这是将养老与地产相结合的居家式养老模式。居家式养老往往以养老住宅、养老别墅等地产大盘的形式出现，位置以北京、上海、深圳等一线城市周边居多，但大部分仍停留在概念层面，均只是"养老住宅的提供者"，还没有成为"养老服务的供给者"。

4. 农家式养生养老模式

农家休闲养老是一种将候鸟型、旅游休闲型相结合的农家寄养式异地养老模式。其代表有崇明岛农家养老和浙江天目山农家养老项目，老人与农户签订协议，长期寄养在农户家中，是一种特殊的乡村旅游形式，也可以成为新农村建设的一种重要模式。该模式能够提高农民收入、促进城乡协调发展，但服务水平和配套设施有待提高。

★案例分析：靖安县中源乡打造养老社区旅游

中源乡位于靖安县西南部，面积为 159 平方千米，距靖安、奉新、修水三县城均为 70 余千米，距省会南昌 114 千米。中源乡地处九岭山地区，海拔高，森林覆盖率高，空气质量好，境内峰峦叠嶂，山清水秀，气候宜人，素有"小庐山"之美誉。年平均气温比县城低 3℃，夏季平均气温为 20~22℃，每立方厘米空气负氧离子含量高达 7 万个，是避暑休闲的好去处。近年来，该地利用优越的自然环境，积极打造休闲度假旅游产品。

第一，政府积极引导。乡党委、政府引导农民开发的农家乐避暑休闲旅游项目，以吃农家饭、住农家房、享农家乐、返璞归真、回归自然的独特风格，吸引了大批来自南昌的中老年客人，使"盛夏何处去，避暑到中源"成为广大南昌中老年朋友的一种趋势和潮流。目前，中源乡已拥有三坪、白沙坪、九岭、邱家街四个农家乐旅游点和一个天然温泉洗浴场，每年有四百余名老年人在中源吃住两个月以上。

第二，将房产开发与旅游相结合。近年来，每年暑期均有数以千计的老年人在中源乡过暑假。为促进养老社区旅游发展，中源乡将住房养生养老与候鸟式养生养老模式相结合，规划建设一批度假房产，建设配套的养老服务设施、餐饮设施等。在开发方式上，可借鉴湖北省利川县旅游房地产开发模式，由开发商开发房产，政府政策指导低价出售，以此促进房产销售，吸引大城市老年人购买，从而带动小镇的发展。

二、城市旅游"无景点"模式

城市旅游是指以现代化的城市设施为依托，以城市丰富的自然和人文景观以及周到的服务为吸引要素而发展起来的一种独特的旅游方式。社会经济的持续稳定发展，基础和配套设施的不断完善，环境和多样化服务功能的日益优化，使得城市不仅成为区域的经济、政治和文化中心，也成为旅游活动的中心。

无景点旅游是我国新近出现的一种全新的旅游形式。无景点旅游是一种注重休闲与体验、追求无拘无束的游历而并不十分看重景点的反传统的旅游方式。既然是一种旅游活动方式，那么无景点旅游就应该区别于人们在惯常环境的一般休闲活动。与自助游、自驾游、农家游一样，无景点旅游也属于休闲游的一种。有所不同的是，无景点旅游不再是"到知名景点一游"，而是"驻扎"到某地，吃吃饭，喝喝茶，随意安排行程，在城市大街小巷或乡郊野外悉心品味民风民俗，不再跟随旅行团人挤人、走马观花地参观门票高涨的景点。无景点旅游并非真的不需要景点和景观。城市的大街小巷、大学校园、免收门票的城市公园、荒郊野外、森林草地、小镇村寨，凡是可以让游客亲近自然、感受文化、陶冶性情而非圈起来卖钱的地域空间，都可能成为无景点旅游的目的地。

自由的无景点旅游是休闲旅游范畴内延伸出来的新兴旅游方式，是自助游的发展和深化，是具有特殊内容和特殊形式的旅游产品。城市无景点旅游，不仅是一种新型的旅游方式，也是城市观光旅游的升级。城市旅游与无景点的融合与嵌入发展，需要在城市旅游资源观、城市旅游功能、城市旅游管理等方面做出相应的改变。

（一）树立全新城市旅游资源观

从资源上看，伴随着近年来无景点旅游等新型旅游方式的出现，人们已经开始转变原有的城市旅游资源观。在以后的发展中，要本着"凡是城市特色资源，都是旅游产品"的先进思想，不断地将城市旅游的资源范围扩大到城市的制造、建筑、文化、商业、教育、体育等众多领域。通过直接利用、改造、包装等多种方式，强化城市其他产业、资源的旅游附加功能，创造出更多的旅游服务体验或服务功能，形成对旅游者产生吸引力的旅游资源，使城市旅游资源的外延不断拓展、类型更加丰富[33]。

（二）由注重经济功能向发挥综合功能转变

从功能上看，城市旅游的发展已经由注重经济功能向发挥综合功能转变，更加强调其改善人民生活品质的民生作用。而且，随着生活水平的提高，旅游者能享受到的物质产品越来越丰富，精神追求越来越高。反映在产品开发上，将不再是简单地看景点、逛景区，而是向主题性、特色化、多元化和品质化发展，形成真正的"食、住、行、游、购、娱"的综合性高品质组合，以提高其资源综合吸引力。不能将旅游业的发展游离于城市经济社会文化系统之外，必须将旅游作为现代城市建设的一项基本职能，融于城市建设与发展中，实现旅游发展与城市发展的一体化。这就要求将城市的历史、经济、社会、文化、环境、资源等看成是一个大系统，系统内上述各要素不仅相互联系，而且互为因果，都是城市旅游发展的基础和资源。

（三）从部门管理向目的地整体管理的转变

从管理角度看，城市旅游依托于城市而发展，必然受制于城市的规划、建设与管理。从长远来看，随着城市旅游与城市及其产业的不断融合与嵌入，城市旅游管理也必然实现从部门管理向目的地整体管理的转变。这就要求对旅游管理组织予以调整，打破现有部门分割的现状，建立职能更为强大的协调管理机构，同时在与其他产业融合发展过程中，还要改变政府主导的发展模式，借鉴其他产业的经验，探索新的管理模式，实现"小政府，大市场"化的管理。

三、民俗旅游"驻村"模式

民俗文化作为一个地区、一个民族悠久历史文化发展的结晶，蕴涵着极其丰富的社会内容。地方特色和民俗文化是旅游资源开发的灵魂，因而民俗旅游是以特定地域或特定民族的传统风俗为资源而被加以保护、开发的旅游产品。旅游者通过开展民俗旅游活动，亲身体验当地民众生活事项，实现自我完善的旅游目的，从而达到良好的游玩境界，因而民俗旅游属于高层次的旅游。目前民俗旅游的内容主要包括生活文化、婚姻家庭和人生礼仪文化、口头传承文化、民间歌舞娱乐文化、节日文化、信仰文化等。

江西民俗属于长江流域民俗文化圈，兼容了吴越文化、湘楚文化以及周围地区的民俗文化。同时，在长期发展过程中，还逐渐产生出一种与当地生产劳动和社会生活密切相关、具有鲜明地方特色的民俗文化。目前，江西民俗旅游产品同许多类型的旅游产品一样，提供给旅游者的体验还停留在表层，如旅游路线的设定是行军式的，一天走马观花式地游览几个景区，旅游者很难体验到旅游地具有的文化内涵并从中获得难忘的回忆。为此，提出民俗旅游"驻留"的理念，将"体验"融入民俗旅游产品之中，使旅游者获得全面的、有深度的旅游体验，以留下最难忘的回忆。

（一）主题附生，提升价值

将民俗文化主题与某一特定功能的旅游设施结合起来，形成相得益彰的效果，在民俗村内部或外围建设民俗主题餐厅、民俗主题酒店、民俗商业活动街区等，从建筑外形、内部装潢、员工服饰、饮食风味、歌舞表演等方面反映出民俗文化，形成一个"主题型民俗旅游区"。这种模式的最大优点是避免了传统博物馆的封闭性，可以使游客在民俗文化街区实现自由的休闲、购物、餐饮、娱乐[34]。

（二）动态观赏，动静结合

动态观赏是让游客不仅仅是以旁观者身份观赏，而是加入目标人群的生活中，与当地民众一起，参与生产生活，以动态形式亲身体验当地民俗。应重视当地节事旅游资源的开发，深入挖掘互动性、参与性强的表演性项目，推出民俗文化演出剧目，使旅游者身临其境。大力建设以民俗博物馆、民俗风情园、仿古街、民俗文化主题公园为主体的民俗文化展示载体，通过陈列、表演、模式等手段，集中展示特色民俗文化，使其成为民间艺术品生产、销售的集散地和游人参与制作的休闲娱乐场所。

（三）体验内容精致化、互动化

从关注游客体验质量的角度出发，不断深化民俗旅游产品的内容，将存在于特定时空中的、以观念或物质形态存在的民俗文化及环境的民俗旅游资源精致化，以独特的建筑景观为平台，以民俗旅游产品为道具，以游客体验为中心，通过吸引旅游者参与和消费来获取体验的高经济附加值。增强游客的主动参与性，与民俗风情游产生互动效应，为游客创造空间，利用建筑、设施、服装、音乐、色彩等布景元素，刺激游客的视觉、听觉、嗅觉和味觉，使其积极参与到民俗旅游产品的创造过程中来，共同演出一幕精彩的体验剧。

（四）当地社会环境开放化

大多数旅游者选择到少数民族地区旅游，不仅仅是想领略优美的自然风景，更重要的是想感受少数民族独特的民族风情，淳朴的社会民风，体验一种与在城市中被钢筋森林包围的紧张冷漠的人际关系截然相反的热情好客、纯真质朴的民俗民风。因此，要引导当地居民解放思想，对旅游者采取积极、友好的态度。

★案例分析：流坑古村旅游深度开发

流坑村坐落在抚州市乐安县西南部，距县城 38 千米，面积 3.61 平方千米。流坑古村堪称中国古民居在古文化中的缩影，有"千古第一村"之称。村中现存各类建筑遗址 260 处，其中明代 19 处，重要文物 321 件，包括状元楼、翰林楼、"理学名家"宅、文馆等不少纪念性文化建筑，数目众多的匾额楹联和家藏文物，使流坑古村成为一个珍贵的历史文化宝库。但是自 20 世纪 90 年代进行旅游开发以来，其旅游业发展非常缓慢，每年门票收入仅几十万元。除受交通不便、缺乏资金、管理体制混乱等问题制约外，旅游开发理念落后、旅游产品单一是发展缓慢的主要原因。因此，要使流坑独特的古建筑文化、民俗文化资源得到有效的开发，促进旅游大发展，必须在开发理念、产品设计上下功夫。

第一，将古建筑观光融入乡村休闲度假。传统古村、古建筑类景区较多采用建筑观光、史料展示的静态开发模式，这种就资源而资源的模式只可能让古建筑群停留在观光产品的层面。因此，在开发模式上，流坑古村的发展必须与周边的乡村田园、社区生活联动，以文物与民居为载体，以乡村田园为背景，深度演绎传统的耕读文明、商贸文化、乡村文明，创造集观光、休闲、度假于一体的综合性旅游区。

第二，整合旅游资源，设计系列旅游产品。在资源整合开发上，使古村落、社会主义新农村、乡村田园和十里古樟树林联动发展。古村和新农村以观光体验为主，展现古代建筑艺术的精华和流坑千年古村的发展变迁历史，以大众型的观光体验为主；乡村田园发展景观农业、休闲农业和传统农业相结合，使游客能体验乡村农庄的休闲活动，以近中程市场的休闲体验为主；十里古樟树林发展观光休闲度假项目，开发徒步观光休闲活动项目。

第三，从静态展示到动静结合，强调参与性。强调动静结合的表现手法，强调参与性，也是市场所要求的。在旅游项目设置上应强调游客体验深度，要突破浅尝辄止的项目设置的思维定势。结合古村建筑群自身特色，其今后可以在观光功能的基础上，拓展会议、影视拍摄、教学、修学、购物、风水研究、建筑研讨、图书馆等旅游项目或相关项目。这样既能丰富景区的旅游功能，完善景区的产业链，也能使游客　"驻留"，真正"体验"民俗旅游产品。

四、温泉旅游"社区生活"模式

温泉旅游是以沐浴温泉为主要内容，以体验温泉、感悟温泉文化为主题，达到养生、度假、休闲目的的旅游活动。温泉旅游以健康养生为特色，集旅游、休闲、会务于一体，已成为休闲度假旅游的一大热点，温泉经济更是被称为朝阳产业中的朝阳。江西省温泉资源丰富，现已发现 80 处天然出露的温泉，温泉地热点总数居全国第 7 位，地热资源总量居全国 11 位，是全国地热资源大省之一。2011年 5 月江西省人民政府办公厅出台了《江西省人民政府办公厅关于加快发展温泉旅游的若干意见》，提出把江西省建成全国著名的温泉度假旅游胜地和温泉旅游产业强省的发展目标。温泉旅游的"社区生活"就是突破以往温泉旅游"看一看、泡一泡"的低层次活动，通过设计多种产品体系，完善服务设施，丰富活动内容，让旅游者在温泉地疗养、度假。构筑休闲型的温泉旅游"社区生活"，温泉旅游地应努力营造一种自然、自由、自在的休闲氛围，其具体体现在温泉度假地的硬件设施和软环境两个方面，即温泉度假地的自然环境、温泉旅游设施、温泉旅游服务方式等[35]。

（一）营造良好的休闲旅游环境

温泉地应选址于自然环境优美、宁静的地区，尽量减少规划和建设。现代工业文明，城市的喧嚣，物欲的横流，使人们远离了自然，忘记了自己曾是自然的一分子，因而现代人的休闲方式往往寻求向自然的回归，这就要求温泉度假地为旅游者提供一种宁静、自在的氛围，选址于自然环境优美，与中心城市有一定距离的地区，为游客达到休闲状态提供一个环境基础。世界著名温泉地的自然环境一般均幽静、秀美。近观、远眺皆有佳景，尤以露天温泉更能使人充分感受自然，其池中多有筑山理水的园林小品，周围植被覆盖率高，远处或苍山耸立或海浪滔滔；室内温泉也多有大幅玻璃窗，在沐浴的同时也可观赏自然美景，身心都可得到放松。

（二）建设休闲型温泉旅游设施

温泉度假地的空间布局往往采用核式环结构，即以温泉为中心，周围建设温泉旅游设施。设施的休闲功能主要应体现在关心游客的需要，体现在其个性与文化品位上，主要包括如下几个方面。

第一，温泉休养公园。公园是一类重要的休闲场地，在制造休闲氛围方面有突出的效用。温泉休养公园是西欧温泉疗养地的核心，常常布置宽广的绿地，其间散布着温泉治疗馆、温泉保养馆、饮泉厂等温泉关联设施，公园内多有几条经过整饬的散步路，除了自然的树木外，园内所到之处都植有草坪和花木，中老年夫妇常在散步路旁的长椅上读书或晒日光浴。

第二，温泉公寓。近年来由于散客比例的上升及人口老龄化的发展和女性休闲的进步，温泉地需采取相应的对策，大型的温泉旅馆多改为家庭型的公寓，且设备更加完善，服务更加周到，充分体现出自身个性和对游客的人文关怀。

第三，温泉步行街。构筑休闲型温泉旅游地，建设一条温泉步行街，可以保证游客在洗温泉之余，感受当地地域风情，满足购物、散步的需要。闲逛温泉步行街过滤了现代交通工具的嘈杂和匆忙，成为温泉地一种重要的休闲活动。

第四，娱乐设施。娱乐是温泉地不可缺少的休闲方式。单纯泡温泉往往无法满足游客的多样需求，随着温泉地从疗养地逐渐变为综合性的旅游区，温泉地的娱乐设施也逐渐丰富起来，可建设体育运动场、剧院、音乐厅、美术馆、博物馆等。

（三）完善温泉旅游服务方式

休闲型温泉地的服务方式表现为以恢复游客的身心健康为宗旨，多角度展现、多手段利用温泉资源，并使温泉旅游地向乡村生态型的方向发展。

第一，以游客的身心健康为服务宗旨。通过温泉中所含矿物成分，辅以医护人员和医疗设施，进行温泉浴疗，是传统的温泉旅游服务方式，是以人们的身体健康恢复为目的的。温泉旅游地还应适应人们观念的改变，引领人们热衷于保健的时尚。传统的温泉旅游地应向身心保健型的方向发展，身心俱佳的状态才是真正的休闲状态。

第二，通过多种感官刺激，制造休闲氛围。首先是观光，这是一种常见的温泉利用方法和服务功能，也是一种绝佳的休闲方式；可通过在温泉中加入花香、药草等，结合温泉池中特有的硫黄和木香味，制造"飘香温泉"，作用于人的嗅觉系统；洗温泉的同时，还可饮用酒水和饮料，作用于味觉系统；另外，泉水流动的叮咚声响，配以袅袅腾腾的水汽，花样繁多的洗浴方法，能使人们很好地感受温泉的氛围，达到身心愉悦的休闲状态。

第三，充分利用温泉沉淀物。通过对温泉沉淀物的合理利用，建设生态乡村式的温泉旅游地。近来，生态旅游、乡村度假成为一种时尚的休闲方式，可以很好地满足人们亲近自然、乡野的愿望。因而，可利用温泉沉淀物中的淤泥养鱼、种花、栽培蔬菜等，建立生态乡村式的温泉旅游地。

★案例分析：宜春温汤——打造温泉休闲度假名镇

宜春温汤温泉位于宜春市城西南 15 千米处的温汤镇，已有 800 多年的利用历史。温汤温泉分布在温汤集镇 0.8 平方千米范围内，地热温泉中心海拔 168 米，从地下 470 米深处花岗岩中涌出，日出水量 7 000 吨，水温常年保持在 68~72℃，无色无味，水质细腻，不含硫，具有低矿化度，低钠、富硒、偏硅酸含量高等特点，为国内外罕见的富硒温泉。近年来，围绕宜春市打造"全国知名养生休闲度假胜地"的总体定位，温汤镇通过深度开发旅游资源，发展与旅游业相关的休闲、娱乐、餐饮、购物等行业，建设以温泉旅游为主导的休闲度假名镇。

第一，功能定位升级。温泉镇是随着休闲时代的来临和旅游行业的兴盛而形成的一种温泉经济综合体，是近一两百年来国际温泉产业发展中最常见也是最成功的一种产业集群和空间集约发展模式。在确定以大众旅游、高端休闲度假为主要客源市场的基础上，温汤镇把单一性旅游休疗养生态功能转变为：以温泉资源为基础，以特色温泉泡浴为核心，集泛户外运动、古镇休闲、宗教朝觐、康疗养生、会议会展、乡村旅游、居住等多种功能于一体的休闲度假名镇及全国温泉休闲度假目的地。

第二，核心产品创新。温汤镇的"汤文化"历史悠久，早在唐宋时期就得到了开发利用；同时，明月山是佛教沩仰宗的发源地。因此，温汤镇在确立以"古汤文化"和"禅宗文化"为核心吸引力后，依托温泉文化遗存较集中的中心镇区古井周边，以"古汤文化"为主题整合该片区，形成"中华古汤文化休闲体验区"，成为温泉镇集聚人气的休闲场所。通过利用温泉的独特疗效和禅宗养生文化建设的国际温泉禅修中心、温泉文化体育公园等服务设施，温汤镇成为休闲养生的绝妙去处。

第三，加速温泉产业集聚。温汤镇延伸硒温泉产业链，开发了润田翠、"嫦娥泪"、富硒盐皮蛋、皇菊、禅茶等温泉产品，涵盖康体医疗、星级酒店、温泉农业等多个方面，改变了温泉局限于泡澡洗浴的单一利用模式，逐步向饮用、康疗、美容等纵深方向发展。

五、旅游产业空间集群模式

旅游产业集群是旅游产业与自然旅游资源、交通设施、经济活动等要素在空间上集聚发展而形成的组织形式和集聚形态，也是推进旅游产业优化升级与改革、建设与形成新型旅游业态的必然选择。在当前全国旅游业发展加速、动力加强、升级加快的新常态下，规划好、扶持好旅游产业集群，是打造江西旅游业升级版的战略选择。目前，江西省共有 35 个旅游重点产业集群，包括景区观光产品、休闲度假产品、城市旅游产品、文化旅游产品、旅游综合体产品、新业态旅游产品等；35 个旅游重点产业集群分布在以南昌、庐山、三清山、龙虎山、武功山、井冈山、瑞金、三百山为中心的八个区域内。江西旅游产业集群的建设，必须围绕在资源整合上有突破、发展效益上有突破、集聚能力上有突破、品牌影响上有突破的目标，具体措施如下。

（一）坚持规划引领

规划是旅游产业集群发展的龙头和先导，没有规划引领的发展是盲目的。应结合各地资源禀赋、地理区位、历史文化传统，集中最好的专家和人才，编制旅游产业集群发展规划。旅游产业集群发展规划应与当地城乡建设规划、土地利用规划等相衔接。强化规划的连续性、稳定性和权威性，真正使规划成为指导当地旅游产业集群发展的基本遵循和纲领性文件。

（二）完善产业体系

按照产业集群的发展方向和发展重点，加快产业延链、补链和壮链，形成上下左右联系紧密、专业分工协作紧密的完整产业链，增强集群的竞争优势。当前，除强调景区景点建设提升的差异化外，尤其应该注重文化演艺娱乐项目的特色化、休闲项目的特色化、饮食项目的特色化、购物市场的特色化，使旅客可停留、可欣赏、可享受、可回味，极大地提高旅客的满意度和认可度。

（三）培育龙头企业

龙头企业是产业集群发展的重要引领。一般来说，在产业集群中，有好的龙头企业支撑，就会有源源不断的配套企业来落户，产业集群推进的速度就快，就容易取得成效。应把做大、做强龙头企业作为推进产业集群建设的重中之重，坚持引进与培育相结合，发展壮大龙头企业，使其在产业集群发展中充分发挥支撑和引领作用。

（四）推进旅游产业园区建设

产业园区是旅游产业集群发展的空间拓展和重要载体。有条件的地区应积极引导旅游商品加工企业、物流企业、健康娱乐企业、文化演艺企业、专业市场向园区集中，并提高园区的产业配套水平；适应产业集群差异化发展要求，注重园区特色化建设，争取实现一个园区一个特色，一个园区一个品牌。

（五）创新机制体制

推进产业集群化发展，为重构关联企业的联系、企业与市场的联系、政府与企业的联系带来了契机。推动景区景点的管理体制改革，提高旅游景区管理运营的市场化水平，彻底改变一些景区景点长期处于"块块分割"的局面，为发展增添新的活力。支持有条件的地方在体制机制创新上先行先试，积极探索产业集群的公司化运作模式，在产业集群内部推行股份制改革，建立现代企业制度。鼓励各产业集群开展跨区域联合，相互投入，联合营销，开辟旅游线路，结成发展战略联盟和利益共同体，实现共同发展。

★案例分析：上犹县旅游产业园

上犹县位于江西省西南边陲，赣州市西部，总面积 1 543.87 平方千米。上犹县山清水秀，生态环境优良，是江西省、广东省和湖南省三省交界处保存完好、融山水于一体的生态功能区；境内有基本景点 162 处，三级景点 31 处，是江西省旅游开发重点县之一。2013 年 10 月，江西省委、省政府出台《关于推进旅游强省建设的意见》，其高屋建瓴地指出"支持景德镇、鹰潭、婺源、井冈山、龙南、湾里、资溪、武宁、瑞金、星子、上犹等有条件的地方创建旅游产业园区，给予适当的优惠政策"。旅游产业园已成为江西省委、省政府建设旅游强省的重要抓手之一，上犹县产业园是上犹贯彻旅游强省战略的重大决定，也是争创旅游强县的核心支撑项目。

第一，基本情况。上犹旅游产业园位于上犹县城西北部，规划范围以北以上犹森林小火车铁轨沿线为界，西南以陡水湖、南河湖、厦蓉高速沿线为界，东以上犹江、犹江大道、犹梅一级公路、县道 381 沿线为界，总面积 110 平方千米。

第二，发展目标。力争将上犹旅游产业园建设成特色鲜明、产业完整、效益优良、江西一流、国内领先的旅游产业园区，使其成为全国知名的生态休闲度假基地、乡村旅游孵化基地和旅游商品设计展示基地。

第三，空间布局。根据园区内资源分布状况和交通状况，采取"一心辐射、三带贯通、六区并举"的空间布局。一心即上犹旅游集散中心，布局在县城周边，主要功能为游客集散、综合服务、形象展示、园区管理。三带为犹梅乡村旅游休闲带、森铁旅游观光体验带、城郊文化生活游憩带，三带是产业园特色旅游线路，串联主要旅游景点。六区分别为文峰文创产业生活区、南湖滨水旅游度假区、犹梅乡村旅游休闲区、旅游商品设计展示区、城市居民运动拓展区、新兴旅游业态开发区，六区为旅游活动主要区域，具有休闲、居住、度假、旅游、文化、娱乐、健身等综合功能。

第四，重点项目。目前旅游产业园规划范围内现有部分旅游文化企业和乡村旅游企业进驻，但远未达到产业园的要求。综合考虑旅游资源状况、产业发展现状、旅游产业发展趋势以及旅游城市发展空间拓展等诸多因素，应重点发展和引进四个方面的旅游产业进驻，分别是文创旅游产业、乡村旅游产业、城市休闲旅游产业、新兴旅游业态。通过发展重点项目，丰富城市休闲生活，增强集群发展竞争力，全面提升产业园经济实力。

第四节　转变路径之四：产业融合模式

旅游产业融合是指旅游产业与其他产业或者旅游产业内部不同行业之间发生相互渗透、相互关联，最后形成新的产业。近些年来，旅游产业跨界融合发展的迹象明显，农业旅游（如农业休闲观光、农业保健疗养、现代农业公务商务等）、工业旅游（如厂区参观、经济探秘等）、文化创意旅游（如动漫旅游、养生旅游、演艺旅游、节事旅游、科技旅游等）等陆续出现，丰富了旅游产品体系，扩大了旅游者体验内容并提高了体验质量，更为旅游业的发展增添了新活力[36]。

旅游业要转型升级以求更好更快的发展，必须走出传统的产业发展模式，突破传统观念，不能仅仅依赖名山大川、历史古迹等自然人文旅游资源发展传统观光旅游，而要以人们不断变化的需求为中心大力发展新型旅游产品、新型旅游业态。旅游产业融合跨不同产业、市场和区域，将整个自然、社会经济文化都纳入旅游资源的范畴，以创新和富有创意的手法，开发旅游吸引物、旅游体验产品、旅游消费产品。产业融合通过产业价值链的延伸和资源的整合，优化了产业结构，提升了产业竞争力，其本质是产业的不断创新，是休闲度假旅游目的地建设的重要途径和方式。

一、产业融合发展一般路径

各种产业因自身的功能作用、技术优势、特征等的不同，以及它们与旅游业关联方式的差异，与旅游产业融合的途径或者方式也各不相同，主要有模块嵌入式、横向拓展式、纵向延伸式和交叉渗透四种路径[37]。就江西休闲度假旅游而言，产业融合发展可采取以下三种路径。

（一）"横向拓展式"融合

"横向拓展式"融合路径主要是指旅游产业向其他产业（如第一、第二产业）以及除了旅游业的第三产业不断拓展融合的方式，"横向拓展式"融合强调旅游产业的拓展方向是旅游产业以外的产业。旅游是需求导向的产业，需求的多变性要求产品的多变性，因此旅游产业要在更广泛的范围中挖掘、打造更丰富的具有旅游价值的要素，并不断把这些要素融入自己产业之中，使旅游方式、旅游产品不断创新，以多变的盈利模式扩展价值空间。例如，工业、农业旅游等丰富多彩的旅游形式，就是旅游业通过横向的拓展，把其他产业的资源融入旅游产业中，使得旅游资源的外延不断拓展，旅游资源不断丰富。这种融合方式的主要特点是把其他产业资源不断融合进来。

江西省应大力推动旅游产业延伸，完善旅游功能要素体系，重点促进旅游产业与文化、体育、农业、环保、医疗、会展、影视、地产、商业、娱乐等关联产业融合发展，打造无边界旅游产业。在与第一产业融合发展方面，除重点抓好乡村旅游、山地旅游、森林旅游、生态旅游、滨水旅游、村落旅游和特色农家乐外，要依托江西省特色农业资源、古村资源、水乡资源，大力发展休闲观光农业、森林氧吧、古村客栈、中医养生、渔家乐活等旅游业态。在与第二产业融合发展方面，发挥江西省在飞机、船舶、汽车制造等方面仅有的一些优势，以转产增效为抓手，积极投产开发迷你旅游飞机和滑翔机、旅游汽车和房车、水上摩托艇和游船、旅游观光缆车、温泉洗浴用品、数字导览设备等旅游装备（设备）制造业；另外，融合地方特色，对陶瓷、竹木、金属、布艺、书画、玉石等旅游用品和旅游工艺品、纪念品进行个性化设计与制造。在与第三产业融合发展方面，促进旅游业与休闲商务、动漫游戏业、会展业、文化经济业、艺术品交易业等文化产业的融合，深入挖掘古色、名人、红色、民俗等文化元素，推动文化旅游多样化发展；利用良好的生态环境，与体育保健、康体医疗产业融合，开展体育游憩、医疗保健、康体养生旅游。

（二）"纵向延伸式"融合

"纵向延伸式"融合路径则是指在旅游产业内价值链的纵向延伸。这和横向拓展的不同之处在于融合的方向。传统的旅游经营模式是旅行社向饭店、景点、车船公司等分别订购单项旅游产品进行打包组合然后卖给旅游者，而现在旅游者可以从网上直接订购，旅游者可以根据自己的旅游爱好自由选择搭配酒店和航班，携程网、亿龙网、去哪儿网等就是其中的典范。现在这些旅游网络平台不断向产业链的前后端延伸拓展自己的业务，使得旅业出现纵向延伸式的融合。旅游产业的最大特点之一是游客的异地活动，旅游产业的融合还表现在旅游产业链的空间延伸，如客源地的旅行社与目的地、中转地的旅游资源对接，形成一条无缝衔接的优质旅游线路，在增加对游客吸引力的同时也可增加旅游经济价值。

（三）功能融合

在各地经济社会发展中，特别是在地标性建筑、交通集散中心、智慧城市等重大项目的建设中，注重融入旅游功能，实现旅游产业与区域经济社会建设的一体化发展。在赣江沿岸的赣州、吉安、南昌等城市建设中，对赣江两岸的建筑、桥梁、广场、滨江大道和游船的布局、造型、风格等进行个性化设计，充分利用灯光技术营造城市夜景，将沿江一线滨水景观串联起来，形成赣江品牌水城集聚带。在南昌昌北机场、九江庐山机场、井冈山机场、赣州黄金机场、景德镇罗家机场、宜春明月山机场，建设主题游乐公园、免税商店、纪念品商店、休闲娱乐场所等，提供旅游咨询服务以及网络在线服务，提升机场的休闲娱乐功能。另外，还应通过不同功能的旅游要素相互融合，增强智慧城市的旅游功能，形成具有多功能的旅游服务综合体，打造具有休闲娱乐功能的旅游购物街区、旅游商城等旅游购物场所，具有娱乐、观光、休闲功能的观景餐厅、咖啡厅、露天酒吧等旅游餐饮场所，具有娱乐体验功能的观光公园、观光楼阁、观光平台等观光场所，具有观光功能的旅游公交、旅游巴士、游船、索道等旅游交通，具有景观和休闲功能的度假村，形成旅游产业的规模效应。

★案例分析：南昌凤凰沟——旅游产业融合典范

凤凰沟风景区位于南昌县黄马乡，原隶属江西省农业厅的江西省蚕桑茶叶研究所。原来这里的主业是蚕桑与茶叶的科学研究、技术推广、良种繁育和蚕茶产品的开发，副业是传统农业，经济效益一直较差。穷则思变，在省农业厅的支持下，研究所决定利用 1.2 万亩的山地资源与区位优势，打造集"生态模式、科技集成示范、品种展示、科普教育、技术培训、农业体验和休闲观光"于一体的江西省现代生态农业示范园。2009 年 9 月 20 日，凤凰沟风景区暨江西省现代生态农业示范园建成开门迎客。如今，江西省凤凰沟风景区现已成为国家 4A 级旅游景区、全国十佳农庄、中国 2012 年度最受欢迎景区、全国休闲农业与乡村旅游五星级园区、全国休闲农业与乡村旅游示范点、全国科普教育基地。作为产业融合的成功范例，凤凰沟景区的成功之处体现在以下两个方面。

第一，在开发理念上，走产业融合之路。凤凰沟风景区以科技为动力、以文化为灵魂、以产业为基础、以生态为主题、以创新为生命、以农民为核心，深挖文化资源，围绕蚕丝、茶叶、花卉、农耕等特色文化主题，构建起"农旅结合、以农促旅、以旅强农"的发展模式。产业融合的核心是把农业和旅游业结合在一起，利用农业景观和农村自然环境，结合农牧业生产、农村文化生活等内容，吸引消费者前来观赏、品尝、购物、劳作、体验、休闲、度假。

第二，在开发方式上，采取多种产业融合。凤凰沟景区将农业与文化、科技与产业、产业与旅游成功嫁接，已成为全省乃至全国"农旅结合、以农促旅、以旅强农"的示范样板。在生态养猪示范园中，融生态养殖、观光养殖、循环农业于一体，集中展示和推广江西省生态养猪的新技术、新成果。在生态茶业展示园中，推出生态观光茶园、茶海迷宫、茶海、茶树品种园、绿韵茶坊五大休闲娱乐项目，兼顾科研、科普教育、休闲观光、采茶体验等诸多功能。在现代果业展示园中，结合旅游开展科普教育、休闲观光、采摘体验活动。在白浪湖度假村，建设高档度假别墅群以及休闲广场、停车场、游泳池、健身房、网球场等设施，为游客提供培训、会议、用餐等服务。

二、文化与旅游融合

旅游本质上是一种文化活动，旅游与文化产业有天然耦合性、市场共生性、利益共赢性等产业融合基础。据统计，2014年江西文化产业主营业务收入达2 130亿元，比上年增长19.2%，文化产业发展综合指数首度入围全国前十，发展影响力指数位居全国第八。同年全省接待游客突破3亿人次，旅游总收入达2 650亿元，分别同比增长25%和39%。文化与旅游产业都成为江西新兴支柱产业，逐渐形成山岳旅游领先神州、红色旅游领跑全国、乡村旅游脱颖而出、温泉旅游异军突起、文化创意旅游方兴未艾的发展格局。其中，历史文化遗产和文化创意项目成为旅游产品和旅游活动的重要载体，体现了文化与旅游产业融合的独特魅力。但不可否认的是，在文化与旅游产业融合发展中，文化资源的整合利用与游客对文化旅游产品的需求，文化旅游产品建设与文化资源赋存的丰富度极不相称，表现为：文化创意旅游产业未能形成规模；旅游商品文化附加值低；叫好又叫座的旅游演艺项目尚未形成；文化企业与旅游企业合作领域不宽、机制不顺。这就需要从文化与旅游融合的角度，把握历史文化资源特点，掌握文化资源转变为旅游产品的一般途径，构建文化与旅游产业融合发展的路径，实现江西文化旅游产业的创新和发展。

（一）江西历史文化资源赋存现状与特点

文化与旅游产业融合发展是新常态下发展升级、结构调整、质量提升的必然选择。江西历史文化资源丰富是不争的事实，但其赋存状况与特点怎样？如何才能与旅游产业融合发展？对此需要进行梳理，摸清情况，把握特点，这样才能对症下药，发挥优势，合理利用，更好地为社会经济发展服务。赣文化历史悠久，遗存丰富，博大精深。从地域角度看，包含浔阳、豫章、临川、庐陵、袁州、赣南客家等诸多地域文化子系统；从物质形态看，主要有青铜、陶瓷、茶、中药、夏布、名城、古村名镇、"文房四宝"等文化；从非物质形态看，有书院教育、宗教、民俗、江右商、苏区、书画等文化。从文化与旅游产业融合角度分析，江西历史文化资源赋存状况可以概括为：革命文化红耀中华，青铜文化闪耀南疆，陶瓷文化领先世界，宗教文化流播中外，书院文化独领风骚，中药文化独步天下，名人文化群星璀璨，古村名镇星罗棋布，民俗文化璀璨夺目。

但江西给人的印象怎样呢？笔者的理解是："青山绿水"是第一条，就是江西省委强卫书记所说的生态是江西的第一品牌和最大优势，这是江西天生丽质的本底优势；"乡土野趣"是第二条，这是人们初步接触江西的最初印象；"人杰地灵"是第三条，这是世人对江西有了进一步了解后的初步认识；"文化深厚"是第四条，这是学者经过认真研读后对江西的深刻理解；"独领风骚"是第五条，这是国人在理性分析和客观判断后对江西的一种心理认同。那么，对江西丰富多彩的旅游资源，应该进行怎样的概括呢？我们深刻认识到，对一个地方旅游资源的概括，其实就是寻找一种能够让大家记住和愿意传播的说法。笔者用"一二三、四五六，外加一个西海风"来概括。其中的"一"就是江西拥有中国第一大淡水湖——鄱阳湖；"二"就是江西拥有两类宗教祖庭：道教祖庭和佛教祖庭，前者为道教祖庭龙虎山，后者包括佛教净土宗祖庭庐山东林寺和佛教禅宗沩仰宗祖庭宜春仰山、曹洞宗祖庭宜黄曹山和宜丰洞山、临济宗祖庭宜丰黄檗山及其分支杨岐宗祖庭萍乡杨岐山与黄龙宗祖庭修水黄龙山；"三"就是江西拥有三座国家历史文化名城，即南昌、赣州、景德镇；"四"就是江西拥有四大红色摇篮，即中国革命摇篮井冈山、人民军队摇篮南昌、中国工人运动摇篮安源、共和国摇篮瑞金；"五"就是江西有五大名山，即庐山、井冈山、三清山、龙虎山·龟峰、武功山；"六"就是江西有六种不同的主要文化载体，即陶瓷、书院、围屋、古村镇、寺观、名人。外加"一个西海风"，就是说还有一个庐山西海和赣都风土人情（包括江西风物、风情、风水）等资源。这样比较容易记得住，或者从中能够得到一些记忆提示，因而也就比较便于传播。基于江西历史文化资源赋存现状、人们对江西的印象，以及对重要旅游资源的概括，不难发现江西旅游资源具有的几个特点。

（1）文化深厚，更有山水风光。历史文化资源往往和名山秀水结合在一起。道教、佛教圣地基本都是依托风景秀丽的名山大川而生成。名刹因依附名山而逐步繁盛，名山也因拥有名刹而令人神往，两者相互依存，相得益彰。庐山、三清山、龙虎山、武功山等都是这种情况。历代名人登临这些名山而留下大量诗词作品和摩崖题刻，为名山增加了知名度，扩大了名山的影响力。革命摇篮井冈山也是著名的风景名胜区，这里不但有大批革命旧址，还有五潭五瀑、笔架峰、杜鹃林、高山田园等景区。庐山西海就是由大型水库（柘林湖）和佛教禅宗圣地（云居山）组合而成的，被誉为"中国最美的湖光山色"。鄱阳湖不但风景秀丽，拥有石钟山、鞋山、落星墩、吴城镇等著名风景旅游区，而且自古以来是中国经济较为发达的富裕地区，历史上很多杰出人物（如陶侃、徐稚、陶渊明、董源、姜夔、林士弘、刘恕、八大山人等）曾在湖区生活。这里还发生过许多威武雄壮的英雄事迹：周瑜操练水师，为赤壁之战大胜曹军奠定了基础；朱元璋与陈友谅鄱阳湖水战，开启了改朝换代的历史大幕；太平军与湘军在鄱阳湖鏖战，成就了一个彪炳史册的战例；李烈钧在湖口发起"二次革命"，表明民主共和的潮流势不可挡；人民解放军在西起湖口东至江阴的长江段发起了"渡江战役"，开始了解放全中国的战斗；等等。这些都使鄱阳湖更具魅力。

（2）品质优良，并且特色鲜明。物产丰富、水运便利、教育昌盛、农耕发达诸多因素造就了江西历史文化的繁荣昌盛，有读书成风、科举鼎盛，作家成派、著述浩瀚，学者成林、诗人称宗，仕宦成群、志士成仁，佛道成宗、理学集成，故居星罗、古村棋布，陶瓷称都、青铜成王之说，可见其类型之全，品质之精。而且，江西的资源具有鲜明地域特征和文化个性。首先，江西被誉为红色的土地，一方面基于江西土壤质地以红壤为主的天然本色，另一方面源于 20 世纪 20~30 年代在南昌、井冈山和瑞金形成中国革命道路的红色历史。江西拥有众多"革命摇篮"和"红色景观"，在中国乃至世界现代革命史上都占有重要地位，这是其他地区无法比拟的。其次，江西的文化个性也是异彩纷呈。民间有"赣南的采茶抚州的傩，吉安的灯彩九江的歌"之说，充分彰显了江西民间与民俗文化的地域个性。还有赣州客家文化、景德镇陶瓷文化、樟树中药养生文化、婺源古村耕读文化、鄱阳湖渔俗文化、南昌万寿宫文化、南城麻姑文化等，都承载着富有地方个性的生活文化形态，蕴涵着丰富多样的人文价值。

（3）分布广泛，但也相对集中。资源分布广泛，但也在某些地方显得特别集中。首先，历经千百年积累形成的文化名胜，汇集了各个历史时期历史遗产的精华。例如，庐山，从司马迁"南登庐山"，到陶渊明、李白、白居易、苏轼、王安石、黄庭坚、陆游、朱熹、康有为、胡适、郭沫若等 1 500 余位文坛巨匠和诗文名家的登临观览，留下 4 000 余首诗词歌赋，其文化景观之丰富让天下人叹为观止。其次，名山名城的景观资源亦具有多样性，如龙虎山既有道观旧址，又有崖葬遗迹，还有名人留踪，更有山水风光；三清山不但有天然的"太平洋西岸最美的花岗岩峰丛地貌"，也有与民生息息相关的充满古朴野趣的田园风光，更有道家建立的三清宫、石屋茅庵以及与此相关的题刻、石牌坊、石浮雕及古墓葬等人文景观；井冈山更是"历史红、山林好、建筑土、民俗异"，不同类型的资源和谐共生；南昌、赣州、景德镇等历史文化名城，更是城与水相生，古今胜迹兼而有之，文化面貌可谓缤纷多彩。

（二）文化资源转变为旅游产品的一般途径

（1）以文促"商"。以文促"商"就是利用文化元素，促进旅游商品开发和旅游购物业、旅游会展业的发展。旅游商品可作为旅游过程纪念物和见证物，其纪念与收藏价值体现在其地域性特征和个性化形象上。现实状况是多数景区都卖同样的产品，一样的帽子、梳子、丝巾，虽印上不同景点名称，实际上地方文化元素未能得到应有的体现。让游客产生购买这些旅游商品的行为，不如让其直接到浙江义乌，那里有我们想要的一切商品。雷同的根源，就是缺少商品研发和创意设计的环节，当然也因个性化和独特性的商品生产成本比较高，相应的文化产品生产企业较缺乏。而真正热销的旅游商品必须要有创新、有创意、更需要能将地方文化融入进去，如日本的"烙印金刚杖"、美国的创意旅游纪念品鱼杯隔热垫（fish cups and heat pads）、北京奥运会中富有中国传统元素的会徽吉祥物奖牌及相关纪念品、上海世博护照、云南丽江特色龙凤铃、无锡惠山泥人、瑞金的红井勺，都是依托文化资源，创新开发的旅游商品。

（2）以文带"娱"。以文带"娱"是指以文化为依托带动旅游地文化娱乐业发展。将文化元素融入娱乐业是旅游目的地发展的一个重要方向，是实现旅游活动白+黑的互补延伸、丰富游客夜生活、提升旅游活动质量、使游客获得深度体验的重要保障。一是依托城市旅游目的地和毗邻城市建设的重要 5A 级景区，打造大型演艺项目，因为这里有团队游客作为基本市场，还有本地居民的参与作为延伸市场，更有城市商务旅游者、零星过夜客等散客作为补充市场，如广西桂林的《印象·刘三姐》、陕西西安的《长恨歌》、河南嵩山少林寺的《禅宗大典》、贵州贵阳的《多彩贵州》等。二是在不足以支撑大型旅游演艺活动的城市和景区，发掘自身的文化元素、人文因子、文艺素材，加工制作小、精、特的演艺项目，在城市休闲场所和景区舞台表演，如东北的扭秧歌、二人转、安徽凤阳花鼓、四川变脸等都成为大众熟知的表演节目。三是举办旅游文化节庆活动，扩大知名度，提升影响力，塑造旅游地形象，提高游客的参与性，满足游客体验当地文化、民俗风情的需要。例如，可以举办凉山彝族火把节、潍坊风筝节、哈尔滨国际冰雕节、大连服装节等品牌节庆活动。

（3）以文兴"企"。以文兴"企"就是围绕区域文化培育品牌文化旅游企业。

品牌文化旅游企业的创立和产品的营销已成为文化和旅游产业的制胜法宝。第一，文化与旅游的融合最终落实者是文化旅游企业，品牌是文化旅游企业发展的关键，品牌背后离不开文化内涵和文化软实力的支撑。第二，旅游者的旅游体验过程实质上是一种文化体验，感受各地文化差异，是一种对文化的追求和欣赏，是通过旅游活动使人在人文层面回归与发展，文化与旅游融合越紧密，文化因素越多，旅游经济越发达，文化旅游企业发展速度越快。第三，文化旅游企业之间的竞争其实是对文化的竞争，只有挖掘民族、区域特色文化，并结合当地风土人情，形成企业特有的文化影响力，才是文化企业立身之本，发展之基。第四，在当今经济快速发展状况下，人们的文化旅游需求增长迅速，只有满足人们的文化旅游需求，才能吸引旅游者，从而带动文化旅游企业及其文化产业与旅游经济的发展。

（4）以文融"建"。以文融"建"就是将地方文化元素融进文化旅游建筑设施，将文化主题与某一特定功能的旅游设施结合起来，形成相得益彰的效果，使旅游设施具有创意文化特色，在发挥旅游接待服务设施功能的前提下，兼具标志物和吸引物功能。其可以表现为文化主题餐厅、文化个性住宿酒店、特色旅游交通设施产品、主客共享的特色休闲街区等。例如，以某主题文化元素定位的餐厅，在装潢、菜品设计、接待服务上都体现这一文化元素，在传递文化的同时，还为旅游者提供餐饮服务，这是创新的餐饮发展模式。在市政建设上，围绕城市历史文化街区和零星文化景观，整治环境、拓展空间、恢复历史风貌、融入地方风情，打造"无景点"旅游城市。同时，规划并建设好休闲商业街区和休闲文化生活街区，将其既作为城市居民消费场所，又作为吸引外地游客体验城市风情的旅游景区。

（三）江西文化资源与旅游产业融合发展的途径

（1）直接利用。一是对现实的文化资源加以整理、利用，建设成旅游产品，在旅游项目设置、旅游产品开发和旅游活动开展上，立足资源的原生状态和环境。在掌握区域旅游资源特征和价值的基础上，分析资源类型、丰度、规模、品位等，依托具有开发潜力的文化旅游资源，决定文化旅游产品类型。其一，江西革命旧址、纪念地、古文化遗址、古墓葬等类型资源众多，蕴涵深刻历史意义和丰富文化价值，具有代表性和感染力，可以利用博物馆、展览馆、纪念馆等展示方式，建设形成精品旅游景区，从而构建江西文化旅游体系中的高端产品，这方面井冈山、瑞金、南昌、上饶集中营等都是成功的范例，但江西还有较大潜力。其二，针对古城、古镇、古村、古建等，通过文物修缮、生态修复、环境整治，实现对外开放，接待游人，这方面婺源、安义、吉安、九江等地有成功的经验可资借鉴，江西还有很大拓展空间。其三，利用云计算、物联网、高速互联网、电子信息等新型信息技术，建设智慧旅游形式的文化旅游产品和旅游实现方式，如智慧型文化景区、特色美食定位系统、智慧型文化酒店、文化旅游产品搜索引擎等，实现文化与旅游产业融合，这是江西旅游强省建设的重要抓手。

（2）情景再现。情景再现就是依托原味的活态文化和原生的静态文化遗址，有选择地还原或部分还原历史风貌与传说中的状态，引起游客的浓厚兴趣，形成有吸引力的文化景观和表演活动。神话传说、民间文学、历史典故等多采用该方式。通过舞台艺术的形式再现历史文化、人文风情，使其成为可触摸、可观赏、可感受的文化演出，南昌的《神奇赣鄱》、九江的《春江花月夜》、上饶的《印象上饶》、鹰潭的《寻梦龙虎山》、婺源的《梦里老家》、萍乡的《老阿姨》等就是这方面的积极探索。大型山水实景演出《井冈山》在一定程度上也属于对历史情景的再现。要扶持建设江西的创作团队，高标准策划江西文化演艺品牌，突出鲜明的景区特色和地域文化特色，塑造旅游演艺品牌，提升江西旅游形象和扩大江西影响力。

（3）创意提升。创意提升就是通过创意的激活，将精品文化资源、传统文化元素和旅游要素进行创新策划与整合加工，组合制作成主题鲜明、内容丰富、情节饱满、表现力强，具观赏性、感染力、震撼力的旅游演艺节目。其一，可以将兴国山歌、吉安灯彩、南丰傩舞、广昌孟戏、景德镇瓷乐、婺源徽剧、弋阳腔等非物质文化遗产与现代舞台表演结合起来。这些"非遗"具有丰富的人文内涵，同时也极具观赏性，要对其发掘整理、改编完善并运用先进技术和新颖的表演形式，将其打造成让游客喜欢、热捧的旅游演艺活动。这样才能更好地保护江西文化、传播江西文化、宣传江西形象。其二，可以将艺术与生活结合起来，包装打造成具参与性、互动性、体验性的旅游项目，如2012年12月，江西首家（全国第三家）文化餐厅在新余面世，该餐厅将艺术与餐饮结合，与著名画廊、艺术基地合作，引进国内原创的字画、陶瓷、雕塑、青铜器等工艺品，免费为其提供展销场所，取得较好的社会反响与市场效果。南昌瓦罐汤已在积极申报省级非物质文化遗产，有关方面也在构建南昌瓦罐汤连锁品牌加盟店。还有鄱阳湖鱼宴店、龙虎山天师宴会厅、井冈山"红军餐厅"、赣南客家宴等文化餐饮品牌店，值得推广与建设，它们都将文化因素打造成游客可走进的场所。其三，可以建设特色旅游交通设施产品，如上犹"赣南森林小火车"项目、龙虎山泸溪河文化漂流项目、婺源徽州古道体验项目、庐山好汉坡登山项目等。其四，可以设计制造具吸引力、纪念性、收藏性的旅游商品，最为重要的是要创作出融入江西地方标志性元素的旅游商品，在各个景区创造地设计制造具个性化的旅游商品，发展江西特色旅游购物业。在题材上利用历史故事、名人趣事、民间传说、精品艺术等，加强对景区和地方文化元素的表现；选材上尽量使用就地取材的原生态材料；包装上充分体现当地的社会风情和历史文化，赋予其浓郁的地方特色；工艺上坚持传统手工工艺但也可以适当融合现代生产工艺与技术，尽量保持原始风味和原生风格。

（4）主题开发。主题开发就是主题公园和文化休闲公园的建设，即整合多种文化资源，通过提炼主题、包装项目、建设产品和景区，采用人造景观和比拟再现文化的方式（包括设置文化体验活动场所）进行的文化资源开发。一方面，在充分调研江西文化资源优劣势的基础上，建立江西重要文化与旅游产业融合项目库。结合各地优势资源，确定文化与旅游产业融合发展主题，有针对性地引导差异发展，如景德镇陶瓷文化创意主题，樟树中药养生主题，吉安古村文化主题，井冈山红色文化主题，瑞金苏区生活主题，婺源耕读文化主题，九江贤母文化主题，南城麻姑文化主题，南昌万寿宫文化主题，广昌、石城、莲花的荷莲文化主题，等等。另一方面，依托现有文化和产业资源，建设具地方特色的文化旅游产业集群和集聚区，实现规模发展，如宜春打造禅意山水文化产业园、鹰潭打造道家文化旅游产业园、赣南打造客家文化博览区、鄱阳湖打造湖泊生态文化旅游示范区等。

（5）体验参与。体验参与就是通过对旅游产品与活动的体验设计，构建一个流程清晰、内容丰富、生动有趣、可控可操作的游览体系，以身临其境的方式，建设让游客亲身参与、切身体会，获得愉悦和满足的高质量体验项目。其有两种重要形式，一是旅游体验活动，体验活动能让游客在活动中放松自我，在参与中寻求快乐。这种活动包括景德镇的陶艺制作活动、井冈山红色旅游"六个一"活动、赣南客家围屋旅馆等。二是旅游文化节庆活动。旅游节庆因其丰富的内容、灵活的形式、深厚的文化底蕴、浓郁的地方特色而深受游客的青睐。为此，江西要统一包装组合"江西风景独好·××××旅游节"，以突出江西整体形象和赣鄱文化特色，推出系列标志性旅游节庆品牌。同时要避免各地区在主题上的雷同，时间上的重叠，使全省旅游文化节庆活动在时间上具有连续性、在内容上具有独特性。例如，"婺源乡村文化旅游节""龙虎山道教文化旅游节""景德镇陶瓷博览会""武功山帐篷节""鄱阳湖湿地生态旅游文化节""宜春月亮文化节""南昌梅岭山水会·××旅游节""九江县中华贤母文化节"等，都要一以贯之的做成具地方特色的旅游文化节。

（四）江西文化与旅游产业融合保障性措施

（1）改革机制体制——机制保障。鉴于各省市产业管理格局，江西文化产业主要归口省委宣传部和省文化厅管理，而旅游则主要由省旅游发展委员会负责，按照产业融合的思路，凡是三家提出并认定的属于文化与旅游产业融合的亿元以上项目，直接列入省重点工程办公室督办项目，其立项审批、规划建设、土地、水电、管理服务等，实施"3+1"责任主体，为文化与旅游产业融合创造有利机制。

（2）推进合作共赢——合力保障。文化与旅游融合发展，合作共赢是重要手段。一是区域合作。文化资源往往面临多地共有问题，如果各自为政，盲目开发，将不利于资源的科学、合理利用，需要以现有文化和产业资源为依托，通过区域合作，建设产业集群和产业集聚区，如文化产业带、文化旅游产业示范区、文化旅游产业综合体、文化旅游产业园，形成规模效应。二是企业之间的合作。文化企业与旅游企业之间合作是基础，并且需要与外省成功的、有经验的品牌大企业合作，通过高水平策划，推进大项目建设，展现地方最精彩的文化，形成品牌效益，引爆市场。同时努力寻找产业、产品和不同领域企业间的交叉点，打破技术、产品和市场边界，打造跨产业的企业或企业联盟。区域合作与企业合作形成合力，才能实现文化与旅游产业在地区和行业间的无缝对接，实现融合发展。

（3）拓展融资渠道——资金保障。积极拓展文化与旅游融合的投融资渠道。一方面，建立政府主导、市场调配的融资渠道，加大对文化旅游融合的资金供应，实现文化产业与旅游业的全面融合。另一方面，通过企业市场融资、股份合作以及银行借贷的方式筹措资金，进行相关文化与旅游产业融合的产品设计、项目开发、活动打造、景区建设，并开展市场化运作。

（4）培养专业人才——智力保障。文化与旅游融合关键在人才，需要同时精通文化创意与旅游营销的复合式、操作性、应用型人才。目前江西省这方面的人才缺乏且创新能力不足，制约着文化与旅游融合发展。应制定相应的人才培养和引进政策。一是利用高校资源，根据融合要求，改革人才培养机制，对师资、设备、产学研等进行资源整合，形成有利于培养复合式、操作性、实用型人才的教育培训机制。二是政府应加大选拔力度，制定引进文化与旅游产业类高层次人才的特殊优惠政策，招纳和引进一批融合发展需要的人才。三是安排旅游与文化类人才到先进地区培训学习，聘请名师、名家授课，通过打造学习平台，借力、借势培养人才。

（5）利用科技创新——技术保障。科技创新是文化与旅游融合的重要支撑。一是利用高新传媒技术，打造以特色文化为主题的商业演艺和与文化资源相结合的实景演出项目，提升区域文化内涵和旅游景区竞争力。二是利用云计算、物联网、高速互联网等新型信息技术大力发展智慧型文化旅游产品。三是借助现代信息技术手段，推进旅游网站、旅游呼叫系统、旅游数据库等信息平台建设。

三、农业与旅游融合

2014年11月，《农业部关于进一步促进休闲农业持续健康发展的通知》指出，要推进农业与文化、科技、生态、旅游的融合，提高农产品附加值。2015年2月1日，中共中央国务院印发了《关于加大改革创新力度加快农业现代化建设的若干意见》，将推进农村一、二、三产业融合发展作为促进农民增收的重要举措。8月7日，国务院办公厅印发《关于加快转变农业发展方式的意见》，其中第12条特别提出支持休闲农业与乡村旅游发展。加快发展休闲农业，促进第一产业的农业与第三产业的旅游业深度融合，成为贯彻农村一、二、三产业融合发展重大决策的具体实践。可以说，旅游与第一产业的融合，是催生乡村旅游、休闲农业全面繁荣的必然选择。因此，如何优化配置农业旅游资源，培育休闲农业新型产品，创新休闲农业发展模式，打造休闲农业品牌，成为江西旅游产业改革、推进旅游强省建设、加快农业现代化的重要议题。那么，江西推动休闲农业优化升级的优势在哪里？开发现状与问题有哪些？如何实现农旅融合发展？本节试图做出解答。

（一）江西省休闲农业的发展优势

休闲农业是旅游业与现代农业相结合的交叉型产业，融合生产、生活、生态功能，依托农业生产经营、农村自然环境、农民文化生活相关的资源，紧密连接种养业、农产品加工业、商贸服务业，是集观赏休闲、体验娱乐、购物品尝、科普示范、度假养生于一体的新型农业生产经营形态[38]。当下，农村休闲渐成时尚，吃农家饭、住农家屋、干农家活、享农家乐等一系列休闲农业活动日益成为都市居民新的消费热点。据统计，江西约有80%的旅游资源集中在乡村，发展休闲农业的优势主要如下。

1. 农耕文明，个性彰显

农耕文明历史悠久，农业生活资源丰富。江西拥有以陶渊明为代表的田园山水文化；以吉安–抚州古村落为代表的乡土文化；以赣南、赣西北客家聚落和客家围屋、土坯屋为载体的客家文化；以赣东北弋阳腔和饶河调、南昌赣剧、赣南采茶戏、广昌孟戏等为载体的戏曲文化；以九江、兴国山歌等为代表的民间曲艺文化；以南丰、万载、萍乡、婺源等地傩舞为代表的傩舞文化；以及鄱阳湖渔俗、樟树药俗、景德镇瓷俗、万年贡米、南昌真君崇拜等，这些无不与江西源远流长的农耕文明相联系。民谣"吉安灯彩抚州傩，赣南采茶九江歌"正是这种极具赣鄱风味和区域特色的民俗文化的真实写照。农业生活资源多元、地区差异显著，具有较强吸引力，这是支撑休闲农业发展的重要文化元素。

2. 规模种养，集大为美

农业生产、生活和生态资源为休闲农业的发展奠定了基础。江西自古就以"鱼米之乡、绿色之源"著称，是全国主要的产粮大省。农业种养规模大，景观优，形象美。赣南脐橙、南丰蜜橘、广昌与石城白莲、金溪栀子花、奉新苗木花卉、修水蚕桑、资溪白茶、遂川狗牯脑茶、进贤军山湖河蟹、鄱阳湖大宗淡水鱼、崇义梯田等农业生产资源规模大，形成特色景观，享誉全国。相关的农耕活动、农具和农事景观具有一定观赏性和体验性，为农业和旅游的融合奠定了物质基础。

3. 生态良好，景观秀美

生态环境良好，山林、河湖、田园、村镇景观秀美。江西山地峻峭延绵，森林覆盖率高达63%，庐山、三清山、龙虎山、井冈山、龟峰、灵山、武功山等山体景观享誉全国，观光休闲价值较高；珍稀、濒危树种多达110种，如庐山有晋植"三宝树"、东林寺"六朝松"、树龄逾千年的"植物三元老"之一的古银杏，以及分布在广丰、铜鼓的数万株天然珍稀抗癌植物红豆杉群等，极具观赏与休闲疗养价值；全国最大的淡水湖——鄱阳湖、"最美湖光山色"——柘林湖、温馨浪漫的仙女湖等水域景观，为山水相依的休闲农庄和渔家乐建设提供了得天独厚的条件；江西以凤凰沟茶园、南丰橘园、信丰脐橙园、石城和广昌的荷园、鄱阳湖平原和赣抚平原灌区的万顷稻田、崇义梯田等为代表的秀美田园风光，极具震撼力，是优质的休闲农业资源；江西拥有古朴雅致的特色乡村风貌，安义古村群、流坑古村、篁岭古村、鄱阳湖渔村、客家围屋村等历史名村，它们保存完整，游览价值较高。

4. 农业升级，融合加快

江西作为传统农业大省，农业比重相对较高，但农业生产方式转变加快、产业化程度不断提高，并出现休闲农业、生态农业、都市农业等新型业态。江西着力培育农业产业集群，不断提升现代农业示范园区建设水平。积极推进赣南脐橙、奉新优质米等名优特农产品基地建设，形成一批具有竞争优势的名牌产品和特色农业，稳步创建休闲农业示范点、示范县。农业与第三产业的融合，是实现农业转型的有力举措，也为休闲农业发展提供了产业支撑。

（二）江西休闲农业发展现状与问题

江西休闲农业的初步发展，不仅丰富了旅游产品，拓展了旅游空间，而且带动了农村产业结构调整，促进了农村经济发展，为发展现代农业、推进新农村和旅游强省建设注入了生机与活力[39]。

1. 规模不断壮大，质量逐步提升

据统计，2014年江西各类休闲农业企业已超过3 200家，接待游客1 800万人次，综合收入约106亿元，从业人员达80万人，其中农民达90%，收入较普通农民高30%以上。截至2014年已有省级休闲农业示范县15个、示范点145个，全国休闲农业与乡村旅游示范县6个、示范点11个，星级企业35个，重要农业文化遗产2个，3A级以上乡村旅游点121个，"中国最有魅力休闲乡村"1个，"中国美丽田园"6个和全国十佳休闲农庄3个。各地依托区域农业，形成15 000多家规模经营的农家乐，举办农事节庆活动50多项，集聚观光、体验、科教、娱

乐、健身、养生等功能，丰富了城乡居民休闲娱乐和文化生活，进一步增强了江西休闲农业的吸引力和影响力。

2. 农旅初步融合，产业转型加快

江西省休闲农业从农民自主无序开发，向以农户和农民合作社为主体、政府引导、企业和市场运作等模式转变，农旅融合已经迈入正轨，休闲农业呈集约化和产业化发展趋势。大批农业产业化龙头企业积极发展休闲农业，围绕"绿色、低碳、生态"主题，发展特色农业，生产安全、绿色产品，同时加大配套接待设施建设，为游客提供观光体验服务，拓展了农业功能，延伸了产业链，加速了传统农业向现代都市农业转型。

3. 发展模式多样，特色目的地形成

农旅融合的休闲农业模式日益多样化，主要包括以下五种类型：①农业观光型，是利用农业生产过程的知识性和趣味性，开发观光、休闲、度假等旅游产品的发展模式，如凤凰沟农业景观游览与农产品购尝。②度假体验型，是以农、林、牧、渔及园艺等农村资源为载体的乡村度假休闲模式，如靖安休闲农宿旅游。③景区依托型，主要依托重点景区，吸引周边农户参与旅游接待和服务的模式，如鹰潭龙虎山九曲洲生态园。④古村民居型，是利用乡村特有的民俗风情、传统工艺、文物古迹、节庆活动和农耕生活，开发观光、游憩、休闲活动的模式，如以徽派建筑和经济作物油菜花为主要观赏物的旅游目的地婺源。⑤综合娱乐型，集聚农业观光、休闲度假、商务会议等综合功能，如新光生态农庄、三清山田园牧歌农庄等。

不可否认的是，与全国休闲农业相较而言，江西休闲农业尚处于初级阶段和较低层次，还有较大发展空间和增长潜力，但因经济社会发展水平和创新能力的限制，仍存在以下制约因素和瓶颈问题。

（1）发展理念滞后。在开发理念上，以传统休闲产品为主，缺乏创意性、科技型、时尚化的现代休闲农业产品。同时忽视产业集群发展，休闲农业与其他产业结合、连接形成的产业链体系不健全。

（2）参与主体素质先天不足。江西休闲农业的参与主体以农民为主，人员流动性较强，缺乏规范的专业培训、科学的管理素养和服务经验。实践中成长起来的休闲农业经营管理、策划设计、营销推广等专业性人才匮乏。

（3）项目建设简单、粗放。项目雷同、活动单一，未能充分体现休闲农业与赣都文化多样性；缺乏高品位、多功能、富知识的园区；缺乏有纪念性，具体验性，让人看得见山、望得见水、记得住乡愁的旅游项目；休闲农业商品开发中，对农产品深加工严重不足，仍以初级农产品和手工艺品为主。

（4）金融信贷扶持不力。休闲农业企业以民间资本投入为主，而江西省长期以来投融资体制和信贷扶持机制不健全，财政支持乏力，加之土地产权复杂，经营主体扩大再生产和提升质量的资金短缺，阻碍了休闲农业健康、快速发展。

（三）农旅融合加快江西休闲农业发展的对策

1. 深化产业融合，实施创意开发

（1）以资源融合推动主题创新。一是建设农业创意主题园，依托花卉、蔬菜、林果、烟草、茶叶、药材、食用菌种植业或家禽和水产养殖业等特色种养业及其周边资源，充分与旅游活动融合开发，打造"网络体验+现代农业、花卉+婚庆产业、苗木+休闲娱乐、林业+探险游乐、牧场+生活体验、果业+景观创意、渔业+游憩体验、梯田+艺术设计、宗教+禅道修学"等创意主题，从 LOGO（标识）设计、开发理念、功能定位、活动策划、建筑风格等方面将公园（农庄）不断精致化，形成集研发、观光体验、休闲娱乐、示范教育于一体的农业创意主题园。二是开发绿色农业创意商品，以"生态鄱阳湖、绿色农产品"思想为指导，依托赣南脐橙、南丰蜜橘、广昌白莲、井冈蜜柚、袁州油茶、泰和乌鸡、进贤军山湖河蟹等特色农产品，进行产品深加工和创意设计，形成绿色农业创意商品。三是打造农业旅游品牌节庆，依托赣南国际脐橙节、南丰蜜橘节、婺源油菜节、广昌及石城白莲节、南昌樱花节、井冈山杜鹃节、吉安横江葡萄节、鄱阳湖坏湖垂钓节暨摄影节等节会活动，融合观光、体验、科教、娱乐、健身、美食、休闲等功能，提高旅游目的地知名度。四是拓展休闲农业景区（点），婺源、三清山、龙虎山、庐山、井冈山、鄱阳湖等著名景区（点）邻近县市可将景区发展与农业相融合，依托景区的优势资源，在扩展旅游活动趣味性的同时，增加休闲农业旅游区的客源市场。五是树立休闲农业示范区（点），依托凤凰沟江西省现代生态农业示范园、武宁县新光农业示范园、永修县金银花产业示范园、星子县温泉镇休闲农业园、莲花县荷花博览园、上犹县油石嶂梅岭有机茶示范园区等农业基地（示范园区），将农业产业化与旅游开发相融合，积极建设并树立休闲农业示范点，实现以旅促农、以农促旅。

（2）以城乡融合加快农村建设。在中心城市的城郊乡镇地区，利用其优越的经济、资源和市场条件，挖掘陶渊明、王安石、朱熹、欧阳修、曾巩、八大山人等历史名人资源，依托九江白鹿洞书院、弋阳叠山书院等国学文化，利用赣南采茶戏、南丰傩舞、广昌孟戏等民俗文化，开发高品质农业观光和休闲度假庄园。将休闲农业纳入新农村建设总体规划，与农村基础设施和生态保护、村庄整治等建设有机结合，深入打造乐安流坑村、安义古村群、浮梁瑶里古村、婺源篁岭等国家或省级历史文化名镇（村），提升江西省"美丽乡村""休闲小镇"品牌知名度。

（3）以技术融合打造特色产品。一是打造美丽田园景观，借鉴日本和中国台湾田园景观建设经验，采用生物、摄影、信息、农耕技术措施，对乡村风貌和生态景观进行艺术化规划与设计，以农业文化遗产、历史人物、乡土故事、动漫卡通、赣都文化、农耕文明等为主题，形成个性化现代田园景观。二是促进生产科学化和信息化，依托江西高氏油茶产业发展科技示范园、修水县茶叶科技园、奉新三口猕猴桃基地、袁州区湘赣蔬菜基地、鄱阳湖大宗淡水鱼加工及制品开发研发基地等农业基地的现代农业高新技术，建设集现代农业科技示范、生态观光、农事体验、科普教育和展示培训于一体的综合科技示范园区[40]。同时应融合信息技术，积极培育国家农村信息化示范基地，推动江西省农业向信息化、产业化、标准化、规模化、景观化转变。

（4）以主体融合培育新型模式。根据当地休闲农业发展阶段与经营主体特征，合理选择企业、政府、村集体、协会、合作社和农户之间利益关系的经营模式。一是村集体+企业+农户的村集体主导模式，农户把土地承包权和使用权交给集体，集体建立土地股份公司，实行股份合作制经营。充分利用地区特色农业与旅游资源，打造一乡一业、一村一品，形成地区拳头产品。农户成为公司员工和股东，获得薪金、股金、租金收入。二是合作社或专业协会+农户的合作经济组织带动模式，土地承包经营权为农户所有，合作社或协会为农户提供产前、产中、产后各环节的服务和信息，将小农户和市场相联系，带动农户经营产业向规模化、市场化和集约化发展。三是企业+农户的龙头企业带动模式，进贤县军山湖鱼蟹开发公司、南昌江西国鸿集团股份有限公司等龙头企业，通过融合合作组织、基地、市民，以及农户的技术、资金、人才等优势力量，承包一定规模的土地进入产业链经营，实现研发、生产、加工、销售、体验一体化。四是政府+集体+企业+农户的政府主导模式，政府通过政策推动股份合作制、合作经济组织与农户的经济协作等方式，扶持园区建设，实现企业整合开发、自主经营，将农业资源优势转化为经济优势和产业优势。

2. 提升产业链价值，推进产业集群

在产业分工细化和专业化基础上，以企业综合效益提升为目标形成休闲农业产业链，提升休闲农业产业竞争力。联合发展种养殖业、农产品加工业、餐饮住宿业、农产品流通业、手工制作业、交通运输业、会展业、文化创意产业等关联产业，将农产品培育、生产、采摘、加工、销售与农业生产和休闲服务相结合，加强涉农企业与农户、同类企业及区域间的合作，实现资源共享，提升产业链价值[41]。

另外，融合主要农业产业项目，整合关联性企业和服务机构，形成休闲农业产业集群。整合环南昌的蔬菜产业，赣南脐橙、井冈蜜柚、南丰蜜橘、奉新与宜丰猕猴桃等果业，赣西北、赣东北、赣南、遂川等茶叶产业，广昌白莲、修水蚕桑、袁州油茶等其他经济作物产业，奉新、宜丰、铜鼓、弋阳（万年雷竹）等竹产业，南昌市苗木花卉等林业，安福火腿、泰和乌鸡、于都奶业等依托畜牧业而形成的食品产业，鄱阳湖银鱼、峡江鲥鱼、进贤军山湖河蟹等环鄱阳湖渔业，融合农业生产、旅游观光、体验娱乐、休闲度假等功能，通过资本、技术与资源联合，形成休闲农业企业集团，打造具有强劲发展动力、持续竞争优势的休闲农业产业集群。

3. 优化政策环境，完善基础设施

在充分认识休闲农业发展战略、规律、模式、管理机制基础上，制定土地、财政与税收、环境保护、投资开发、经营管理等政策法规，科学编制休闲农业发展规划，完善休闲农业标准体系。建立长效融资机制，设置休闲农业旅游专项资金，形成休闲农业景点或者园区的资金奖励机制，鼓励中小企业、民间资本以协作、参股、合作、独资、土地承包经营等多种形式参与休闲农业的投资、开发，协调农户、企业、合作社等主体间的利益关系，为江西省休闲农业发展提供政策引导。

加强交通、通信、供电、供水、污水管网、垃圾无害化处理、安全饮水工程、安全保障、卫生服务等基础设施规划与建设，重点改善休闲农业内部交通条件，建设联系城乡的铁路、公交、自驾车、绿道等交通网络。完善休闲农业开发地区的住宿、餐饮、娱乐、绿化等服务设施，加强绿色公厕、生态停车场、标识导向系统、游客中心等配套设施的现代化建设，强化商务会议、会展娱乐、宴会餐饮等多功能服务设施建设。

4. 培养休闲农业人才，提升服务品质

制订江西省现代青年农场主计划和农村实用人才培养计划，实施农村劳动力素质培训工程，鼓励校企合作，加大对各级从业人员的政策法规、职业道德、人文素养、服务意识、生产安全和环境卫生等知识的培训，强化人性服务意识与人文理念。通过交流、引进、招聘等形式，招纳优秀专业人才，实现从业人员在数量、质量、层次、结构上的优化配置与全面提升。

第五节　转变路径总结：江西休闲度假旅游目的地建设途径

国民假日天数增加和带薪休假制度的逐步落实，使假日结构不断优化和国民休假方式进入常态化轨道，促进了休闲经济的兴旺和休闲度假旅游的发展。由观光旅游向观光休闲度假旅游融合转变，成为必然趋势。在这种背景下，区位交通

优越、生态环境优胜、空气质量优良、山水风光优美、旅游资源优质、政策措施优厚的江西，具备实现从观光向休闲旅游度假旅游转变，打造山地、湖泊、温泉、城镇、乡村等系列休闲度假旅游区，建设观光休闲度假旅游重要目的地的优势条件。正确认识江西发展休闲度假旅游的综合条件，抓住江西由观光向休闲度假旅游转变的关键点，找到江西休闲度假旅游建设的主要路径，构建江西休闲度假旅游重要目的地体系，促进江西由观光向休闲度假旅游转型，就成为旅游强省建设的一个重要课题。

一、江西发展休闲度假旅游的综合条件评价

对于休闲度假主体来说，如果出游是因为有了闲时与闲钱，那么进行休闲度假则是因为具备了闲时、闲钱、闲情三个条件。对于休闲度假客体（即休闲度假旅游目的地）来说，它得依仗空气质量和生态环境、依托基础设施和接待条件、依赖山水风光和人文风情、依偎扶持政策和支持措施、依靠休闲氛围与服务质量。就我国整体经济发展态势来说，旅游市场趋旺，但旅游者凭什么来江西？江西凭什么吸引他们来休闲度假？主要还是江西具备开展休闲度假旅游的优势条件：一是区位条件优越，交通体系通达。江西承东启西、连接南北的区位优势和因高铁、高速、航空发展而形成的便捷交通网络，以及连通沿海与西部、首都的"半日型"经济圈，是江西"近水楼台"的首要优势，无须赘述。二是生态环境优胜，空气质量优良，山水风光秀美，旅游资源优质，是江西"得天独厚"的重要优势。江西63.5%的森林覆盖率，在全国名列前茅；其常年空气质量保持在优质水平，这在全国并不多见，现任中共中央政治局委员孟建柱在2001年来江西工作时就说"这里的空气都是甜的"。江西拥有14处主要以山水风光为依托建设的国家级风景名胜区和3处（4点）同样以山水风光为主要特征的世界遗产。正如联合国教育、科学及文化组织对三清山做出的"太平洋西岸最美的花岗岩峰林地貌"的评价一样，江西有绝美的自然山水风光。江西旅游资源不但种类全、数量多，而且品位高、组合好，拥有国家旅游资源标准分类的8大类155种中的153种，拥有3处（4点）世界遗产，3个世界地质公园，1处国际重要湿地，14个国家级风景名胜区，6个5A级景区，45个国家级森林公园，12个国家级自然保护区，3个国家级历史文化名城等一大批世界级、国家级品牌旅游资源。全省佳山丽水与名胜古迹交相辉映，历史文化与绿色生态浑然一体，优美田园与传统乡村和谐如画，自然山水与民俗风情相映成趣，是一块自然天成与人文造化完美结合的休闲旅游度假胜地。三是政策措施优厚，支持与扶助体系完备，这是江西"后发制人"的主要优势。《关于推进旅游强省建设的意见》和2014年2月召开的全省旅游发展大会，已制定了优厚的旅游业发展政策，实施了强有力的支持与扶助举措，是促进江西休闲度假旅游后来居上的积极因素。

二、江西休闲度假旅游建设的主要路径

建设休闲度假旅游，实质是为游客营造一种休闲生活方式，是硬条件+软实力的综合工程，即由环境、设施、项目、服务、延伸性、度假人群等多因素构成的休闲度假体系。江西建设休闲度假旅游，主要路径是实施主题塑造、环境营造、产品再造、服务打造、整合创造"五步走"的战略性步骤。

第一步，主题塑造。从资源、市场、借势等方面综合分析，提炼出符合自然与文化禀赋的主题，这是度假旅游建设和休闲生活设计的灵魂。度假主题要鲜明，主题类型可以是湖泊休闲型、山岳避暑型、森林养生型、城市综合型、滨水游憩型、温泉康体型、山地运动型等，在市场上要有突出的特色辨认度，形成品牌效应。围绕青山绿水的特色主题，将"江西，青山绿水中的度假胜地"作为江西休闲度假的主题，深入对地脉、文脉、人脉的挖掘。这一方面概括了江西的自然特征，即江西地形地势是三面环山、一面临水，形成一个相对独立的自然地理空间，是一块亲近山水的世外桃源，另一方面反映了江西亲山近水的区域环境，热情好客的民风民情，反映了江西深厚的历史文化、红色文化、山水文化、陶瓷文化、宗教文化、书院文化、名人文化、民俗文化等文化底蕴。

第二步，环境营造。度假生活，讲究细节，其主题需要环境来承载，所以，由建筑、地形、水系、植物、构筑物、创意景观等共同构成的度假生活环境，必须实现主题化、场景化、体验化、细致化、精品化，让一土一石、一草一木都释放出本土气息、和谐氛围、优美气质。营造低密度、低碳化、人性化、舒适度高的度假环境，让人们能够放下紧张、疲惫、焦虑、烦躁等不良情绪，在宁静和放松中率性自然和怡然自得，实现人与自然的和谐。国外的旅游度假区被称为"第二家居"，具有社交功能，度假者一般以家庭为单位，扶老携幼，停留时间长。要努力营造良好的安全和人文环境，业者、居民和游客都是这个临时社区的一分子，所以业者的热情度、居民的好客度、游人的友好度，都属于环境与氛围建设的内容，也是度假区建设的重要一环。

第三步，产品再造。依托资源与观光产品打造休闲度假旅游区，产品的转型与再造是核心。江西休闲度假产品不足，是旅游区开发与建设、利用与管理层次偏低的问题。休闲度假产品的价值取向是满足游客丰富多彩的休闲、娱乐、运动、保健等方面的需要。因此，要依托资源与产品、项目与活动，将山水与游览、文化与修学、生态与养生、环境与休闲、场所与娱乐、运动与康体、活动与体验有机结合。基于度假主题，细分客源市场，根据市场对度假产品与休闲方式的需求，设计富有创意、符合实际需要的各类产品，或独处或交流，或休养或运动，或艺术或田园，让游客在这里享受生活。所以，既要考虑部分高收入者的特殊需要，如高尔夫、游艇、飞行等，更要考虑大众休闲、健身、娱乐的要求，特别不可忽

略家庭度假对儿童项目的需要。切忌度假区只有山水景观，既无项目可参与，又无活动可玩乐等功能虚化、异化问题。2013年浙江度假区的投资额达265亿元，建设项目165个，主要集中在水上运动、房车营地、休闲养生、文化娱乐、精品酒店等方面，这些项目依据市场消费偏好，强调产品的差异化、个性化、时尚化、人文化，建成投产后极大地改变了浙江旅游的大格局。

第四步，服务打造。度假旅游的一切内容都是靠人的服务提供的。一项调查显示，认为服务意识和质量非常重要和重要的人，占受访者的91.9%。各类项目都应有相应的服务标准和操作规程，但度假旅游的服务在人性化和个性化方面要求更高。让游客产生来了就不愿意离开的感觉，是高质量服务的目标。休闲度假区项目众多，业态丰富，服务无处不在。为此，要努力形成具赣都风格的旅游服务方式，即要创新地域特色服务模式。依托江西丰富的民俗文化和风情生活，挖掘一批具有地域特色、传统特征、人文特点的生活方式和待人接物方式，将其融入旅游产品的开发，旅游服务、经营、管理过程中，形成个性化、参与性、体验型、具有尊重感的经营服务模式。例如，挖掘江西代代传承的山乡、湖区、客家、畲寨、苏区等民情风俗、人文生活资源，打造具江西风情、江西风格、江西风尚的旅游服务方式，如鄱湖渔家游客服务方式、赣南客家旅游服务方式、山里人家游客服务方式、江西畲家旅游服务方式、原中央苏区红军生活服务方式等。这些具差异化的旅游服务方式，不但能增加游客的新奇感、尊重感，而且由于其本身的差异性和赋存的人文内涵而具有吸引游客的功能，这其实也是一种有特色的旅游产品。该项工作是个系统工程，要认真调查研究，在语言、着装、举止、待人接物、行为方式、服务内容、整体环境等方面进行系统设计，形成服务规范。

第五步，整合创造。增强旅游联动和带动效应，是休闲度假旅游建设与发展的重要目的。着力引导文化发展、科技应用和城乡建设，围绕休闲度假旅游需求加快转型，实现旅游产品多样化、旅游经营国际化、旅游产业集群化、旅游区域一体化、旅游质量标准化、旅游服务个性化，是建设更加安全、健康、便利、舒适的旅游环境与目的地的重要内容。为此，要整合资源、产品、服务、品牌等，建设休闲旅游服务业功能集聚区。现代人不仅满足于到景区实现"到此一游"，而且愿意到具旅游休闲功能的服务业聚集区一逛，所以国内许多城市和重要景区都加强了服务业功能集聚区的建设，取得很多成功的经验。江西必须统筹规划，科学布局，形成若干特色明显、支撑功能强、带动作用大的休闲度假服务业集聚功能区。根据资源特色、区位优势、文化因子，积极探索打造山地休闲度假疗养功能区、湖泊休闲度假旅游目的地、红色文化创意产业功能区、休闲农业体验功能区、山城会展培训功能区、城市核心休闲商务功能区等，实现产品整合与产业聚集发展。

三、如何构建江西休闲度假旅游目的地体系

首先，确立度假主题，建设类型多样的度假目的地体系。一是建设城镇休闲度假目的地，在城镇化建设中做好与旅游的融合，形成一批"看得见山，望得见水，记得住乡愁"的特色旅游城镇，构建以城镇为重要载体的休闲度假产品体系；二是建设以婺源为标志的"中国最美乡村"，以流坑、渼陂等为典型的"赣鄱风情乡村"，以靖安、奉新、宜丰等为代表的"都市花园乡村"等乡村体验度假目的地；三是建设庐山、井冈山、三清山、武功山、明月山、阳岭、三百山等山岳避暑度假目的地；四是建设"星（星子）月（明月山）同辉"、樟树"古海"、会昌"浮生"等温泉养生度假目的地；五是建设庐山西海、仙女湖、军山湖、醉仙湖、陡水湖、万安湖等湖泊游憩度假目的地。

其次，改善环境条件，建设设施完善的公共服务体系。生态环境、基础条件、公共服务设施，是支撑休闲度假旅游发展的有力保证。一是建设好"到处莺歌燕舞，更有潺潺流水"的"花园江西"。继续发挥江西自然生态优良的优势，建设好人居环境，维护好"花园江西"品牌，做好"美丽江西"建设工作。二是构建快速、便捷的旅游交通网络。推动通往主要休闲旅游区、旅游集散地、乡村旅游地的公路建设，形成快速、便捷的休闲度假旅游交通网络。三是构建满足多样化需求的旅游接待设施。在推动实现全省各县市均有 4 星级、5 星级酒店的同时，要适应大众休闲的需要，积极引导发展品牌连锁酒店和度假型、观光型、会议型、农居型、保健型等各种不同特色的主题酒店；加强对社会餐馆和家庭旅馆的指导与监管工作；为适应自助游的发展，加快自驾车营地、汽车旅馆、露营营地的建设。四是构建务实、高效的旅游目的地公共服务体系。完善和优化旅游咨询服务、信息化、标准化、厕所、标志牌、紧急救援等公共服务体系建设，加强涉旅部门联动、区域协调合作、旅游安全监管，进一步提升全社会旅游服务意识和能力。

再次，促进城乡互动，建设城乡一体化的多元旅游业态。培育多元旅游业态，以浓郁文化、优雅环境、精致设施、深度体验、悠闲享受、品质服务为建设目标，积极推动城市、乡村、景区休闲项目建设，加快打造一批度假城市、度假景区、休闲社区、休闲农庄、度假酒店群等，逐步将休闲度假产品培育成为江西旅游的主打产品。主要措施如下：①大力发展城市旅游。各城市要完善旅游功能，培育一批地域特色鲜明的文化品牌和特色文化街区，完善商务、文化、运动、养生和娱乐等休闲设施建设。②提升发展乡村旅游。打造一批有江西特色的农家乐联合体，建设一批成规模、品牌响的乡村旅游区。完善各地历史文化名镇名村、特色景观旅游名镇名村和新农村的旅游功能，建设一批示范旅游（村），促进城乡旅游互动。延长乡村旅游产业链，建立上下游产业高效衔接、农工贸商游有机结合

的乡村旅游产业体系。③培育发展水上旅游。为改变江西旅游"山高水低，山水失衡"的格局，要积极培育发展水上旅游，创建水上旅游产业园区，实现景湖连通，把鄱阳湖、庐山西海、仙女湖、陡水湖、醉仙湖、军山湖等打造成江西水域旅游重要目的地。

最后，增进多产业融合，打造功能完善的产业聚集区。从目前来看，旅游集聚区、综合体、产业园区等在我国局部地区已经表现出强劲的活力。江西要推进产业融合和区域合作，促进旅游资源由分散开发向整合利用、产业聚集发展：①推进旅游业与其他产业的融合发展。与农业融合大力发展景观农业、采摘农业和乡村旅游，还可以开发森林旅游、山地旅游、江河湖泊旅游和渔村旅游；与工矿业融合积极发展小型旅游飞机、汽车等旅游装备制造业，旅游用品和旅游工艺品、纪念品研发与制造业，矿山体验旅游与工业旅游；与其他服务业融合发展文化娱乐产业，养老养生旅游业，等等。②开展区域合作，实现旅游一体化。一是在赣东北（鹰潭、景德镇、上饶）三市开展旅游合作、构建旅游示范区的基础上，将合作机制扩展到全省，形成若干一体化发展区域。二是推进鄱阳湖生态旅游区建设，构建以南昌为中心的一小时精品旅游圈，推动昌九、昌抚旅游一体化发展。三是以建设赣州、吉安国家旅游扶贫试验区为重点，把赣南等原中央苏区尤其是井冈山、瑞金、兴国、于都、永新、遂川、青原建设成为全国领先的红色旅游目的地、红色旅游示范区，推进罗霄山脉片区旅游扶贫开发。四是推进海峡西岸经济区、长江中游城市群、泛珠三角区域旅游合作发展。五是推动赣浙闽皖国际文化生态旅游示范区建设，与周边省份联合推出跨省域精品旅游线路。③延伸旅游产业链，发挥旅游的聚集和带动效应。一是推进旅游商品制造、旅游装备、旅游饭店用品和户外旅游用品的研发、生产，延长旅游产业链。二是加快发展低空飞行旅游，引导和鼓励地方根据当地旅游资源情况，开发低空飞行旅游项目，打造精品低空飞行旅游线路。三是积极发展医疗养生旅游，充分利用江西中医中药、温泉疗养以及干细胞与再生医学等新兴生物医药技术优势，加快岐黄国医书院、樟树东方古海养生旅游度假区、龙虎山道教养生中医园、武宁国际养生度假中心、星子杏林文化养生堂、三百山温泉养生中心等基地建设。四是优化南昌、萍乡、井冈山、上饶和原中央苏区等地的红色旅游精品景区，注重将红色和绿色、古色资源有机结合，使游客在感受红色精神的同时，能够体验江西深厚的文化和优良的生态环境。围绕红色旅游，做长产业链，扩大产业面，使其成为带动革命老区经济发展的先导产业。五是深度利用陶瓷、客家、青铜、书院、赣傩、古村等特色文化和庐陵、临川等优秀地域文化，适度开发全省46项国家级非物质文化遗产，将这些文化资源建设成为江西文化休闲旅游的重要载体。

按照"行游住食购娱"六功能要素，利用江西历史文化古迹、生态自然景观等资源，重点围绕高星级酒店与经济型宾馆，休闲游憩场所与度假旅游区，文化娱乐与特色餐饮，山岳避暑度假与水上游轮休闲等多维休闲度假项目建设，由简单观光型向复合观光休闲度假型转变,打造具有赣鄱风情的休闲度假旅游目的地，是江西旅游的选择。

第六章

江西休闲度假旅游目的地体系建设

休闲度假旅游目的地体系建设，即从省、市、县（区）、景区等不同空间层次，从宏观、中观、微观三个不同角度，提出江西休闲度假旅游开发的总体布局、体系构想、重点工程以及典型目的地打造要点等战略举措，为江西休闲度假旅游发展提供决策依据。

第一节　构建"一心·两带·三片"的总体布局

一、总体布局

根据目前江西省休闲度假旅游发展现状和布局特征，综合考虑资源条件、客源市场、地理区位、产业基础等要素，提出"一心·两带·三片"的江西省休闲度假旅游总体布局战略构想。

（一）一心——做大、做强南昌大都市休闲度假旅游核心区

这是休闲度假旅游发展的核心，综合考虑经济、交通、区位等因素，选择省会南昌作为江西休闲度假旅游的重要发展核心，定位为"南昌大都市休闲度假旅游区"。一方面，充分开发南昌巨大的本地客源市场，发挥交通集散中转作用，最大限度吸引外来客源，将南昌开发成为全省休闲度假旅游的"客源中心"，为全省休闲度假旅游目的地提供客源；另一方面，充分利用省会城市的区位、政策、资金、人才优势等，将南昌打造成江西休闲度假旅游的"产业中心"，并发挥对

全省其他休闲度假旅游目的地的辐射带动作用。

（二）两带——打造大十字形纵横两条休闲度假旅游带

呈南北、东西方向分布的京九铁路、浙赣铁路及沿线的高铁和高速公路构成了江西交通的大动脉，并汇集了江西大部分设区市。基于此，依托高铁、高速公路等交通设施，打造东西、南北两条大十字形休闲度假旅游带，即浙赣铁路休闲度假旅游带、京九铁路休闲度假旅游带。浙赣铁路休闲度假旅游带，主要依托浙赣铁路、杭长高铁、沪昆高速等交通干线，以上饶、鹰潭、宜春为重要节点，辐射南昌、抚州、新余、萍乡等地区；京九铁路休闲度假旅游带，主要依托京九铁路、昌九城际高铁、昌吉赣高铁（在建）、济广高速等交通干线，以九江、吉安、赣州为主要节点，辐射南昌、宜春、新余等地区。

（三）三片——构建环鄱阳湖、赣中南、赣西三大片区

根据江西省地理区位及旅游业发展现状，构建环鄱阳湖、赣西、赣中南三大休闲度假旅游片区。环鄱阳湖片区包括南昌市、九江市、上饶市、景德镇市、鹰潭市，是江西省世界级旅游资源的集中集聚地；赣西片区包括宜春市、新余市、萍乡市，以高山草甸、富硒温泉、田园生态为特色，应充分发挥武功山、明月山、温汤、仙女湖等旅游资源的山水生态特色，塑造康体养生休闲度假品牌；赣中南片区包括抚州市、吉安市、赣州市，以红色文化、庐陵文化、才子文化、客家文化为特色，依托区内优良的自然生态环境，充分挖掘文化内涵，打造世界级文化生态休闲度假旅游目的地。

二、层次布局

（一）环鄱阳湖片区——打造世界级山水文化休闲度假旅游高地

环鄱阳湖片区包括南昌、九江、上饶、景德镇、鹰潭五个设区市，该片区为江西休闲度假旅游资源数量最丰富、等级最高的区域，是江西世界级旅游资源最集聚区域，同时其旅游产业发展水平也是全省最佳，是全省休闲度假旅游最具发展潜力的地区。该区域休闲度假旅游资源以山岳风光、湿地生态、陶瓷艺术、田园风光为特色，应充分发挥庐山、三清山（婺源）、龙虎山、景德镇、鄱阳湖等世界级旅游资源和品牌的知名度和吸引力，打造世界级山水文化休闲度假旅游目的地。从各设区市的层面分别进行布局，另外，为更好开发鄱阳湖休闲度假旅游，将鄱阳湖作为单独一个区域进行规划布局。

1. 鄱阳湖——国际性生态休闲度假湖泊

第一，发展主题：湖泊休闲度假。

第二，开发模式：游轮度假、湖岛度假、水上休闲、滨湖休闲。

第三，战略思路：依托鄱阳湖优良的生态资源和世界级的知名度，借机鄱阳湖水利枢纽工程的建设，在严格保护生态环境的前提下，采取陆路和水路全方位开发方式，充分对接长江、赣江水上线路，高标准、高起点、高品位综合开发鄱阳湖休闲度假旅游产品，将其开发成国际性生态休闲度假湖泊。

第四，产品内容。

（1）滨湖休闲度假产品。依托优美湖泊景观和优良生态环境，结合湿地候鸟、湖泊养生、水上运动、水乡风情、渔家风俗等，分别开发湿地生态度假、高端养生度假、大众水上休闲、特色水乡度假、渔家风情休闲等休闲度假项目。

（2）游轮休闲度假产品。借机鄱阳湖水利枢纽工程的建设，开发鄱阳湖游轮休闲度假产品，选择南昌作为鄱阳湖游轮的主码头，在湖口、吴城、鄱阳、星子等地建设分码头，同时对接长江游轮线路。

（3）湖岛休闲度假产品。选择鄱阳湖上的岛屿或半岛，结合温泉、湿地、候鸟、乡村等旅游资源，高起点、高标准开发各具特色的湖岛休闲度假旅游产品。

2. 南昌市——大都市休闲度假旅游区

第一，发展主题：城乡休闲度假。

第二，开发模式：都市文化休闲、城郊乡野度假、山水生态度假、温泉养生度假。

第三，战略思路：依托南昌巨大的本地居民市场和流动客源市场，以其丰富的城乡休闲度假资源为基础，采用"无景点休闲度假""城市建设与旅游开发相结合"等全新理念和模式，充分融入本地文化要素，将南昌打造成集文化休闲、乡野度假、山水休闲、温泉养生等于一体，综合型，江西首选的城乡休闲度假目的地。

第四，产品内容。

（1）都市文化休闲。依托滕王阁、天香园、八一起义纪念馆、青云谱等南昌市区内的文化和自然资源，采用无景点旅游开发理念，取消人为的景区界线，进一步将景区范围扩展，将城市建设与休闲度假旅游开发有机融合，达到城景结合、处处是景的目的，最终实现城市休闲、度假与日常生活一体化。

（2）城郊乡野度假。依托安义古村群、南昌县凤凰沟景区、南矶山国家自然保护区、赣抚平原灌区等城郊乡村资源，充分挖掘和应用乡村资源要素，高标准建设高端休闲度假农庄、古村特色休闲、田园野奢度假等一批城郊乡野休闲度假项目。

（3）山水生态度假。依托梅岭、圣水堂国家森林公园、新建县梦山水库、新建县溪霞水库等山水生态资源，注重生态环境的保护和营造，开发山地避暑、山城度假、水乡休闲等山水生态度假产品，包括将梅岭打造成国家级度假区。

（4）温泉养生度假。依托万达文化旅游城等项目，结合市民新的休闲度假模式与方式，融入主题酒店、文化休闲、运动休闲等现代和时尚的休闲度假方式，注重整合规划、品质开发、文化融入，在南昌市区内打造高端温泉养生度假片区。

3. 九江市——世界级文化山水休闲度假地

第一，发展主题：文化山水休闲度假。

第二，开发模式：文化景观休闲、山水生态度假、温泉养生度假。

第三，战略思路：九江休闲度假旅游资源丰富，且等级品质高，拥有世界文化景观——庐山和五级资源——庐山西海、庐山温泉，是全省拥有五级资源最多的设区市，具有良好的旅游产业发展基础，应重点依托庐山、西海、庐山温泉三大资源，充分对接长江、鄱阳湖线路，做好由传统观光旅游向休闲度假旅游转型升级，将九江建成世界级的山水休闲度假目的地。

第四，产品内容。

（1）文化景观休闲。一方面，以世界文化景观——庐山牯岭镇为核心，深入开发山城休闲、避暑度假等产品；另一方面，以世界文化景观庐山的组成部分——石钟山为核心，对其所在地——双钟镇老城区进行联合开发，拓展石钟山旅游区范围，将其打造成独具特色的文化休闲小镇。

（2）山水生态度假。以云居山-柘林湖以及庐山山南、马祖山、鄱阳湖口、三叠泉、天花井、九岭山、彭泽等一批国家森林公园为依托，开发和建设山水生态度假产品，重点开发西海度假区、环庐山休闲度假带两大产品，并将西海打造成国家级度假区乃至世界级休闲度假湖泊。

（3）温泉养生度假。九江市境内温泉旅游资源丰富，应以星子庐山温泉、西海温泉、武宁上汤温泉为核心，开发温泉酒店、温泉会所、温泉民宿、温泉社区、温泉休闲公园等各具特色的温泉养生度假产品，将星子温泉镇打造成世界级温泉养生小镇。

4. 上饶市——世界级山岳乡村型休闲度假地

第一，发展主题：山乡休闲度假。

第二，开发模式：乡村休闲度假区、山岳观光度假区、森林养生度假区。

第三，战略思路：上饶市旅游资源丰富、品质高、组合度好，拥有两处世界自然遗产、四处国家重点风景名胜区和众多国家级休闲度假旅游资源，山岳和乡村景观尤为突出，且拥有较好的产业发展基础，应重点依托三清山、婺源、龟峰三大资源，积极融入长三角区域，做好由山岳观光、乡村观光向山岳度假、乡村休闲的转型升级，将其建成长三角地区乃至我国中东部地区休闲度假的首选目的地。

第四，产品内容。

（1）山岳观光度假区。依托三清山、龟峰、灵山、大茅山、铜钹山、大鄣山等山岳资源，开发建设"休闲度假小镇式"的山岳型观光休闲度假区，结合三清山温泉、龟峰温泉、德兴大茅山温泉以及区内湖泊等资源分别重点建设三清山度假区、龟峰度假区、大茅山度假区，其中，将三清山度假区打造成世界级的峰林景观观光度假区，将龟峰度假区、大茅山度假区打造成国家级度假区。

（2）乡村休闲度假区。以婺源的乡村旅游资源为核心，重点依托江湾、篁岭、李坑、汪口、埋坑、延村、虹关、思溪、彩虹桥等古村，整合沿线的田园、山地、河流、湖泊、乡村等资源，将上述重点古村所涉及区域作为整体，采用"无景点"模式、乡村旅游"驻村"模式、乡村漫游休闲等理念，融合现代时尚休闲方式，进行整体开发，将其打造成我国乡村旅游休闲度假区的典范。

（3）森林养生度假区。依托鹅湖山、铜钹山、云碧峰、五府山、岑山、怀玉山、莲花山等国家级森林资源以及武夷山国家级自然保护区，结合鹅湖书院、横峰葛源镇、铅山河口镇、铅山石塘镇等文化和古镇资源以及区内湖泊资源，充分利用森林、水体对人体养生和保健的功能，通过森林浴、森林氧吧、水疗等方式，开发森林养生度假项目。

5. 景德镇——世界瓷都文化生态休闲度假地

第一，发展主题：瓷都文化休闲度假。

第二，开发模式：文化艺术社区、陶瓷休闲古镇、文化生态度假。

第三，战略思路：景德镇保留有众多陶瓷文化遗产，应以陶瓷文化为主线，一方面，依托市区内的陶瓷文化遗产和景点，将城市建设与陶瓷文化休闲融为一体，融合现代休闲方式，开发和建设各具特色的陶瓷文化艺术社区，将景德镇打造成名副其实的"世界瓷都"；另一方面，依托郊外的陶瓷文化遗产和景点，结合古村、古镇、山水等资源，开发建设陶瓷休闲古镇和陶瓷文化生态度假区。

第四，产品内容。

（1）文化艺术社区。依托景德镇古窑民俗博览区、祥吉弄民宅、中国瓷园、湖田古瓷窑址等市区内的陶瓷文化遗产和景点，将城市建设与陶瓷文化休闲融为一体，将城市整体作为陶瓷文化休闲度假社区，深入挖掘陶瓷文化与陶瓷艺术等要素，将其融入建筑、街道、园林、室内装饰等城市景观中，结合现代休闲方式，将景德镇打造成休闲度假式的世界瓷都。

（2）陶瓷休闲古镇。以浮梁瑶里古镇为核心，以古镇建筑景观和山水景观为基础，融入陶瓷文化和陶瓷艺术要素，结合餐饮、住宿、娱乐等现代休闲方式，将其打造成古典的、时尚的、生态的、风情的陶瓷休闲古镇。

（3）文化生态度假。首先，以高岭-瑶里的自然生态环境为基础，融合陶瓷文化，开发建设陶瓷文化生态度假区，重点建设汪湖文化生态度假区；其次，以浮梁古县衙、浮梁严台村、浮梁沧溪村为依托，开发古村古镇休闲产品，重点打造浮梁古县衙文化休闲区；第三，以景德镇国家森林公园、玉田湖、月亮湖、景德镇得雨生态园、乐平市翠平湖为依托，开发建设山水生态度假区。

6. 鹰潭市——道教文化山水养生度假目的地

第一，发展主题：道教山水养生度假。

第二，开发模式：丹山碧水养生度假区、道教文化休闲小镇。

第三，战略思路：鹰潭道教文化渊源深厚，丹山碧水景观闻名中外，一方面，应紧抓道教养生、山水度假两条主线，结合温泉地热资源，在龙虎山开发和建设综合性的丹山碧水养生度假区；另一方面，应以上清古镇为依托，以道教文化为主线，将其开发成道教文化休闲小镇。

第四，产品内容。

（1）丹山碧水养生度假区。龙虎山丹山碧水景观和道教文化养生闻名中外，应以优美的丹山碧水景观为基础，采用度假酒店、产权酒店、商务会所等模式，在龙虎山高标准开发和建设集山水度假、道教养生、温泉疗养等于一体的世界级综合型山水文化养生度假区。

（2）道教文化休闲小镇。在对上清古镇保护修缮的前提下，以天师府及道教文化为核心，依托上清国家森林公园等自然生态环境，将上清古镇打造成我国道教文化休闲第一镇。

（二）赣西片区——塑造康体养生休闲度假品牌

1. 宜春市——富硒康体养生地

第一，发展主题：富硒养生休闲度假。

第二，开发模式：富硒温泉养生、山水生态度假、乡村民宿休闲。

第三，战略思路：宜春市休闲度假旅游资源十分丰富，自然生态环境优良，尤其是其富硒温泉和富硒土壤十分突出，应以富硒养生为主线，依托温泉、山水、乡村三大资源，以全新的理念和模式，将宜春市打造成全国著名的富硒养生休闲度假目的地。

第四，产品内容。

（1）富硒温泉养生。依托靖安金锣湾温泉、靖安江钨温泉、奉新九仙汤温泉、樟树药都盐温泉、丰城仙姑岭温泉、宜春温汤温泉、宜春洪江温泉、宜春梅花温泉、万载鲁塘温泉、铜鼓温泉镇温泉、铜鼓汤里温泉等温泉资源，打造各具特色的温泉养生休闲度假产品，重点打造明月山富硒养生温泉、樟树药都盐温泉、宜春洪江禅修温泉、奉新九仙汤温泉民宿、铜鼓客家温泉社区，另外，将明月山温汤镇建成世界级温泉小镇。

（2）山水生态度假。宜春地区自然生态环境优良，应依托明月山、三爪仑、官山、天柱峰、阁皂山、高安上游湖、宜春市飞剑潭、铜鼓县九龙湖、宜丰县渊明湖等山水生态资源，结合文化和温泉资源，开发山水生态度假产品，对明月山、三爪仑、官山等突出自然生态特色，对阁皂山突出道教养生特色。

（3）乡村民宿休闲。充分发挥靖安、奉新、高安、丰城等县市的突出区位优势，依托其优良的乡村生态环境，结合温泉、生态农业、古村景观等资源，大力开发乡村民宿休闲产业，重点打造靖安、奉新乡村民宿休闲度假片区。

2. 萍乡市——户外文化休闲度假目的地

第一，发展主题：户外休闲度假。

第二，开发模式：户外运动休闲、红色休闲小镇、温泉社区度假。

第三，战略思路：萍乡休闲度假旅游资源与周边地区具有一定的同质性，应注重特色产品和主题开发，以"户外"概念为主线，将其贯穿于武功山、红色、温泉三大资源的开发中，将萍乡打造成户外文化休闲度假目的地。

第四，产品内容。

（1）户外运动休闲。依托武功山良好的户外运动休闲产品基础，进一步深入开发户外运动休闲产品，进一步拓展户外运动休闲项目，超出目前的帐篷宿营这一范畴，努力开拓野外攀岩、悬崖速降、蹦极、野外定向、滑翔机、滑翔伞、飞行翼等户外运动项目，在武功山地区打造全国性的户外运动休闲中心。

（2）红色休闲小镇。以安源镇为中心，依托区内众多的红色文化景点和遍布周边的森林公园，将红色旅游由"室内观光"转向"户外休闲"，将红色文化贯穿于城镇建设、休闲项目、景观设计中，将安源镇作为整体进行规划，最终建成全国独具特色的红色休闲小镇。

（3）温泉社区度假。将"户外"概念引入温泉开发中，即以"温泉社区生活"的开发模式，对武功山的万龙山温泉进行规划和开发，对温泉所在地进行统一的社区式规划，除了温泉小镇必备的基础设施和旅游设施，同时规划和设计温泉休闲公园、温泉文化街道等户外公共场所，将万龙山打造成户外的、社区式的温泉休闲度假目的地。

3. 新余市——山水休闲度假目的地

第一，发展主题：山水休闲度假。

第二，开发模式：湿地休闲、市郊湖泊度假。

第三，战略思路：新余市所辖地域范围较小，休闲度假旅游资源也较少，因此必须以仙女湖和都市湿地生态资源为核心，紧扣都休闲度假主题，发展湿地休闲和市郊湖泊度假两大产品。

第四，产品内容。

（1）湿地休闲。新余市市区内拥有大量湿地生态资源，同时拥有大量商务客流，鉴于此，应结合休闲活动，针对本地居民和外来游客重点开发湿地休闲产品。

（2）市郊湖泊度假。仙女湖是新余市最大的旅游品牌，且距离市区较近，应将仙女湖休闲度假开发与城市休闲生活结合起来，针对外地游客和本地居民市场，将仙女湖打造成一处近郊型的都市湖泊休闲度假目的地。

（三）赣中南片区——世界级文化生态休闲度假旅游目的地

1. 吉安市

第一，发展主题：庐陵文化山水休闲度假。

第二，开发模式：山水生态度假、红色文化体验、庐陵文化休闲。

第三，战略思路：吉安市不仅自然生态环境优良，而且庐陵文化底蕴深厚，一方面，应依托优良的自然生态资源，开发山水生态度假产品；另一方面，应对红色文化、庐陵文化旅游产品进行转型和提升，注重文化的体验和休闲，开发红色文化体验和庐陵文化休闲产品。

第四，产品内容。

（1）山水生态度假。依托井冈山、泰和国家森林公园、永丰国家森林公园、万安国家森林公园、三湾国家森林公园、泰和县白鹭湖、安福县武功湖、安福武功山温泉、遂川汤湖温泉、遂川热水洲温泉等山水生态资源和温泉资源，开发山水生态度假产品，重点打造井冈山、遂川温泉、安福武功山温泉三大度假目的地。

（2）红色文化体验。依托井冈山、渼陂、永新三湾等红色文化资源，结合自然生态和古村资源，开发红色文化休闲体验产品，重点实现井冈山红色旅游由观光向休闲度假的转型、升级，将渼陂古村和三湾村分别打造成红色休闲古村和红色生态度假村。

（3）庐陵文化休闲。依托渼陂古村、吉水燕坊村、陂下村、钓源村、吉水桑园村、安福塘边村、峡江湖州村、富田镇、富田村、永和镇、庐陵文化生态园景区、天祥景区、万安城墙、白鹭洲书院等一系列古村镇资源和庐陵文化景区，融入现代休闲理念和方式，打造系列休闲古村和休闲小镇。

2. 赣州市

第一，发展主题：客家山水休闲度假。

第二，开发模式：山水温泉养生度假、客家文化休闲度假、红色文化休闲体验。

第三，战略思路：赣州市休闲度假旅游资源丰富多样，尤以自然生态资源和客家文化资源突出，随着高铁以及内部公路条件的逐步改善，部分景点地理区位欠佳的问题将得到缓解，应重点开发山水温泉养生度假、客家文化休闲度假、红色文化休闲体验三大休闲度假产品，将赣州建成世界客家山水休闲度假目的地。

第四，产品内容。

（1）山水温泉养生度假。依托三百山、通天岩、通天寨、梅关、翠微峰、阳岭、五指峰、汉仙岩、丫山、齐云山、九连山等山岳资源，结合上犹平富温泉、大余河洞温泉、崇义上堡温泉、安远三百山温泉、寻乌青龙岩温泉、寻乌河角温泉、龙南九龙湾温泉、信丰安西温泉、全南南迳温泉、石城九寨温泉、石城杨坊温泉、石城琴水温泉、会昌会仙温泉、瑞金谢坊温泉、宁都湛田温泉等温泉资源，以及陡水湖、赣州市三江景区、会昌县汉仙湖等江湖资源，融入客家文化要素，开发山水温泉养生度假产品，重点打造三百山、通天寨、阳岭、五指峰、陡水湖五大山水养生度假目的地。

（2）客家文化休闲度假。依托赣州市现有的客家文化资源（包括龙南围屋、三僚村、赣县白鹭村、赣州古城墙、赣州赣县客家文化城、赣州五龙客家风情园等），结合温泉养生、乡村休闲以及现代休闲度假方式，以客家饮食文化、客家民俗风情为要素贯穿始终，开发独具特色的客家文化休闲度假产品，重点打造赣州市客家都市文化休闲目的地、龙南客家围屋休闲度假目的地、寻乌客家温泉养生度假目的地。

（3）红色文化休闲体验。以瑞金红色革命旧址群为核心，以红色文化元素为主线，将其贯穿至城市建设、景观设计、形象宣传中，同时结合瑞金谢坊温泉、客家文化等资源，将红色旅游由室内观光转向室外休闲，将瑞金市区、沙洲坝、叶坪分别打造成真正的"红色故都"、"红色小镇"和"红色古村"。

3. 抚州市

第一，发展主题：才子文化生态休闲度假。

第二，开发模式：文化科教休闲、温泉养生度假。

第三，战略思路：以临川才子文化为主线，充分利用其良好的地理区位，依托区内自然生态资源和温泉资源，重点开发文化科教休闲和温泉养生度假产品。

第四，产品内容。

（1）文化科教休闲。主要以临川才子文化为核心要素，凭借抚州在科教领域的高知名度，依托抚州市名人雕塑园景区、乐安流坑村、金溪浒湾镇、金溪竹桥村等文化资源，融合现代时尚休闲方式，开发文化科教休闲产品，重点打造临川的文化科教休闲社区。

（2）温泉养生度假。依托抚州市境内丰富的温泉资源，同时结合临川文化元素和自然生态资源，开发各具特色的温泉养生度假产品，将临川温泉镇打造成"才子温泉"主题小镇，将资溪法水温泉打造成氧吧温泉养生度假目的地，将南丰付坊温泉打造成橘文化特色温泉，将黎川华山洲温泉打造成船屋温泉特色村，将崇仁汤溪温泉打造成生态温泉特色村。

第二节 打造"城·县·景·村"休闲度假旅游目的地体系

以上提出的构建"一心·两带·三片"的总体布局，主要是根据地理区位和资源分布等特征，对江西休闲度假旅游发展进行的宏观布局和空间构想。在此基础上，根据地理区位、资源特色和产业基础等要素，从空间层次的角度，提出打造"5城、10县、20景、50村"休闲度假旅游目的地体系，即打造5个休闲度假城市、10个休闲度假全域县、20个休闲度假景区、50个休闲度假乡村，以此构成整个江西休闲度假旅游目的地体系。

一、5个休闲度假城市

根据城市规模、城市文化特征、旅游资源情况、旅游业发展水平等因素，选择南昌、景德镇、赣州、九江、宜春5个城市，将其打造成休闲度假城市。结合城市建设和旅游发展需要，将休闲度假功能上升为城市性质，以休闲文化为城市的气质与灵魂，促进城市的休闲度假功能区完善、休闲度假设施丰富、城市环境优化，从而推动城市功能的全面发展，以及旅游、文化、娱乐、体育、健身、教育、培训、社区服务及商贸零售、金融保险、电子信息等众多产业的发展。

二、10个休闲度假全域县

根据旅游资源、旅游产业、地理区位等因素，选择婺源、靖安、奉新、星子、玉山、石城、瑞金、安义、寻乌、资溪10个县，将其打造成休闲度假全域县。休闲度假全域县，要求对全县范围进行休闲度假旅游产业规划布局和建设开发，根据县域范围内各旅游资源特色，开发各种类型的休闲度假旅游产品，注重城、镇、村、景区的全域休闲度假体系的构建，尤其重视对全县范围的自然生态环境的保护和营造，最终促进旅游业由传统的观光旅游向休闲度假旅游转型升级。

三、20个休闲度假景区

综合考虑各景区旅游资源、产业发展水平、知名度、地理区位等因素，选择庐山、龙虎山、井冈山、三清山、明月山、武功山、龟峰、三百山、西海、梅岭、高岭-瑶里、仙女湖、陡水湖、三爪仑、阳岭、大鄣山、百丈山、鄱阳湖国家湿地公园、醉仙湖、通天寨20个景区，对旅游产品和设施进行全面转型升级，按照休闲度假旅游目的地要求，将其打造成江西省重要的休闲度假型景区。

四、50 个休闲度假乡村

江西省乡村旅游资源非常丰富，按照"突出重点区域、兼顾地区平衡"的原则，在全省选择 50 个具有发展休闲度假旅游条件的乡村，根据其各自的资源特性和市场需求特征，将其打造成各具特色的乡村类休闲度假旅游目的地，形成江西省乡村休闲度假旅游产品体系，最终树立江西省乡村休闲度假旅游品牌。

第三节　实施十大支撑工程

一、形象提升工程——设计休闲度假旅游主题形象

旅游形象是旅游目的地所提供的旅游活动、旅游产品、旅游服务等在人们心目中形成的总体印象，是人们对一个旅游目的地的信心、观点和印象的综合体现。旅游形象对激发人们的旅游动机具有关键性的激励作用，是旅游者选择旅游目的地的一个决定性因素，同时将影响旅游者对旅游活动主题和内容的选择。当前，围绕江西的旅游主题形象——"江西风景独好"，传递了江西山水、文化、田园、乡村美好的主题和印象，体现了休闲度假旅游的环境与生态形象。为了打造好这一品牌形象，一方面，应整合江西旅游资源优势和特色，围绕旅游品牌形象进行完善和提升，制作既能体现江西优美的自然风光，又能传递江西休闲度假旅游主题的系列旅游商品；同时，各种节庆活动和营销活动，均要冠以"江西风景独好"品牌字样，形成系列"江西风景独好·××××节庆活动""江西风景独好·××××营销活动"；另一方面，通过优化旅游人文环境，提高旅游服务质量，加强旅游公共服务和接待服务体系建设，提高江西的整体旅游服务形象，以促进江西休闲度假旅游形象的提升。

二、智慧旅游工程——搭建统一的在线旅游营销平台

当前，江西已启动了智慧旅游的建设工程，应加快推进全省范围的智慧旅游工程建设步伐。尽快建立全省统一的在线旅游营销与交易平台，以此为总的框架和平台，第一，加强酒店、景区、旅行社等旅游相关组织及政府其他部门的合作，共同推进智慧景区、旅游电子商务、旅游公共服务等具体项目的建设，实现在线咨询、在线预订、语音解说、全部服务设施 GPS（global positioning system,即全球定位系统）定位；第二，支持南昌、景德镇、赣州、九江、宜春五个休闲度假

旅游城市创建全国智慧旅游城市；第三，在主要休闲度假区建设免费高速网络、高清监控平台、电子门票E通道、电子门票系统等，并给予相关配套扶持；第四，支持主要休闲度假旅游景区旅游 APP（application，即应用程序）系统创建，实现微信订票和订酒店、全程微信语音解说、全部服务设施 GPS 定位等服务；第五，建立智慧旅游公共信息服务、公共交通服务、公共安全服务和公共环境服务"四位一体"的智慧旅游公共服务体系，提高旅游公共服务水平。

三、城市休闲工程——让城市具备休闲度假功能

从休闲度假旅游开发的角度出发，城市作为游客的集散地和本地居民的居住地，应承载本地居民和游客的休闲度假功能。从当前情况看，江西省大多数城市的休闲度假功能不足，相关休闲度假设施、产品和场所缺乏。因此，在规划开发休闲度假景区的基础上，应充分开发和建设城市的休闲度假设施与产品，让城市具备休闲度假功能，让休闲度假成为城市生活方式之一。首先，结合城市文化特色，建设文化休闲街区，如购物商业街、主题餐饮一条街、酒吧一条街、文化艺术街区、文化广场（如音乐喷泉广场、文化主题广场）等，增加度假酒店、电影院、游泳池、KTV 等休闲娱乐项目；其次，结合自然环境，建设城市生态休闲园区，如城市休闲公园、生态湿地公园、城市生态步道等；最后，应注重城市休闲度假设施的建设和管理水平，提高产品品质和服务质量。

四、道路景观休闲工程——变交通通道为景观休闲道

道路不仅承担通道连接功能，同时应具备景观休闲功能。游客对道路的需求不仅仅满足于交通功能，还要求道路具备较优美的景观、休闲度假设施等。针对全省范围内的重要交通路段，应尽快启动道路景观休闲工程建设，将交通通道建设成为景观休闲道。第一，对全省范围内的高速公路沿线景观进行完善和提升，包括增加自然植被、改造林相景观、美化乡村建筑等，针对通往重要休闲度假景区的高速公路，在景观较好区域建设休闲观景平台和休闲度假酒店（如已建设的永武高速公路西海观景平台和酒店），将部分有条件的高速公路服务区提升为集酒店住宿、休闲娱乐于一体的休闲服务区；第二，针对通往重点休闲度假景区的国道和景区公路按照绿道标准进行建设和改造，除注重道路建设与自然环境的协调及沿线景观整体提升外，还应在部分路段增设非机动车道、生态步行道等设施。

五、品牌景区提升工程——由观光旅游向休闲度假旅游转型升级

庐山、井冈山、三清山、龙虎山、西海、仙女湖等景区是江西省著名旅游景

区，是开展休闲度假旅游的重要场所，构成了江西省休闲度假旅游产品的核心内容，也是江西省休闲度假旅游发展的重要增长极。鉴于此，应重点对上述品牌景区进行产品提升，实现由观光旅游向休闲度假旅游转型升级。例如，三清山可通过扩建枫林小镇、改善基础设施、开发三清谷、引入太极养生生活方式等措施，拓展休闲度假功能；庐山在丰富夜生活、增加休闲功能等方面下功夫，进一步提升休闲度假水准；井冈山则除了继续做大、做强其红色培训功能外，还应在乡村旅游和娱乐活动等多方面继续拓展；龙虎山则应以其浓郁的道教文化为底蕴，开发以养生为主题的系列产品，拓展休闲度假功能；西海和仙女湖应以湖光山色景观为基础，通过引入安曼集团、悦榕庄、地中海俱乐部等世界顶级度假酒店集团进驻，提升休闲度假形象和品质。

六、景区文化生活工程——丰富休闲度假旅游产品内容

景区是否能从传统的观光旅游转型升级至休闲度假旅游，关键一点在于景区的文化项目是否丰富，活动是否贴近游客生活，参与性是否强，体验性是否强。景区文化生活是关系到休闲度假旅游产品是否丰富的重要内容，是延长游客旅游时间的重要法宝。发展休闲度假旅游，必须重视对景区文化生活的安排，让游客在景区不仅有看头，而且要有玩头、有乐头。因此，应加大对景区文化内涵的挖掘，将文化元素与现代生活方式结合起来，开发参与性、体验性强的文化休闲度假项目，如文艺汇演、主题餐厅、休闲购物街、酒吧餐饮、节庆会展、动漫游戏等项目，尤其重视对景区"夜生活"的设计，使游客通过参与文化休闲项目，消除身心疲劳，获得精神慰藉。

七、乡村环境整治工程——让乡村真正地美起来

乡村拥有优美的生态环境、纯朴的民俗风情、特色的饮食佳肴，是休闲度假旅游的理想开展地。但实际情况是，很多乡村虽然具有很优美的自然生态环境，但是由于缺乏科学合理的管理，乡村普遍存在脏、乱、差的问题，垃圾乱丢、乱放，卫生环境令人担忧，严重影响休闲度假旅游活动的开展。应加快乡村环境整治，首先，在每个乡镇根据其自身情况建设垃圾处理站，接收来自辖区内乡村的生活垃圾，实行大部分垃圾无害化处理；其次，在每个乡村的合适区域设置适当的垃圾堆放点，让村民养成自家垃圾统一放置在垃圾堆放处，再由专门人员每日将垃圾转移至垃圾处理站的习惯；最后，根据乡村规模设置若干环卫人员，负责乡村生活区域内垃圾的清扫，清扫范围包括道路两侧、河流湖泊、田间山头等区域。

八、县域交通网络工程——完善最后"一公里"交通体系

当前，江西省高速公路网络已趋于完善，基本上实现每个县均通高速公路；另外，根据江西省铁路交通规划，未来普通铁路及高速铁路的覆盖面也将逐步扩大。虽然大的交通网络正趋于完善，但县域内的交通网络仍然不畅通，道路等级低、路况差，景区间互通性不强，需要进一步完善和提升。一方面，建设通往重要休闲度假景区的高等级旅游公路，并连接县城和高速公路出入口等重要区域，加强建设重要度假区之间的连接公路，提高县域内主干公路的等级，完善和提升道路状况；另一方面，加强完善县域内交通服务体系，开通县城至重要度假区的旅游班车，提高旅游班车档次和旅游交通服务水平。

九、特色旅游服务工程——树立江西特色旅游服务品牌

在加强旅游标准化服务体系建设的基础上，根据各地不同文化特色，制定江西特色旅游服务标准体系，包括客家旅游服务标准、畲家旅游服务标准、农家旅游服务标准、渔家旅游服务标准、红色旅游服务标准，在相应的休闲度假地选择适当企业提供相应的特色旅游服务标准，如在井冈山提供红色旅游服务，在鄱阳湖提供渔家旅游服务。在构建特色旅游服务体系的过程中，应注意对特色文化的深入挖掘，将其运用到服务过程中，体现服务主题和特色，并做到有品位、有品质、不粗糙、不低俗，形成具有江西各地特色的旅游服务体系。

十、公共服务体系工程——提高旅游公共服务水平

依据《中国旅游公共服务"十二五"专项规划》，根据江西旅游公共服务体系的情况，结合休闲度假旅游的特征，构建以游客服务中心、游客休息站、旅游厕所、旅游公共标识系统、自驾车游营地五个类别为主的旅游公共服务体系，包括加大休闲度假景区的游客服务中心、旅游厕所、旅游商品购物中心、旅游信息服务中心、医疗卫生保障、污水垃圾处理等旅游公共服务设施的建设力度；加快主要交通节点和道路的游客服务中心、旅游厕所、标识牌等旅游公共服务设施的建设，使旅游集散中心、旅游咨询中心、旅游指示标识等辐射到休闲度假乡村连片发展的地区和重点休闲度假旅游乡村；加快重点旅游景区、重点旅游县、特色旅游村镇的供水、供电、金融、网络、通信和垃圾、污水处理等公共服务设施的建设；推进通信、景区停车场、无障碍设施、旅游厕所等旅游便民服务设施的建设。加强旅游气象监测网络建设，提升旅游景区的气象灾害防御能力；加快休闲度假城市大型旅游集散中心和旅游购物中心的建设；力求到2020年，全省规划建设30个汽车旅游营地，包括房车营地、自驾车营地、汽车旅馆等。

第七章

江西典型休闲度假旅游目的地打造

　　武宁县位于江西省西北部，是九江市辖县，地处湖南、湖北、江西三省边陲要冲，总面积为 3 506.6 平方千米。武宁县是全国生态示范县，拥有庐山西海国家风景名胜区 80% 的水域及绝大部分岛屿。近年来，随着建设"生态旅游大县"战略的确定，武宁县旅游业建成开放了 20 多个景区，武宁县城正在申报国家 4A 级旅游景区，"山水武宁"生态旅游品牌初步形成。打造中国最美县城，建设山水度假城镇，成为武宁县旅游发展的必然选择。

第一节　武宁山水度假城镇

一、基本条件分析

（一）优势分析

1. 区位优势明显

　　武宁地处武汉、南昌、九江三个大中城市的金三角区域，东临世界历史文化名山庐山，北倚国家风景名胜区九宫山，南连国家示范森林公园三爪仑，旅游区位优势明显。

2. 生态环境优良

　　武宁山奇水秀，风景优美，被香港媒体誉为"天堂中的花园"。武宁生态旅游资源得天独厚，森林覆盖率达 69.4%，江西省最大的人工淡水湖庐山西海浩瀚百里、绿岛如莲，湖水面积 46 万亩，湖中有大小岛屿 1 667 个，水质达国家 II 类标准，其中 80%的水域位于武宁境内。

3. 旅游资源丰富

武宁自然型旅游资源品味较高，"山水武宁"是对武宁旅游资源特性的凝练概括。武宁休闲度假旅游资源集山水洞石、云雾峰丛、森林湿地、现代城镇景观之精华，拥有众多的观光旅游、休闲度假资源。旅游资源东西分片集聚，环庐山西海形成一个待整合的潜力带。

4. 市场需求旺盛

武宁地处鄱阳湖生态经济区，紧邻武汉城市圈、长株潭城市群，这些区域是中部地区经济最为发达地区。国际经验表明，人均 GDP 超过 1 000 美元之后，居民消费将进入一个新阶段，消费结构升级将逐步加快。武宁主要客源地的城市中 90%的城市经济水平已经达到休闲旅游以上的需求水准，休闲度假旅游已成为这些地区居民更高层次的旅游消费。

（二）劣势分析

1. 市场规模较小

近几年来，武宁县旅游休闲度假业发展势头强劲，以"山水武宁"品牌为标志，实现了旅游发展史上的第一次创业。但从客观上分析，全县对发展旅游休闲度假的认识尚有一定差距，产业规模相对较小，且发展不平衡，资源优势未转化为产业优势和经济优势，旅游休闲度假格局尚未真正形成。在旅游经济总量上，2013 年全县共接待游客突破 100 万人次，实现旅游综合收入 10 亿元，但仅占全省的 0.53%，与省内其他旅游重点县相比，还有不小的差距。

2. 品牌知名度不高

武宁县资源体量大小适中，整体具有新、小、轻的特征。除庐山西海外，缺乏在国内外叫得响的休闲旅游精品。近年来，全县虽采取了灵活、有效的办法，打造了一批休闲度假旅游产品，但休闲度假旅游产品的个性不够鲜明，缺乏对文化内涵的挖掘，未真正体现出"山水文化"的特色和品位。同时，区域内的休闲氛围还不浓，旅游产业链短，综合消费不高。

3. 基础设施薄弱

过去全县在旅游产品开发建设中起点较低，力度不大，导致景区（点）间的通达性不强，可进入性差。全县网状旅游道路尚未形成，旅游标识系统不完善，适应自驾游、自助游等旅游方式的配套服务功能不全，资源和信息共享难度大，整体效益难以得到有效发挥。

4. 同质竞争激烈

当前，旅游产业受到各地方政府的高度重视，旅游休闲度假的发展已带来全方位竞争。武宁县"山水武宁"品牌的优势并不明显，但地理位置正好处于几个大的旅游区域之间，如宜春市打造"全国知名养生休闲度假胜地"，岳阳市创建国家级旅游度假区，咸宁市打造中国温泉之都的休闲度假游，在山水旅游休闲度假等方面与邻近的靖安县、铜鼓县、修水县等地的资源类似度很高，这将形成强大的竞争压力。

二、主题定位

结合武宁县旅游资源的特点和社会文化特征，武宁山水度假城镇的旅游主题形象定位为"山水武宁、度假天堂"。

围绕主题形象，设计以下几种宣传口号，分别为"品位山水，享受宁静"、"品山乐水，养生武宁"、"灵动秀美，悠闲乐活"和"武宁——湖光山色中的康养城镇"。旅游口号主要围绕武宁的历史文化、优越的生态条件以及休闲度假的条件来展开设计，力求从口号设计中凸显武宁休闲度假旅游城镇的特色。

三、建设要点

（一）步骤重点

1. 完善旅游产业发展规划

围绕"休闲、度假、养生、会展胜地"的主题形象，完善"一个中心、五大景区"（县城为全县旅游中心，湖区、武陵岩、九宫南山、太平山、鲁溪洞五大旅游景区）的旅游发展总体规划。完善城市建设和土地利用规划及交通、林业、水产、文化、农业和宗教等部门规划，使其与旅游发展总体规划相协调、相配套。以规划为依据，加快旅游项目的开发建设，避免重复建设和资源浪费。

2. 大力推进旅游项目建设

重大旅游项目对武宁度假旅游目的地建设有引导和支持作用，要充分发挥项目的龙头带动作用，引领旅游上档次、上品位、上台阶。大力发展养生旅游地产，提升生态旅游的经济效益与社会影响力。打造一批精品旅游景区，将国家园林县城、庐山西海湖光山色、武陵岩桃源谷天然氧吧、上汤硫氢温泉、长水田园之乐等培育成知名休闲度假旅游品牌。

3. 完善旅游基础设施建设

完善县城至各旅游景区（点）公路网，配套建设好三级以上公路，使旅游景区与主干道连接。加快旅游接待设施建设，形成以五星级饭店为骨干、四星级饭店为主体、各类社会宾馆为补充的旅游住宿设施体系。多方筹措资金，建设旅游特色饮食一条街和旅游购物一条街，建设旅游汽运站、游船码头等配套设施。进一步改善各旅游景区供电、给排水、通信、消防、环卫、公共厕所、标识牌、停车场、码头等基础设施。

（二）实现途径

第一，大力招商引资。要积极探索和创新旅游投融资的新方式和新途径，充分调动各方面的积极性和主动性，为旅游计划的实施提供稳定、可靠的资金来源。

第二，开发休闲度假旅游精品。主打特色资源，找准差异资源，整合优势资源，开发休闲主导产品和旅游精品，调整旅游产品结构，推动武宁旅游产品的更新换代和旅游品牌的提升。

第三，加强旅游市场促销。重点塑造和推广"山水武宁、度假天堂"的旅游新形象，进一步丰富和完善旅游形象系统，提高武宁的旅游形象力和市场感召力。加大旅游促销投入，集中力量对重点区域市场和重点目标市场进行促销。

第四，拓展旅游产业。整合武宁相关产业资源，拉长旅游产业链，积极捆绑与对接产业要素，推进其他产业介入休闲度假旅游业和旅游业向社会化拓展，积极推进休闲旅游开发与城市建设、社会主义新农村建设的一体化，不断优化旅游支持系统，形成多行业、多要素共同支撑旅游发展的大休闲产业格局。

第五，提升旅游服务。完善旅游服务设施，建立"旅游绿色通道"，加快旅游区（点）道路连接线建设，全面提升旅游区（点）可进入性。实施优质旅游工程，打造优质休闲旅游示范企业，推进武宁建设成优质休闲度假旅游目的地。

（三）主要旅游产品与项目

1. 主要旅游产品

形成以城镇休闲度假旅游为重点，以乡村休闲度假为补充，以城市娱乐休闲、湖滨山水度假、美食养生休闲为特色，观光休闲、文化休闲、商务休闲及其他专项休闲旅游共同发展的旅游产品格局。

（1）城市休闲度假旅游产品：以武宁县城城区为主体，通过建设主题休闲街区，开发功能多样的休闲产品，策划和举办多种休闲娱乐活动，发挥城市广场、城市公园、文化场馆和美食娱乐设施的休闲作用，打造城市休闲度假基地。

（2）湖滨山水度假旅游产品：围绕庐山西海周边城镇，在保护生态的基础上，开发湖泊（滨水）休闲度假、山地（森林）休闲等生态休闲度假产品。尤其要突出水上休闲和滨水休闲特色，开发游艇（游船）休闲、水上主题游乐、湿地生态休闲和湖滨旅游度假等产品。

（3）温泉康养休闲度假旅游产品：以上汤温泉产品为依托，将养生作为上汤小镇的主要功能，针对休闲度假旅游市场，在融合上汤乡原有生活气息的基础上建设与之相谐成趣的补充性项目，把上汤打造成集养生、健体、疗养、膳食、文化于一身的乐活小镇。

（4）山岳运动休闲度假旅游产品：以九宫山片区城镇为基础，依托其丰富的山地旅游资源，开展攀岩、速降、滑草、定向越野、山地自行车等休闲娱乐活动；积极发展冒险拓展类休闲度假，包括户外探险、拓展训练、极限运动等类别，如蹦极、滑板、攀岩、探洞、汽车越野、自行车越野等。

2. 主要旅游项目

武宁县休闲度假旅游目的地开发以项目为抓手，着力推进旅游基础项目和重大旅游项目建设。具体项目情况见表7-1。

表 7-1　武宁县主要旅游建设项目类型与名称

项目类型	项目名称
旅游服务设施项目	艺邦·半岛五星级酒店、美吉特·庐山西海岛五星级酒店、宋溪游客集散中心、鲁溪地中海酒店、九宫山南山宾馆、环湖旅游码头、水上游泳池、游船公交、大千游艇制造等
重大旅游项目	中信·庐山西海度假区、盛元·庐山西海国际养生度假区、泰国风情度假区、华夏国际旅游度假区等

四、支持要素

（一）健全组织领导机构

成立县旅游发展推进工作组，负责全县旅游的组织领导、招商引资、项目初审、规划监管、重点项目调度、责任单位协调以及检查、督促、考核等重大事项的落实。工作组定期召开会议，及时研究、协调、解决旅游发展中遇到的重大问题。

（二）加大旅游投入力度

按照"政府主导开发建设、市场模式经营管理"的思路，逐步加大政府导向性投入。建立多元投入体系，县财政设立"旅游业发展专项资金"，主要用于旅游规划开发建设经费、招商经费、旅游宣传促销经费、旅游专业人才培训经费等支出；整合移民、林业、交通、水利防洪等资金，在项目安排上向旅游项目倾斜，实行资金捆绑，不断加大旅游产业投入力度。

（三）建立旅游融投资平台

按"政府主导、市场运作、依法经营、绩效管理"的原则组建旅游产业开发有限公司，搭建政府主导的旅游产业开发投融资平台，以此吸纳更多的社会资金投资武宁县旅游开发项目。充分发挥旅游产业开发有限公司对外部资本的吸纳能力和对内部旅游经济的杠杆作用，积极主动参与旅游项目的投资、开发、建设活动。

第二节　婺源最美乡村休闲度假区

一、条件分析

（一）区位条件

婺源位于江西东北部，地处江西、浙江、安徽三省交界处，属于徽州六县之一，东邻国家历史文化名城衢州市，西毗瓷都景德镇，北枕国家级旅游胜地黄山市和古徽州首府国家历史文化名城歙县，南接江南第一仙山三清山、铜都德兴市，具有较好的地理区位、旅游区位和文化区位。在交通区位方面，景婺黄、景婺常、德昌、上德等高速公路构成了区内发达的高速公路网路，婺源距离景德镇机场、黄山机场、衢州机场、三清山机场等周边机场均为一小时左右车程，同时随着即将建成通车的京福高铁、九景衢铁路，婺源交通区位优势将日益凸显，具有发展休闲度假旅游的区位条件和优势。

（二）资源条件

婺源自古属于徽州地区，徽州文化内涵深厚，保留有大量徽州文化资源和载体，全县完好地保存着明清时代的古祠堂 113 座、古府第 28 栋、古民宅 36 幢和古桥 187 座，是当今中国古建筑保存最多、最完好的地方之一。婺源素有"书乡"、"茶乡"之称，它是全国著名的文化与生态旅游县和全国首批生态农业旅游示范区，也是世界最大的文化生态公园，被外界誉为"中国最美的乡村"。婺源优良的自然生态环境和丰富的乡村旅游资源是发展休闲度假旅游的重要基础与优势条件，但全县范围内的乡村旅游资源具有较严重的同质性问题，为在全县范围内发展乡村休闲度假带来一定挑战。

（三）市场条件

随着我国经济社会的持续发展和城镇化水平的不断提高，旅游市场将持续扩大，据统计，2009~2013 年，我国休闲农业与乡村旅游收入以年均 43% 的速度递增，2013 年全国乡村旅游接待人数超过 8 亿人次，营业收入已超过 2 400 亿元。

随着乡村旅游市场的不断深入发展，我国乡村旅游市场正处于观光旅游向休闲度假旅游转型的过程中，游客对"返璞归真"式乡村休闲度假旅游产品的需求日益强烈；另外，2013 年婺源接待旅游者人数达到 1 007.5 万人次，首次突破 1 000 万人次，具有扎实的市场发展基础。

（四）政策条件

早在 1992 年，国务院就决定在条件成熟的地方试办国家旅游度假区，出台了一系列标准和优惠政策，尤其是近年来国家非常重视对国家旅游度假区的建设和发展，其中乡村旅游度假区是重要的组成部分之一。2011 年，国家旅游局推出的国家乡村旅游度假区建设工程，将婺源定为首个国家乡村度假旅游实验区，这正适应了乡村旅游的发展趋势。2013 年颁布的《中共江西省委江西省人民政府关于推进旅游强省建设的意见》中，明确提出优先发展休闲度假旅游并将其培育成江西的主打旅游产品。综上所述，婺源发展乡村休闲度假旅游区不仅顺应了市场发展趋势，也迎来了历史最佳发展时机。

二、主题定位

乡村旅游资源是婺源主要的旅游资源，婺源休闲度假旅游的定位为"梦里乡村"休闲度假旅游，主要包括古村文化休闲、山水田园度假两大分主题。

（一）古村文化休闲

古村文化休闲，主要是以区域内古村资源为基础，对现有乡村观光旅游产品进行升级。深入挖掘徽州文化和乡村文化，彻底转变现有的"走马观花"式的观光旅游模式，对乡村旅游的食、住、行、游、购、娱等各个环节进行文化性和休闲化的全面升级，对交通、住宿、餐饮等游览方式进行休闲化升级，对乡村旅游活动进行生活化、风情化设计。

（二）山水田园度假

山水田园度假，主要是依托婺源优美的山水生态环境、徽派田园风光，通过全新时尚的开发设计理念，充分融入徽派文化元素，开发品质高、品位好、各具特色的休闲度假设施，包括庄园式、山水式、田园式、客栈式、农家式等不同类型的度假酒店，配套提供登山休闲、特色餐饮、水上运动、生态养生等产品和项目，根据不同区域资源特色，选择相适宜的主题和产品。

三、建设要点

（一）实施一大基础工程——全县范围内的卫生环境整治工程

休闲度假旅游不仅要求自然生态环境优美，而且要求整洁、卫生的人居环境。婺源自然田园环境优美，但在部分乡村和路段其卫生环境状况不尽如人意。婺源最美乡村休闲度假区，是针对全县范围进行创建的，对卫生环境要求高。应针对全县范围内的乡村进行卫生环境整治和管理。

（二）创新两种游览方式——乡村骑行和徒步

传统的大众观光旅游游览方式为车行至乡村旅游点进行"走马观花"式游览，这种方式使游客忽略了途中风景，缺乏参与性和体验性。婺源不仅拥有数量众多的古村旅游点，而且全县范围内拥有优美的自然生态环境和乡村田园风光，适合以骑行、徒步等"慢游"方式进行游览。在婺源北部和东部区域，包括江湾、思口、秋口、清华、浙源、沱川、鄣山等乡镇，一方面，规划一条自行车骑行线路，即在公路两侧规划建设自行车道，注重道路两侧田园风光的营造，配套建设自行车驿站、露营营地、农家餐馆、观景平台等设施；另一方面，规划一条徒步游览线路，主要是依托现有的山路和田间小路，注重原野的田园风光营造，配套建设服务驿站、露营营地、休憩点、观景平台等设施。

（三）建设四类度假设施

建设度假酒店、休闲客栈、汽车营地、农家旅馆四种类型的度假设施：①度假酒店，为集提供住宿、餐饮、会议、康体等于一体的综合性度假设施，档次一般在三星级以上，主要针对中、高端市场；②休闲客栈，主要是指融入了徽州文化和乡村文化元素的具有风情的特色酒店，一般仅有住宿和餐饮功能，档次通常在二星至三星级之间，主要针对青年市场；③汽车营地，包括房车基地和汽车旅馆两种形式，主要是针对自驾游市场；④农家旅馆，主要是农民利用自家房屋和田地等资源建造的休闲度假设施，提供住宿、餐饮、采摘、垂钓等项目。

四、支持要素

（一）拓宽投融资渠道

各级政府应加大投融资力度，充分发挥主导作用，积极拓宽投融资渠道。第一，加大对外的招商引资力度，积极引进有实力的客商参与婺源休闲度假区建设；第二，鼓励政策性银行和各商业银行，加大对婺源乡村休闲度假区项目的信贷投放力度；第三，鼓励本地农村居民参与休闲度假项目开发，广泛吸引本地民间资本投入，并加大资金和政策扶持力度。

（二）建立长效监管机制

对建设休闲度假区进行全面监督管理，建立长效监管机制。一方面，从项目审批、建设到经营，必须加强对旅游企业的全过程监督、管理，确保引进和开发的项目有利于休闲度假区的建设；另一方面，针对全县卫生环境整治，应联合各相关部门，建立长效监管机制，加强对全县范围的卫生环境的监督管理。

（三）加大政策扶持力度

建立一套休闲度假区建设的政策扶持体系。第一，对属于休闲度假区建设的项目，根据不同项目，实行税费减免和优惠政策；第二，争取国家、省、市资金，设立婺源乡村休闲度假区建设基金，用于扶持休闲度假区建设；第三，给予重点休闲度假项目用地指标支持，支持农村集体用地参与休闲度假旅游项目开发；第四，建立完善的休闲度假旅游项目建设奖励政策，用于项目立项、品牌创建、星级评定等。

（四）加强人才培养机制

休闲度假旅游对人才的专业技能和综合素质要求较高,应更加重视人才培养,建立完善的人才培养机制。一方面，建立相应的奖励和政策扶持体系，积极引进休闲度假旅游企业经营管理高层次人才，鼓励具有旅游专业和行业背景的公务员到基层工作；另一方面，通过建立奖励政策体系，加大对景区人员、企业人员、公务员等进行管理技能、服务技能、综合素养等方面的培训的力度。

第三节　井冈山红色体验休闲目的地

一、条件分析

（一）自然地理环境良好

井冈山市位于江西省西南部，地处湖南省、江西省两省交界的罗霄山脉中段，地势险要，山高水深，丛林密布，地形复杂，以山地和丘陵为主，最高峰达到 1 841

米。区域属于亚热带季风气候,四季分明,年平均气温为14.2摄氏度,一年中最热的七月平均气温为23.9摄氏度,最冷的一月平均气温为3.2摄氏度,温度适宜,有着"春迟秋早、夏短冬长"、"同山不同季节,十里温差大"的季节特征和气候特征。区域动植物资源丰富,拥有全球同纬度地区保存最完整的次原始森林7 000公顷,森林覆盖率达到86%以上,生物种类多样,水量充沛,空气清新,每立方厘米空气中含负氧离子数超过80 000个,人称"天然氧吧",2014年在凤凰网评选出的全国空气质量前十城市中,井冈山位列第二名,是理想的旅游避暑休闲疗养胜地和宜居城市。

(二)社会经济持续发展

井冈山因其革命地位而享誉全国,并先后荣获国家5A级旅游景区、全国园林绿化先进城市、全国文明风景旅游区、国家卫生城、全国造林绿化百佳县(市)等20多项国家级荣誉称号,经济社会发展呈现稳步发展态势。总面积达到1 308.6平方千米,总人口达到16.4万人,下辖6个镇和12个乡。井冈山市经济持续增长,2007~2013年,地区生产总值从17.19亿元增加到49.28亿元,年均增长率达到23.45%,财政收入从2007年的1.86亿元增加到6.52亿元,年均增长率达到28.5%,城镇化率从2007年的31.8%增加到59.6%。2013年城镇居民可支配收入为22 029.47元,农村可支配收入为6 650.7元,居民消费水平得到极大提高。

井冈山险要的地形同时也是限制区域发展的瓶颈因素,政府积极突破交通瓶颈,通过加快龙厦旅游公路修复工程、全国第一条直通风景名胜区的高速公路——泰井高速公路等交通工程建设,开通了井冈山机场至北京、上海、广州等多个城市的航班以及始发列车,形成了由高速、铁路、机场和国道组成的快速立体交通网络,区域可达性得到较大提高,为休闲度假旅游开发提供了便利。

(三)旅游资源丰富多样

井冈山素有"革命摇篮""绿色宝库"的美誉,不仅拥有云海、高山、飞瀑、溶洞、怪石、丛林、杜鹃等自然景观,集雄、奇、险、峻、幽、秀特色于一体,而且富有丰富多彩的人文景观,包括红色文化(革命遗址遗迹、博物馆、纪念馆、名人旧居、历史文物、历史事件)、客家民俗(客家传庚书、选闺女、对女婿、行定、送日子和嫁娶的六礼婚俗,客家饮食)、特色民居建筑(青瓦白墙、飞檐斗拱)等人文景观,已经开发了茨坪、黄洋界、龙潭、主峰、笔架山、茅坪、龙市、桐木岭、鹅岭、仙口、湘州11个景区,76处景点和460多个景物景观,为休闲度假旅游的开发奠定了良好的资源基础。

（四）休闲度假旅游逐步兴起

井冈山旅游业发展呈现良好势头，特别是红色旅游开发为区域带来大量客源。2007~2013年，游客接待量从2007年的306.1万人次上升到898.68万人次，旅游总收入从2007年的19.52亿元增加到68.05亿元，年均增长率分别为28.37%、24.03%，开发了陈列式观光展览旅游产品、表演展示型民俗旅游产品和体验型娱乐旅游产品，并特别推出了全国唯一一台演绎红色革命的实景演出剧《井冈山》、红色音乐电影《井冈恋歌》、"六个一"红色培训拓展项目、生态漂流、客家风情旅游、农家乐等多种新型产品，举办了第十一届中国杜鹃花展暨2013第四届中国·井冈山国际杜鹃花节、纪念毛泽东同志诞辰120周年、海峡媒体井冈山峰会系列活动。井冈山积极推进申遗和旅游上市工作，启动了井冈山国家级旅游服务业标准化创建工作，大力开展"智慧井冈山"建设，并与韶山、衡山建立战略合作联盟，区域旅游合作更加紧密。成功创建首批"国家生态旅游示范区"，荣获"中国十大最具投资潜力旅游目的地"和"江西省重点景区服务质量第一名"美誉，菖蒲古村和茅坪村成功创建"江西省4A级乡村旅游点"。

（五）机遇与挑战并存

"十二五"时期是江西省旅游业转型的关键时期，也为井冈山崛起发展带来了发展机遇，井冈山红色旅游开发提出打造"国际知名度山地休闲与养生度假地"的发展目标，但是区域在旅游产品开发、空间布局和内涵深度方面存在诸多问题，如旅游产品单一，仍然以红色旅游与革命遗址观光为主；绿色休闲度假旅游产品开发深度和广度不足；客家文化休闲体验产品尚未开发；等等。井冈山景区开发不均衡，核心景区（如茨坪景区）比较拥挤，景区建筑密度和游客规模逐年增加，带来空气污染、噪声污染和固体污染，生态环境受到破坏，景区承载压力较大。相对而言，其他景区弱载现象严重，景区接待量较小，仍有较大发展空间。

景区开发以红色旅游开发为主，重视景区硬件设施建设，忽略文化软实力的打造，对革命文化、历史事件等方面的文化内涵挖掘不足，仍然是以图片展示、文物陈列等简单的展示方式为主，景区讲解缺乏亮点和感染力，食、住、行、娱等基础设施有待提高，服务水平仍需增强，管理效率有待提高，以市场为导向的创新开发不足。

二、主题定位

面对新时期旅游业转型、改革发展的新形势，井冈山应围绕"生态井冈，红色摇篮"旅游品牌，深入挖掘红色休闲文化和生态养老休闲文化。根据井冈山资源特色和产品开发现状，提出"游山戏水，修身养性，情系井冈"的主题宣传口号，形成红色体验旅游、养老休闲旅游和养心度假旅游产品，打造红色体验休闲度假旅游目的地。

三、建设要点

（一）崇尚自然，形成景区·城市·乡镇红色公益教育体系

良好的生态环境、优质的空气环境、舒适的公共环境是开展休闲度假旅游的重要条件，因而井冈山休闲度假旅游开发应将保护生态环境作为第一要务，上至政府管理者、企业经营者，下至旅游从业人员和社区居民，都应树立生态保护意识，从自我做起，并通过法律、法规、规划和标准对卫生管制、排污与治理、资源开发与保护、生态维护与监督等加以约束，形成行业整体的生态保护链条。继续推进博物馆、纪念馆、名人旧居免费开发工作，推动旅游公益化发展，形成景区·城市·乡镇红色教育体系，利用现代科学技术、影视作品展示、舞台剧表演等方式，形成红色革命角色体验、革命情境体验、革命精神体验，将红色教育从革命精神的范畴拓宽到当代生态文明教育、爱国爱家精神教育，甚至是修身养性的哲学交流，促使区域旅游业向全民化、公益化方向发展。

（二）促进产业融合，打造红色旅游产业集群

大力推动井冈山旅游产业延伸，完善旅游功能要素体系，重点促进红色旅游产业与休闲、文化、体育、农业、医疗、会议、影视、地产、商业、娱乐等关联产业融合发展，推动红色休闲度假产业专业化、集群化发展，完善旅游餐饮业、住宿业、旅游交通业、景区游览业、娱乐购物业等业态体系，拓展旅游教育培训业、游憩汽车租赁业、户外运动游憩设备制造业等新型业态，形成人才集聚、资金集聚和资源集聚，提高休闲度假旅游产业集群效益。

（三）完善基础设施，增强信息化体验

井冈山应加快铁路、航空、高速公路、公共交通和景区内交通体系建设，增加班次、链接城市和折扣优惠，提高景区的可达性，增强机场、车站、加油站等节点的娱乐、体验、购物和休闲旅游服务功能，构建高、中、低档不同层次的旅游企业服务体系，加快微信公众号、门户网站、门禁系统、电子商务系统、游客动态分析系统、短信网关、视频识别系统、Wi-Fi（wireless-fidelity，即无线保真）建设等智慧井冈山工程建设，加强星级酒店、餐馆、景区和公共场所的信息化体验并提升服务能力。

（四）集约利用资源，创新多元化产品

随着交通基础设施的便捷化和客源市场需求的多元化，井冈山打造休闲度假旅游目的地应突破行政管辖范围的影响，一方面，拓展内部资源空间，不仅要提高茨坪、龙潭、黄洋界、杜鹃山等热门景区的资源利用效率，而且应加大新市区、茅坪、龙市、湘洲、仙口等的资源开发力度，配套更为完善的旅游基础设施和服务设施，优化资源空间的冷热调配；另一方面，应加强景区与周边地区（如吉州区、永新县、遂川县、泰和县）的联系，加强政府部门、企业间的合作，建立旅游合作区，形成新的空间产业体系，为游客提供便利。

另外，要依托区域特色红色旅游资源、生态资源、农业资源和民俗文化等资源，创新开发多元化体验休闲度假旅游产品，包括红色体验休闲旅游产品、生态休闲度假旅游产品、休闲农业旅游产品、养老度假旅游产品、养心度假旅游产品。具体来说，深度开发红色休闲体验旅游产品，改变展示和陈列的传统模式，利用现代科学技术模拟再现历史事件，包括蜡像模拟场景、3D 和 4D（four-dimensional，即四维）影视体验、舞台剧场景剧演绎等，让游客亲身领会革命历史的重要意义；拓展生态休闲度假旅游项目，改变传统观光旅游模式，走进大山林、呼吸大自然、品味大井冈，注重生活方式体验、高水平服务体验、优质空气环境体验、多种户外运动体验；大力发展休闲农业旅游，充分融合当地丰富的物产资源、农业资源和客家/农家民俗文化，开展以杜鹃、茶叶、中医药、文化为主题的农家乐，体验乡土风情、品尝万里长征宴、领略特色文化、融入井冈人家；依托良好的气候、空气和森林资源，创建养老度假社区，为老年旅游者提供休闲生活环境，帮助他们恢复身心、提高体质，为他们提供颐养天年的宝地。另外，应进一步完善井冈山特色旅游工艺品、纪念品，提高商品性价比，商品均标记景区标识，以提高产品品牌知名度。

四、支持要素

（一）发挥政府引导作用，拓宽投融资渠道

政府应发挥其主导作用，制定优惠的财税支持政策，招商引资，间接开拓红色休闲度假旅游资源开发的融资渠道；加大政府资金投入，争取、设立专项旅游资金，加强旅游景区改造，完善道路、环境保护、安全消防、供水供电系统的建设。同时，应发挥社会监督力量，加强井冈山管理局与井冈山旅游发展总公司、井冈山旅游发展股份有限公司等企业的合作，从社会融集大笔资金。总之，要在各级政府部门、各类企业银行、各类民间组织的参与和支持下，拓宽融资渠道，加强红色休闲度假旅游目的地的开发和建设。

（二）大力加强宣传推广，拓展旅游市场

继续做好旅游形象宣传。以"游山戏水，修身养性，情系井冈"为宣传、促销口号，做好旅游宣传片制作、推广工作，利用媒体营销、微博和微信营销、立体化网络营销等手段提升知名度；积极参与全省的宣传、交流、展览活动和旅交会，邀请长三角、珠三角、闽东南地区内的重要城市，为井冈山的红色休闲度假旅游进行全面、覆盖式的宣传推介；同时，重点利用北京、上海、广州、深圳、杭州、南京、福州、长沙、武汉、南昌这十大城市所具有的强大客源潜力和对外辐射功能，创建十大客源市场平台，实现区域性拉动，并加强在中国香港、中国澳门、中国台湾、韩国、日本、新加坡、美国等地的宣传工作，从而进一步提升井冈山红色休闲度假旅游目的地的国内外影响力和知名度。

（三）提高制度执行力，强化景区管理

提高《井冈山旅游管理办法》《井冈山风景名胜区条例》等规章制度的执行力，严格执行全国文明风景旅游区和国家 5A 级旅游景区标准，在景区设施、景区管理、环境卫生、服务流程、资源保护、安全救援等方面加以规范，完善景区领导体制，整顿市场秩序，加强旅游企业协会的社会管理作用，形成具有国际水平、统一标准、优质亲和的经营管理服务体系。

第四节　星子·庐山温泉养生目的地

一、条件分析

（一）优势分析

（1）突出的区位优势。星子温泉镇位于庐山南麓，国家生态旅游强县星子县境内。北距九江 44 千米，离庐山机场仅 9 千米，距南昌 100 千米，公路基础设施良好，交通便利。星子温泉与庐山、吴城镇国际湿地国家级自然保护区构成赣北旅游体系中的金三角，凭借庐山在世界的知名度和上千万的游客接待量，星子温泉只要做好科学的产品组合，就能直接带动星子温泉旅游的发展。

（2）世界品质的温泉旅游资源。自古享有"江南第一温泉"的庐山温泉，是全国最大的富氢温泉，富含钙、镁、钾等二十余种有益于人体的矿物质和微量元素，对消化系统、神经系统、心血管系统和皮肤病等多种疾病具有良好的医疗保

健作用，并能养颜护肤，强身健体。

（3）极具竞争力的企业实力和温泉文化。星子县自 2002 年 9 月至今引进了多家温泉企业。其中，天沐温泉度假村和龙湾温泉度假村品牌知名度最高，资历最老，是目前经营状况最好的温泉企业。天沐温泉度假村是天沐集团在江西省开发的首家大型日式露天温泉旅游、休闲度假中心。该度假村在原江西省庐山温泉工人疗养院的基础上整合了庐山地理位置资源、庐山温泉历史文化资源、独特的水资源以及现代理疗保健资源，设计和开发了系列产品，以深厚的日式温泉文化、新奇的温泉魅力和优质的服务成为星子温泉旅游皇冠上的一颗明珠。

（4）养生休闲消费成主流。近十年来，追求高品质生活，寻求自我身心健康与满足成为我国居民尤其是城市居民的消费重点。通过旅游产品的消费回归自然，亲身体验当地的风土人情，在实现物质享受的同时，满足审美的精神文化需求，成为旅游者们的普遍消费心态。

（5）新生代消费群的成长。沐浴着改革大潮成长起来的 80 后已成为社会的中坚力量。他们热衷模仿，追求时尚，超前消费，更注重享受生活，倾心保健、美容等。他们是温泉度假旅游现实的或潜在的消费者。

（二）劣势分析

（1）产品同质化严重，品牌知名度不高。星子温泉旅游开发多局限在露天温泉、室内温泉游泳馆、温泉旅馆等项目建设，绝大多数是以洗浴、休闲和疗养为主，以观光和娱乐为辅的功能组合。本地温泉企业之间低水平、同质化竞争正成为影响星子温泉旅游持续发展的头号威胁。此外，作为江西省重要地热开发区之一的星子温泉，目前还没有在经营规模、服务档次、营销水平等方面都比较出色的真正享誉国内外的强势温泉旅游项目品牌。

（2）淡旺季明显。我国是大陆性季风区，全国普遍夏季气温较高，温泉度假旅游大部分集中于 9~11 月或 3~5 月。

（3）服务创新不够。星子温泉旅游服务人员多为当地居民，他们当中接受过正规旅游业学习与培训的少之又少。人员素质参差不齐，服务质量整体不高，这大大降低了旅游者的满意度。

（4）旅游景区分散，温泉利用主体甚多，未能形成合力和经营品牌。

二、主题定位

（1）形象定位：庐山山南明珠·动感温泉小镇。

（2）目标定位：全国知名的温泉度假目的地；温泉镇成为全国旅游特色景观名镇。

（3）产品定位：该区域临近南昌、九江等区域大城市，交通便利，临近庐山、等商务及会议旅游的热点景区，应着重发展符合都市白领动感、时尚特点的温泉产品和具有商务会议休闲功能的温泉度假产品，产品特色以"时尚动感"为主，兼顾生态养生、观光、度假等多种功能。

三、建设要点

（一）主要步骤

（1）以温泉旅游综合体建设为契机，整合温泉开发公司和度假村，组建星子湖光山色旅游股份总公司，建立现代企业制度，整体经营现有的优质资源，逐步收购、兼并、控股其他旅游资源和旅游公司，真正构建星子温泉养生旅游目的地。

（2）启动星子庐山温泉度假区建设，尽快编制度假区规划、立项及建设。

（3）以"动感、时尚、生态"风格改造星子温泉镇外观风貌，使其整体风貌与温泉度假需求符合。

（4）拓展商务休闲温泉核心产品，建设温泉酒吧、红酒温泉、情侣温泉、音乐温泉、动感温泉等体现温泉最新业态的产品。

（5）提升温泉镇旅游接待设施水准，建设温泉文化博物院、文化广场、娱乐一条街、购物中心、游客服务中心、陶渊明温泉度假酒店等项目。

（6）按照江西省旅游局发布的《江西旅游生态设施规范》和《江西旅游生态行为规范》，规范星子温泉旅游区的各项设施和旅游行为，使其达到生态旅游区的标准，并能够成为温泉旅游示范区的样本。

（7）通过旅游文化节、模特大赛等节庆项目，融合庐山文化与温泉文化的关系，在营销上更上一层楼。

（二）实现路径

1. 挖掘温泉旅游文化内涵

当今社会，人们厌倦了都市喧嚣的生活，更渴望一份宁静，需要一种充分享受自然、回归自然的体验，这就要求为旅游者提供一种幽静、自在的氛围，让旅游者体验在时间的长河中积淀的独特文化。通过面向文化人士的沐浴文化探讨游，让旅游者走进历史，了解沐浴文化，进而探索不同阶段的社会、经济、文化生活。在中国历史上，歌颂温泉的文章数不胜数，在《礼记》、《内经》、《水经注》和《本草纲目》等著作中都有关于温泉治疗疾病的记载。此外，关于温泉的专题著作也不胜枚举，如东汉张衡的《温泉赋》、唐朝李世民的《温泉铭》、唐朝白居易的《长恨歌》等都对温泉有极为深刻的描述。所以，将有关记载温泉疗效的文字刻于石上，建成温泉碑林或碑廊，不仅可传承中国的温泉文化，而且可以发扬中国的碑帖艺术。可以结合星子的地方文化，融沐浴文化、乡村文化、民风民情、历史文化、宗教文化等要素于一体，将文化内涵融入温泉旅游活动中，提升温泉旅游的文化品位和市场竞争力。

2. 挖掘休闲文化，塑造温泉旅游品牌

目前星子温泉在文化内涵方面有一些体现，天沐温泉的主题营造是"真山真水"，传递给游客的信息是星子温泉的用水是完全纯正的天然温泉，这个主题概念还是停留在低端的营销手段上面，没有很准确地找到文化和品牌很好的高端结合点。星子地处拥有深厚文化底蕴的庐山脚下，县境内拥有著名浪漫主义大诗人李白笔下的"飞流直下三千尺，疑是银河落九天"，又有陶渊明等追求远离喧嚣、轻松闲适生活的诗人所描绘的世外桃源。可以将整个景区文化氛围中最经典的文化内涵，加以人性化的打造，并融入温泉旅游的文化品牌理念中。例如，星子温泉旅游的品牌理念就可以结合李白的浪漫，陶渊明的闲适、回归自然的人性感受来定位星子温泉的 USP（unique selling proposition，即独特的销售主张）——拥抱自然，感悟清新；再加上一个简洁独特的 logo 就塑造出了星子温泉旅游的独特品牌理念，让游客置身于星子温泉的每个角落，每一分每一秒都感受到生活的美好，全然忘记生活的纷繁复杂，全身心地投入自然的怀抱中，去获取大自然带给他们的轻松、愉悦和美好，使游客想到星子温泉是轻松闲适、回归自然的代名词，这才是温泉旅游营销战略的高层境界。

3. 强化温泉疗养的健康休闲功效

在现代社会中，健康这个词越来越频繁地出现在人们的生活里，大家都在重视健康，然而既可以旅游又可以对身体起到保健作用的就数温泉旅游了。星子温泉可以利用它水质优良的优势和专家取得联系，请相关机构检测、评估后颁发一个权威医疗保健旅游地之类的认证，为星子温泉贴上绿色标签。这样除了星子温泉的真山真水之外，全国各地的游客会亲临见识星子温泉专业和健康的理疗功效，从而使星子温泉区别于其他温泉的简单理疗功效。

4. 开展特色温泉休闲专区

在人人都追求美的时代，女性的美容、减肥消费已经占据了中国高价消费领域的一席之地，女美容、减肥这个行业已经炙手可热。调查显示，来星子县温泉旅游的游客中女性比例较高，温泉旅游完全可以将健康、科学的温泉女子美容和减肥开展起来，针对女性的不同需求，开发不同的旅游产品。星子温泉旅游者中除了中青年人之外，还有一部分的老人和儿童。在同等的条件下，他们有很多不同的需求，如儿童个子都比较小，喜欢一些有强烈儿童趣味的活动项目，所以应该在泡池设计和活动项目上有所不同。而老人喜欢安静，行动比较缓慢，所以应该在泡池设计上注意防滑和泡池区域的僻静等。这样就会让星子温泉旅游的人性化理念在游客的心中升华，从而使其全家上下都来共享这份静谧的养生之旅。

（三）主要产品与项目

随着旅游者消费观念的成熟及体验经济时代的到来，旅游者已经不满足于仅仅停留在传统的温泉洗浴、疗养层面上，而是追求多层次、全方位的温泉旅游形式。温泉旅游开发必须突破温泉旅游的传统局限，使温泉的内涵更丰富，迎合旅游者的心理，开发出适合他们口味的产品。其重点是打造三类温泉养生产品。

一是温泉养生与动态活动相结合。从旅游活动实质上看，它是人们离开惯常生活环境到其他地方，以旅游目的地为剧场所进行的一种短暂休闲体验活动。旅游者从产生旅游动机，收集旅游目的地的综合信息，到完成旅游的全过程，并不断回味起旅游经历和旅游体验，实质上均是一种产生体验需求、完成体验的过程。目前星子温泉旅游开发主要以温泉游泳池为主，还设立有与保健相关的项目，包括桑拿、蒸汽浴、沐足、按摩等，功能配置较为单一，无法满足未来旅游者多样化的度假需求。目前温泉开发关注的多是夜旅游项目，或者全天候项目，而没有突出只有昼间可观赏和参与性的项目。这就造成许多客人乘兴而来，也乘兴而玩，但第二日起床后有一种莫名其妙的失落感，从而若有所失地离去。针对这一问题，可拓展温泉旅游功能，将温泉产品分为"过夜前项目"、"夜间项目"和"过夜后项目"，以此模拟旅游体验过程，强化过夜游和一日游的产品开发差异，提倡"昼观光，夜娱乐"模式，让温泉地真正地活起来。据悉，游客在星子温泉旅游地的逗留时间大多为一天，这说明温泉里所设置的活动项目还是有些单调，在如此优美的环境中，可以设置一些让游客参与其中的活动项目，如在晚上可以开展节事派对，举办有奖对诗、猜谜，进行文艺演出等，以此来调动游客的娱乐情绪，使其在玩乐中融入星子温泉，融入自然，忘记所有。

二是温泉养生与大型会议旅游度假地相结合。会议旅游规格高，因为其主体是参会人员，他们是有较强消费能力的商务客人、有较高文化素质的客人，其消费档次、规模均比普通旅游者要高得多。一个大型或知名展会的举行，对当地旅游业中的酒店、旅行社、景区、旅游交通、购物均会产生较大的促进和带动作用，对城市功能的提升具有推动作用。此外，会议旅游还具有时段不受气候和季节影响的特征，从而消除了观光旅游时段性明显的缺点，促使"淡季不淡"。温泉资源是星子旅游的一大特色，但目前星子县对温泉的利用主要停留在洗浴和疗养上。要建设旅游城市，必须充分利用好温泉资源，依托温泉旅游资源，使休闲度假与会议旅游结合，使温泉镇成为重要的会议旅游基地。星子县可以通过不同规模和档次的会议设施和配套的休闲娱乐项目增强会议度假地的综合功能，将温泉作为配套产品。此种经营方式是通过关系营销来获取充足的客源以维持项目的经营并取得利润的，其利润空间也包括房地产的开发和资产运作。例如，星子阳光温泉就是以温泉为主题的复合型旅游地产，通过城市运营的方式进行旅游地产的开发，企业利润的来源至少包括会议、温泉洗浴和房地产。中等规模的温泉产品开发在温泉资源、土地资源、投资等方面的要求相对不高，但是对产品的特色、经营理念以及对旅行社等的营销能力要求相对较高，因此可通过以温泉的康体疗养为主要品牌来吸引中小规模会议市场进入，通过中小型团队游客获得盈利。

三是温泉养生与乡村旅游相结合，将生态、农业与温泉融为一体，创建一种新的温泉旅游经营模式。此类项目充分利用了地热资源，但其特色往往不是温泉，而是借助生态农业形成的环境或是娱乐项目。星子温泉地可依托星子县优越的农业优势开展乡村旅游。这里农业基础雄厚，绿色无公害农产品开发已形成一定规模，而且独特的地理位置和气候等非常适合果树生产，这些都为生态农业观光旅游提供了有利条件。每年春天插秧和秋天收割的季节，让旅游者去体验农民的生活，与农民一道黎明时分下田，披星戴月而归泡温泉，从而创造出一个都市人的非日常的户外游乐环境。

四、支持要素

（一）注重温泉旅游资源的保护

温泉资源并不是"取之不尽，用之不竭"的，而且温泉资源极易被破坏。如果旅游者的旅游活动对星子温泉文化和星子的自然环境造成了威胁甚至破坏，那么旅游者自身利益的损害就在所难免。温泉水的过度开采会对温泉资源造成破坏，会导致温泉水供给不足，只能以开水冒充温泉水，欺骗旅游者，造成旅游者乘兴而来、败兴而归。因此不仅要控制日开采量，而且开发的过程中应减少对生态环境的影响，温泉旅游景区的选址和建设应以不破坏生态完整及协调性为宜。对此，星子县成立了温泉水务管理公司，这些问题有所改善，但仍有欠缺。温泉资源管理问题如不彻底解决，就将给蓬勃发展的温泉旅游蒙上阴影。温泉旅游正处于产品结构升级、转型的关键时期，地方政府应对温泉旅游予以足够的重视，通过将温泉旅游资源与其邻近的其他景区进行整合，打造一些在国内具有较高知名度的精品温泉度假区，丰富和完善景区的旅游功能，大力发展度假旅游产品，让温泉旅游成为星子旅游经济的一个亮点。

（二）努力做好温泉旅游营销

1. 借助事件营销

很多时候传播的重要性高于事件本身。星子县相关部门只有通过加大宣传力度，维护好星子温泉的公众形象，全面合理地进行策划事件和促进事件的传播，星子温泉才能在这个领域成为一棵常青树。同时，举办事件活动要与温泉理念相结合，如举办旅游小姐大赛崇尚的是美丽携手、智慧同行的概念。温泉旅游就可以借鉴这一概念影射到星子温泉的体验文化中，让游客知道到星子温泉旅游，还可以体验到和美丽携手、和智慧同行的感受。要运用事件活动主题概念来影响温泉企业的附加内涵，实现品牌效应。

2. 实施旅游捆绑营销

星子温泉旅游区是在一圈旅游景点包围下的中心景区，借助这个地理优势，就可以将其与庐山旅游景点进行产品组合，联系其他大型景点和九江南昌等多家旅行社，让星子温泉也加入它们的旅游线路设计中，以此赢得更多的外省、外国的游客。在旅游宣传上，采用与庐山整体捆绑营销的方式，发挥品牌效应。

第五节　赣州客家风情度假旅游目的地
——以五龙客家风情园为例

一、条件分析

五龙客家风情园是由江西淦龙集团投资开发的一个以生态为主题，以客家为品牌，以龙文化为底蕴，集休闲游乐、旅游度假、会展科教、青少年道德培训基地等多功能于一体的旅游胜地。2010 年，景区成功申报国家 4A 级旅游景区。2013年，景区启动了创建国家 5A 级景区的工作。五龙客家风情园要打造区域内知名的度假旅游目的地，存在两点优势和两点劣势。

优势一：区位条件优越。

五龙客家风情园距离赣州市区仅 0.8 千米，是一个基本位于市区的旅游景区。赣州对外交通便利，机场、火车头、高速公路四通八达，目前已开通公交车直达景区。区位的优势使五龙客家风情园可进入性良好，游客组织便利，旅游度假产品拓展潜力巨大。

优势二：项目基础良好。

五龙客家风情园已经是国家 4A 级旅游景区，经历过短暂的经营困难之后，景区目前经营状况良好，目前接待游客人次超过 50 万人次。园区已经形成特色观光、素质拓展、文化体验、休闲度假等几大类型产品，产品体系比较完整。特别是已经形成以客家围屋主题酒店为特色的度假产品，为未来将景区打造成休闲度假目的地打下了良好的基础。

劣势一：资源不具有集中度。

五龙客家风情园是主题公园，其核心景观是通过人为创新而形成的，旅游资源单一、不具有资源度，仅靠景区无法吸引游客慕名而来。而且，与五龙风情园隔江而望处就有另一以客家文化体验为主题的景点"客家文化城"，同质化景区比肩而立，五龙客家风情园在资源上更无法具备独特性。园区必须依靠产品创意、优质的环境和良好的服务吸引游客。

劣势二：产品仍需更新换代。

五龙客家风情园虽然产品体系相对完整，但是，园区的核心产品依然是比较传统的水上游乐、素质拓展、儿童游戏和特色餐饮，抓住当代游客心理的体验性产品、在区域内具垄断性的特色产品相对缺少，产品急需升级换代。

总体说来，五龙客家风情园产品区位优越，产品体系完整，发展基础良好，但也存在资源不具备独特性、产品仍需更新换代等问题。要将五龙客家风情园打造成国内一流的休闲度假目的地，必须找准定位，扬长避短。

二、主题定位

（一）主题定位

目前，赣南作为客家文化大本营，还没有以客家文化为主题的休闲度假目的地，虽然有许多包括五龙客家风情园在内的客家文化景点，但它们都没有成为度假目的地，只是和众多景点整合在一起，成为旅游节点。五龙风情园无论从产品现状还是未来发展前景来看都具备成为以客家文化为主题的休闲度假目的地的条件。因此，要以龙南围屋和五龙客家风情园为主要载体，将其打造成集休闲游乐、乡村文化度假、客家风情体验、城堡客栈休闲等多功能于一体的旅游胜地，并将其发展主题定位为"世界知名的以客家文化体验为特色的休闲度假目的地"。

围绕这一主题定位，应重点打造四大系列产品。

（二）产品定位

（1）客家文化体验产品：客家文化是个空洞的概念，只有用产品来物化，才能让游客体会到淳厚的客家文化。因此，园区应充分利用一切手段，让游客在游乐中体会到客家文化的精妙，使园区成为全球8 000万客家人体验客家文化的必选目的地。

（2）客家文化度假产品：度假是园区核心功能之一，园区的度假必须以客家文化为主题，形成极具客家风情的，包括主题酒店、主题餐厅、主题会所、主题休闲设施在内的多种度假产品。

（3）客家文化旅游商品：旅游商品也是度假目的地产品的重要组成部分，极具特色的旅游商品甚至能够成为吸引游客前往目的地的主要因素。

（4）客家文化特色服务：打造著名度假旅游目的地，服务是关键一环。园区的服务不仅应在标准上与国际知名度假胜地接轨，而且应有自己的个性和特色。对于五龙客家风情园来说，其个性和特色就是客家文化。

三、建设要点

针对上述分析，五龙客家风情园要打造成为世界著名的休闲度假目的地，应从以下四方面进行努力。

首先，建设独一无二的"客家文化大观园"，强力打造文化体验产品。国内关于客家文化的景区很多，但是，真正把客家文化做到极致的景区还没有，特别是以客家文化体验为主、"客家文化大观园"式的主题公园还没有。五龙客家风情园应突破目前只局限于赣南客家文化展示的现状，立志于成为世界知名的"客家文化大观园"，所以，应网罗客家文化的各种精华资源，并将其转化为可观、可感、可触、可叹的体验性产品。通过这种对资源的创造性发挥，园区有望成为世界上规模最大的以客家文化体验为主的主题公园，成为客家文化体验的必游之地。这样就为其打造著名的旅游休闲度假目的地奠定了坚实的基础。

其次，打造全球最大的客家情景式住宿体验基地，重点提升接待服务设施。打造知名的休闲度假目的地，接待服务水平非常关键，特别是五龙客家风情园不是以自然资源为核心吸引力，更应在特色接待和特色服务上下功夫。园区应立志打造全球最大的客家情景式体验、住宿体验基地。目前园区的客家围屋式住宿和客家文化餐饮非常有特色，但是，在服务标准和文化氛围营造上仍然有很大提升空间。在接待设施建设上，除了围屋式住宿之外，还可推出"土楼"、"围龙屋"和"九井十八厅"式的住宿；在文化氛围营造上，应以客家小品景观、客家情景再现等手法真实再现传统客家民居真实生活状态，使游客犹如身临其境，感受客家千年沉淀的韵味。

再次，成为"客家服务标准"的制定者，推出一套特色客家服务。一方面，在服务标准上，可以考虑汲取客家传统礼仪中的要素，推出"客家式服务"，并制定相应的客家服务标准，成为客家地区酒店服务的领头羊。另一方面，可引入国际上知名的酒店集团，如法云安缦集团、悦榕庄集团等，以高水平的国际酒店文化提升园区接待水平，以实现园区的国际化。园区应在服务软环境上成为国内同类接待设施的榜样。

最后，精心设计系列客家旅游商品，成为文化旅游商品的行业引领者。富于特色的旅游商品一直是主题公园重要的盈利点。迪斯尼乐园的游乐项目固然很有吸引力，但是印有米老鼠的各种旅游商品也是重要的卖点和盈利点。与台湾地区丰富多彩、精美的客家"手信"相比，利用客家文化，设计出精致、实用、广受游客欢迎的旅游商品一直是大陆地区客家旅游的短板。园区应借鉴台湾地区的经验，精心设计系列客家旅游商品，成为文化旅游商品的行业引领者，同时，也可通过主题商品，深化园区主题，形成具有独特风格的园区品牌。

四、支持要素

根据实地考察，结合五龙客家风情园实际情况和发展前景，我们认为，园区目前需要在外围解决的问题主要体现在以下三个方面。

首先，解决同质化资源竞争问题。隔江而望的客家文化城是与五龙客家风情园类似的客家主题公园，两者距离相近，且主题雷同，容易给园区带来同质化的恶性竞争。客家文化城经营状况并不良好，处于年年亏损的状态。政府应牵头，将客家文化城整合进五龙客家风情园，这样一方面可避免同质化竞争，另一方面也可壮大五龙客家风情园的实力。

其次，解决企业快速发展的资金问题。五龙客家风情园要想打造成全球最大的客家文化体验基地、客家情景式住宿体验基地，需要一笔不菲的资金，仅靠企业自身发展利润支持很难解决资金难题。政府应推动旅游资源转化为贷款，鼓励企业以无形资产抵押、旅游地产运作等方式获得银行和社会资金，以解决企业快速发展导致的资金问题。

最后，解决企业发展所需的专业人才问题。毫无疑问，旅游企业发展需要专业人才的支持。五龙客家风情园要打造成全球最大的客家文化体验基地、客家情景式住宿体验基地，不仅需要导游、服务人员、景区管理者等各种旅游管理人才，还需要国际酒店管理人才、资产运作专业人才、客家文化研究人才、品牌推广和营销人才等。园区可通过与高校联合培养、加盟国际知名酒店、外包服务和管理等方式解决人才问题。但是，这需要政府从中保驾护航，提供外围服务。

第六节 庐山西海度假旅游目的地

一、条件分析

（一）具有地理和交通区位优势

庐山西海（原名"柘林湖"）地处江西北部、庐山西麓、昌九工业走廊中段，地跨永修、武宁两县，处于南昌、武汉、长沙、合肥四个省会城市的十字交汇地，距南昌市区 80 千米、九江市区 86 千米、庐山 88 千米、武汉市区 280 千米、长沙市区320千米、合肥市区430千米。

这里交通极为便利，离昌北国际机场只有60千米，九江机场、昌北机场则分列两翼；京九铁路、福银高速、大广高速和昌九高速公路擦肩而过，105国道、316国道和永武高速公路皆穿境而过。

（二）资源优势

1. 自然景观迷人

庐山西海湖区水域面积248平方千米，大小岛屿共1 667个。湖内千岛落珠，环湖地貌各异，并有诸多古迹（如天葬坟、朝天简），构成了丰富多彩的旅游资源。这里既有千仞壁立的悬崖、直泻入湖的飞瀑、天赐独特的黄荆大瀑布，又有诱人欲浴的温泉。景区内还有很多可供游客运动与休闲的好去处，如桃花溪漂流和长塅源漂流等。

庐山西海由于具有四季分明、景观各异的气候特点和资源特色（春和景明，百花斗艳；夏荷飘香，避暑胜地；秋高气爽，稻香鱼肥；冬要封盖，银装素裹），因而在2005年经国务院批准设立国家级风景名胜区，由此声名鹊起，每年吸引着大量的游客。

2. 温泉养人

庐山西海温泉井口水温达70摄氏度，每日可供开采量约5 000立方米，属低矿化重碳酸钠型水。温泉中达国家医疗标准的理化成分有5种，在其开发的度假村温泉中有氟、偏硅酸、硫化氢、氡4种成分，pH值为全省最高，其沐浴和梳洗的润滑感及去污功能为全省之最，可与临潼贵妃泉媲美。

3. 接待设施完善

已经建立的庐山西海温泉（即九江西海温泉，位于永修县）度假村，是集温泉、休闲、住宿、会议于一体的温泉度假村（五星级假日度假酒店）。度假村里建有浓郁泰国风情的泰皇宫水疗馆、神秘莫测的太极八卦区、五彩斑斓的西海瑶池、简洁洗练的东瀛居、欧陆风格的巴斯之泉、添加名贵中草药的药王洞、情趣盎然的天体浴场，以及水上动感乐园等理疗型、运动型温泉水公园。最大限度地满足人们对中式、日式、泰式、罗马式以及芬兰式等不同温泉文化的需要。另外，西海温泉度假村里面建造了一座标志性建筑——五星级标准的酒店，它拥有包括总统套房、蜜月套房、豪华行政套房、豪华家庭套房、别墅和公寓酒店在内的各种客房600多间，每套房间均引有温泉水。

（三）劣势

庐山西海虽然具有上述优势，但同时又有诸多的劣势，主要体现在以下两个方面。

（1）交通便捷性。随着交通事业的发展特别是随着高铁在全国范围内的推进以及地区小机场的建设，阻碍旅游发展的最大问题已经不再是地理概念上的空间距离，而是心理距离了。它关系着人们愿意选择去哪个景区、旅游目的地游玩。就现在的情况来看，只要交通相对便利、道路四通八达，就能吸引诸多几连休（如"三连休"）的中、短距离游客。庐山西海虽然具有较好的区位优势，离南昌、九江、长沙、武汉等城市都不算很远，但是其交通并非十分便利和畅通无阻，对南昌、九江市场的吸引力都不是很大。

（2）景区建设与产品开发。旅游开发不仅要重视产品的开发问题，还要注重旅游环境的建设、旅游氛围的营造。庐山西海在这些方面都存在严重的不足。同行竞争（同类、同质产品）、替代产品（类似、相关产品等）的竞争将会进一步加剧，这是庐山西海所不能回避的重大问题。沿海地区的海上运动休闲项目，甚至国外同类旅游产品，远的如浙江千岛湖、近的如仙女湖，对庐山西海来说都是强劲的竞争对手。它们很可能会吸引一部分原本想到庐山西海去游玩的游客。

二、主题定位

庐山西海围绕加快发展和环境保护两大主题，不断创新发展思路，立足新起点，谋求新发展，推动景区从"观光型"向"休闲型"转变，努力打造"江西最热、中部叫响、国内一流、世界知名"的旅游目的地。

庐山西海在 2011 年年底确立了"一个中心、四个基地"（即禅山圣水养生中心，观光休闲基地、水上游乐基地、演艺会展基地、科普教育基地）的发展定位，并制定了创建国家 5A 级景区的发展目标，大力实施"五个突破，一个加强"战略，即在政府主导经营、旅游项目建设、基础设施建设、接待设施建设、自身建设五方面取得突破，在环境保护上得到加强，强力推进"3239 工程"，即打造 2 大旅游集镇，建设 2 大综合型旅游码头，策划 2 条南北循环的游湖线路；推进 9 个重大旅游项目、9 个重要接待设施和 9 个岛屿的改造与开发建设，着力打造引领江西旅游发展的世界级品牌。

三、建设要点

为打响庐山西海休闲旅游品牌，庐山西海风景区管理委员会提出，要将庐山西海风景区打造成"江西最热、中部叫响、国内一流、世界知名"的旅游项目。具体措施如下。

第一，优化内设机构，建立适合景区发展的高效、精干队伍。优化领导干部分工，成立五个工作领导小组，把过去以线为主的领导分工机制变成以块为主、线块结合的领导分工机制，领导干部包区域，蹲项目，抓经营，强管理，责任明确；借鉴企业运作模式，按照公司经营、项目推进、社会服务等方面的职能，设立岗位，实行绩效挂钩奖罚制度，激励干部多干事、干好事、干成事。将景区工作分为云居山片区、巾口片区、司马片区、岛屿开发、旅游经营五大板块，对"3239工程"中的每个项目，按照一个项目、一名责任领导、一个责任部门、一套方案的工作机制，明确工作职责和目标任务。这种定人定责、定要求的做法有助于改善工作作风、提高工作效率。

第二，加强景区管理，组建庐山西海旅游开发总公司，以提高服务质量和景区美誉度。由风景区管理委员会主导景点开发和经营，投资9 000万元收购旅游船舶，对旅游船舶实行统一管理，统一营运；对岛屿的旅游开发实行统一策划、统一政策、统一营销、统一管理、按股分红，以此带动周边景点加盟经营，促进旅游产业有序、快速发展，力争使风景区在4年内跨入全国5A级景区行列，年接待游客量突破200万人次，实现翻两番的目标。

第三，筹措资金，重点加强景区的配套设施建设。鉴于庐山西海发展不足的突出问题，风景区在保护环境的同时，力图高起点、高标准推进基础设施建设和景区景点建设，不仅启动了风景区南线、北线码头扩建改造工程，而且启动了云居山道路改造、标识标牌、景点串联、山门下迁等改造工程。风景区投资1.5亿元启动了南线码头扩建改造工程，建设南线码头游客服务中心，力求把南线码头打造成集景区管理、游客服务、宣传展示、餐饮购物、观光游览、写生摄影等多功能于一体的综合性旅游码头；投资500万元启动了云居山道路改造、标识标牌、景点串联、山门下迁等改造工程，把云居山作为核心景区进行打造。

第四，积极引进大项目，强力推进中信庐山西海国际艺术园等重大项目建设（投资60亿元）。

"3239工程"涉及32个项目，总投资超过200亿元。截至2012年2月，风景区已落户的重大招商引资项目有5个，总投资约132亿元，其中已开工建设项目3个；重点建设项目11个，总投资约11亿元；已签约项目3个，总投资约201亿元；在谈项目4个，总投资约95亿元。巾口旅游码头、西海宾馆、沃森俱乐部、假日酒店、桃花里社区项目已正式营业。

2009年11月，市政府与中信集团签订投资框架协议，计划投资建设和招商引资，整体开发中信庐山西海国际生态旅游度假区。在该项目的建设计划中，将生态契约、休闲养生、教育培训、禅修太极等一系列独特设计理念融入庐山西海的开发中来，为整个中信庐山西海项目提供了一个时尚和清新的氛围，为客户提供了一站式度假服务和顶级圈层平台。中信庐山西海项目用"西海生态公约"对项目进行了生态约束，用极其健康的开发方式给客户提供环保、低碳的休闲服务，特别是建立了度假式国际顶级医疗体系、绅士运动培训体系以及体验式生态农庄。在这些项目中，客户可以享受到修禅、太极、瑜伽等高端课程，茶道、中医药膳食疗等健康体验，游艇、马术、网球、狩猎、游泳、潜水等运动项目。

第五，将周边村镇打造成"宜居、宜游、宜业"的山水生态休闲小镇，配备相关旅游接待设施，将传统的手工业和生态农业作为生计支撑，将乡村文化风情和设施作为生活支撑，将乡土生态作为环境支撑。

四、支持要素

庐山西海的发展面临着水体旅游开发困难（本身所存在的瓶颈，难以得到市场的认可）、同行竞争（市场份额缩小）、基础设施不完善（不方便客人进驻）、缺乏周边支持（缺少社区支持和旅游发展支持）等问题。

2011年以来，庐山西海风景区立足新起点，谋求新发展，加快了景区发展步伐。2012年，庐山西海风景名胜区从基础设施建设和拓展旅游开发入手，不断创新发展思路，进一步推动项目建设。

2012年，庐山西海风景区开始积极推进柘林旅游集镇建设，重点打造司马、巾口一南一北两大旅游集镇，努力推进杨洲、罗坪、宋溪、三溪桥等湖边地区旅游产业发展，以此为依托，通过区县联动、共同开发，拉开风景区双向发展框架，谋求集镇与景区的联动效应，从而做活山水文章。

需要指出的是，庐山西海不仅要加强水体开发力度，开发出具有震撼力、能够适应市场需求的旅游休闲产品，而且要加强市场促销力度，借助各种有效途径提高景区知名度、美誉度。在"3239工程"和相关配套设施建设的大背景下，在各方齐心协力、多方联动与市场的合力推动下，庐山西海这片美丽的山水得以焕发新的生命力和更多的活力，最终实现从"观光型景区"到"旅游度假目的地"的华丽转身。

第七节　武功山综合旅游目的地

一、条件分析

（一）资源优势

武功山位于江西萍乡、宜春和吉安三市交界处，故有萍乡武功山和安福武功山之分，它是集人文景观和自然景观于一体的山岳型风景名胜区，同时也是国家4A级旅游景区、国家级风景名胜区、国家森林公园、国家地质公园、国家自然遗产、2009年被中国国家地理评为中国十大"非著名"山峰之一。

武功山风景区规划面积160平方千米，拥有发展休闲度假旅游的先天景观优势，自然旅游资源独特且丰富，山景雄秀，瀑布独特，生态环境优良，还拥有巨型活体灵芝，同时其人文旅游资源深厚，是道佛两家的养生洞天福地和第二次国内革命战争时期的"百里红色根据地"。整个景区分为金顶、发云界、九龙山、羊狮幕、箕峰、武功山嵘源温泉度假村、武功山西海温泉度假村等，其中金顶和发云界的10万亩高山草甸，是武功山的精华所在。

（二）劣势

虽然武功山景区拥有众多不可多得的旅游资源优势，但是地处山水旅游资源极为丰富且集聚度较高的江西，武功山面临很大的竞争。多年来，由于种种原因，武功山的旅游开发不尽如人意。目前，武功山风景区主要是以休闲和观光游为主，但其发展也正在受到多方面因素的制约。就其自身而言，武功山风景区走的是单一化发展道路，旅游产品以运动、爬山等体育休闲类为主；景区的设施设备不完善，住宿条件差，安全措施做得不够；景点之间的组合较为单一；旅游消费群体大部分是工薪阶层、学生及一些户外驴友，缺乏高端消费人群；缺乏冬天的旅游项目，造成景区季节性的经营，造成营运成本大；缺乏有效的管理机制，早在1985年武功山便被列为省重点风景名胜区，但是由于开发力度欠缺，直到2000年才正式成立正科级的武功山风景名胜区管理局，专门的管理机构才出现。就其外部而言，现在的武功山风景区还属于以单一经营的形式推向市场，并未和萍乡及周边城市的其他景点（如安源纪念馆、孽龙洞、明月山等）相串联；对外的广告宣传力度也还不够；外部道路交通不便利。

二、主题定位

旅游主题定位是对一个地区主要旅游产品的高度概括、提炼和抽象。由于武功山旅游发展起步较晚，在省内知名度并不如庐山、三清山，在省外也未形成一定的知名度，其客源市场定位于萍乡及其周边地区。因此，武功山要走旅游这条路的话，必须对自身有个清晰的主题定位，避免出现同质化，提升自身的核心竞争力。

（一）与名山胜地庐山景区相比较

庐山以"奇、秀、险、雄"闻名于世，大山、大江、大湖浑然一体，具有极高的科学价值和旅游观赏价值，素有"匡庐奇秀甲天下"的美誉，入选世界文化遗产，世界地质公园，全国重点文物保护单位，国家重点风景名胜区，国家 5A 级旅游景区，首批全国文明风景旅游区示范点。武功山虽然有景色秀丽的山水瀑布，但是在知名度和独特性上无法与庐山相提并论，也不可能再建一个萍乡"小庐山"，造成资源的重复利用。因此，武功山旅游的主题形象定位不考虑国际山地度假旅游胜地，否则将适得其反。

（二）与井冈山相比较

井冈山为国家 4A 级风景旅游区，不仅具有良好的生态环境和优美的自然风光，还拥有丰厚的历史内涵，是"中国革命的摇篮"，是一个集观光旅游、传统教育于一体的红色旅游胜地。虽然，武功山也是红色革命圣地，但缺少井冈山所特有的"井冈山精神"。因此，红色革命圣地也不能成为武功山旅游的主题形象。

通过以上的对比分析可以明确，武功山现有的旅游资源中无论是"山地文化"，还是"红色革命文化"，都不能成为武功山旅游的主题形象。武功山旅游要想在江西省这样一个旅游资源大省中成为后起之秀，就必须有其独特的旅游形象和一系列代表该旅游形象的旅游产品。

综合考察武功山的旅游资源，可以发现它最大的一个特点就在于旅游资源相对丰富，有高山、有秀水、有荟萃人文、有优越的区位且具备一定的知名度，便于整体开发利用，可以向综合旅游目的地方向发展。因此，武功山旅游发展可以充分利用其自身的旅游资源，统一规划、开发，大力发展与主题相配套的旅游产品，丰富景区的各种旅游功能，提升武功山旅游竞争力。

三、建设要点

现在武功山所要做的事情就是全方位挖掘旅游资源的内涵和旅游特色，提升综合型旅游目的地的影响力，在与主题定位相匹配的旅游产品上下功夫，将武功山综合型旅游目的地形象推向全省、全国。

（1）建设一个萍乡武功山"山居生活"温泉度假区。结合萍乡的温泉特色，发展具有萍乡地域文化和特色的温泉度假区。为了缓解游客爬完山后的疲劳，可以直接使其在武功山景区内享受温泉。因为现在有些游客爬完山后，还要带着满身的疲劳，开车去宜春的天沐温泉，不管是对于萍乡旅游还是武功山旅游来说，这都没有发挥旅游的真正效益。

（2）构建完备的环武功山内外交通网络。完善景区交通配套设施，加快景区内旅游交通基础设施建设，做好与景区外部交通干线的对接，促进武功山旅游融入赣西旅游线。要加快各大城市到武功山的快速通道建设，加快各市区到景区景点、景区之间和景区内部的道路建设与改造，积极开通武功山旅游公交专线，提高景区的可进入性和通达性。

（3）大力推动武功山文化体系建设。文化是旅游的灵魂。休闲度假旅游是建立在一定文化基础上的高级旅游。武功山可以借助其独特的高山地势和佛道两教的历史资源，确立高山避暑、道教养生文化，推出高山生态养生、温泉养生、道教养生、运动养生四大类养生文化产品，丰富高山避暑养生文化载体，建设温泉庄园、高山滑雪场、道家养生养心馆、房车营地、旅游绿道等设施，打造一条精品旅游线路。同时，深入挖掘景区丰厚的历史文化和自然文化，选取仍然具有市场活力、转化性强且具有现实意义的部分加以提炼、优化、整合，纳入景区新文化体系之中。

（4）精心打造特色旅游产品，开发一批特色旅游产品及旅游商品，培育新型旅游业态。为了适应市场的需求，跟随旅游产业发展的步伐，要培育一个到两个具有核心竞争力的景点，秉持大项目带动大景区、大战略撬动大景区的策略，大力实施旅游重点重大项目建设；围绕九龙山宗教、原始森林、神秘古老的古祭坛群、巨型活体灵芝、10万亩高山草甸等稀缺优势资源打造拳头旅游产品。打造一批具有特色的农家旅馆，发展农家观光、果园采摘、趣味垂钓、茶园休闲、蔬菜种植等休闲项目；发展具有本地特色、深受游客青睐、满足市场需求的旅游农产品和工艺品，高山有机绿茶、武功紫红米、竹木工艺品等旅游纪念品、工艺品。同时，武功山要打造成为综合型旅游目的地，更要迎合时代和市场的需求，积极培育旅游演艺、养生旅游、旅游动漫，以及户外拓展训练基地、汽车露营地等新型业态和产品，努力形成多元化的旅游项目群和产品体系。

（5）解决制约武功山一山多治的治理格局，构建统一规划布局、资源入股、共同建设、合作经营、双进双出的资源共享型山地旅游目的地治理结构。

四、支持要素

（1）转变发展理念，强化全域意识，按照"资源共享、互利共赢"的思路，对武功山进行统一规划、统一开发、统一宣传。因为武功山横跨萍乡、宜春、吉安三市，其开发不仅关系到赣西经济的腾飞，也关乎江西省区域旅游发展战略的实现。所以萍乡、宜春和吉安三市应该加强合作，加强统筹谋划，完善武功山旅游发展规划，制作武功山专项旅游规划，建立武功山旅游共同协作机制，切实将武功山打造成江西省景区的新亮点和江西省旅游产业新的增长极。

（2）全面构建武功山综合旅游产业服务体系。目前，武功山景区的基础设施薄弱，旅游配套设施不够健全，面对旅游市场竞争激烈的今天，面对江西省委、省政府提出的建设旅游强省的大好机遇，武功山必须建设旅游配套服务体系，由政府层面进行主导，不断推出新的迎合时代需求的服务产品和服务载体，将其打造成为标准化、人性化和个性化的服务体系，如可以积极推动有实效的武功山旅游咨询服务、旅游信息化、旅游紧急救援、旅游智慧平台等公共服务体系的建设，将武功山景区打造成为省内乃至国内知名的综合性的旅游目的地。

（3）加大营销力度。对于旅游景区开发或风景区发展而言，旅游目的地的品牌营销已越来越成为目的地或景区发展成败的决定性因素之一。武功山要打造综合型的旅游目的地品牌，就要提前广泛地开展目的地营销，确定和塑造个性鲜明的武功山旅游形象，让武功山的旅游形象早日深入游客心中。在营销对象方面，要有目的性地选择终端宣传设备，扩大渠道销售，与萍乡周边城市及主要的客源城市旅行社开展全方位的深度合作，实现客源共享、合作共赢，不断提升武功山的旅游知名度和竞争力；在营销渠道方面，要充分利用电子商务的优势，开展智慧营销，抓好网络营销、媒体营销、体验营销等新兴营销方式，提升品牌价值，充分利用微博、微信、微电影、数字旅游、影视植入等新技术，实现营销网络的全覆盖；在营销内容方面，要注重景区文化的营销和渗透，不定时地策划、举办有影响力的文化节庆活动，提升武功山综合旅游目的文化品牌的传播力。

第八章

江西休闲度假旅游产品体系构建

江西要打造成国内重要的休闲度假旅游目的地，关键是构建富有地方特色的不同类型的休闲度假旅游产品体系，包括核心产品体系、重点产品建设、配套支持体系三个层次，乡村休闲、城市休闲、山水休闲、文化休闲、运动休闲、养生休闲和娱乐休闲产品等不同类型。

第一节 核心产品体系

一、田园乡村生活休闲度假

（一）依托资源

田园乡村休闲度假旅游是以乡村田园风光欣赏、乡村生活体验为目的，以乡村风貌、乡村风情、乡土气息、乡村生产、乡村生活等乡村休闲资源为依托的度假产品。具体来说，田园乡村休闲度假旅游所依托资源包括乡村人文旅游资源和自然资源，其中，江西广大乡村的人文旅游资源主要有：以婺源古村落、流坑古村、安义古村群等为代表的古民居（目前江西有中国历史文化名镇、名村 15 处）；以永修真如寺、龙虎山天师府为代表的古寺观（目前江西有 5 座全国重点保护寺观）；以宝葫芦为代表的现代主题公园；以兴国山歌，萍乡、婺源、南丰等地傩文化为代表的无形人文资源（目前江西有 33 项国家非物质文化遗产项目）[42]。这些人文资源都有深厚的文化底蕴，具有很大的纯朴性和神秘性，对城市游客尤具诱惑力。

在江西农村地区主要的社会资源是指农村的建设风貌，特别表现为新农村建设背景下的农村景观。近年来，江西农村在改革开放的春风下，面貌焕然一新，这给乡村留下了极多的社会资源。目前，在江西的每个县均有多个新农村建设示范点，这是江西乡村社会资源的典型代表，现已成为旅游者农家乐旅游的首选地。另外一批生态农庄的建设也为江西增添了一道亮丽的社会景观。江西拥有优良的生态环境，得益于江西一直以来都是以农业大省来发展。中国最美丽的山村就在江西，这就让人对江西的农村产生无限神往。建设休闲旅游的后花园，开发农业生态休闲旅游，江西有绝对优势。简朴的农事活动，古朴的农村聚落，淳朴的农村生活，恬静的农业环境，对久居高楼林立、拥挤喧闹的城市人们来说无疑有着强烈的吸引力。尤其像婺源古村群、乐安流坑古村等古老的村落，其朴素简单中透着具有厚重文化历史感的古村风情，更是让人神往不已。

（二）江西田园乡村生活度假地打造的可行性分析

江西之所以要重点建设乡村休闲产品，一是由城市化大背景下的供求状况决定的。在城市化快速推进的过程中，乡村正在迅速消失，乡村资源变得稀缺，乡村正在成为人们的精神家园和美好记忆。中国当前和今后很长一段时间的重要任务就是推进城市化。繁华都市，赏心悦目，形形色色，美不胜收。但是在华丽的外表之下，巨大的生活压力以及工作压力，让不少现代白领大呼疲劳，感慨都市生活压力大。想要更好的发展、放松的心情，健康的身体无疑是奋斗的基础。对于久坐少运动的都市人而言，他们容易腰酸背痛，甚至患上脊柱炎等疾病。因此，在工作之余，城市居民迫切需要自我减压，调节自己的情绪。于是，人们越来越渴望过去的蓝天白云、青山绿水，渴望一个可以放松、休闲的地方。陶渊明的故乡在江西，《桃花源记》的原型地在江西。《桃花源记》描述的"世外桃源"式的理想农耕时代的和谐，可谓是今天和谐社会、新农村建设思想的重要历史渊源。于是，"世外桃源"的发源地江西就会成为游客们的首选。

二是顺应体验经济和深度旅游的需要。随着体验经济时代的到来，游客越来越不满足于走马观花式的旅游，而是渴望参与性高、互动性强的侧重过程的体验游，乡村生活具有丰富性，乡村景观也具有多样性，因此乡村休闲在体验经济时代，前景广阔。

三是发挥江西资源优势的必然选择。江西作为农业大省，农业资源丰富，有利于开发田园乡村休闲度假产品。江西地形有高山、丘陵、盆地、平原、江湖等类型，气候四季分明，十分有利于农、林、牧、副、渔业的全面发展，而且农业生产历史悠久，涌现出了一批名优特农产品并占有了一定的市场份额，积淀了丰富独特的乡村民俗文化与风情。乡村休闲旅游产品品牌知名度较高，这些均为田园乡村休闲度假的开发提供了良好的条件。

（三）江西田园乡村生活度假产品开发理念

　　江西打造乡村休闲，必须围绕本色、特色和体验做文章，首先是要紧扣"本色"，乡村休闲的"本色"就是乡土色，这是乡村资源区别于现代城市资源的核心和本质所在。乡村旅游者的旅游动机一般也主要来自对乡土色的追求，保持乡村旅游资源乡土气息的浓郁性和真实性，是乡村旅游魅力持续不减的基本条件。抓住本色要做的是尽量维护乡村的自然状态，突出农村天然、朴实、绿色、清新的环境氛围，强调天趣、闲趣、野趣，尽力展现乡村旅游的农村本色生活。我们应该因陋就简，就土避洋，合理并保护性地开发乡村旅游资源，切不可引入与该地传统文化不和谐的异域文化，要让游客在对乡土文化的体验中获得内心的快乐。其次是特色，当今乡村旅游资源同质化竞争越来越激烈，差异性便成了增强竞争力的一个重要手段，特色是乡村旅游资源避免恶性竞争、实现可持续发展的根本，是旅游活动吸引游客的保证。江西乡村众多，在乡村休闲的开发过程中不能千篇一律，应突出自己的地脉与文脉，形成具有自身风格的开发模式。最后是体验，体验是江西乡村休闲可持续的根本保障，也是乡村休闲的魅力所在。

　　目前，江西的乡村旅游产品主要停留在吃、玩、看等较低层次的观光阶段，如果没有体验元素的注入，乡村休闲就难以形成。随着体验经济的到来及深入人心，人们越来越注重旅游体验质量的提高。因此江西乡村休闲开发必须转变过去强调观光属性的要求，而更应该注重资源的体验性、参与性，让游客在躬耕田园的悠然自得中融入乡村生活，品位民风民俗，感受传统文化，获得与城市居民常规生活截然不同的体验。

（四）江西田园乡村生活度假系列产品开发

　　一是开发以婺源古村、安义古村、流坑古村等为代表的古村休闲基地。
　　二是打造以南昌西湖李家、竹桥古村等为代表的新农村乡村休闲基地。
　　三是打造以九江永安乡、共青城农业旅游区、南昌县黄马农业生态园、蒋巷现代生态园等为代表的特色产业休闲基地。例如，可以在鄱阳湖湖区建设和推出一批渔村——鄱阳县白沙洲乡礼恭村（鲴鱼）、南昌县蒋巷镇三洞村（草鱼）、进贤县三里乡渔业村（鱼蟹）、新建县乐化镇中联村（草鱼）、星子县苏家垱乡桥浦村（黄鳝）、彭泽县芙蓉农场三联村（彭泽鲫）、永修县吴城镇渔业村（鳜鱼）、都昌县周溪镇古塘村（珍珠）、九江县江洲镇联洲村（淡水龙虾）、余干县瑞洪镇城郊村（乌鱼）等湖区特色渔村。又如，可以建设和推出南昌县黄马乡（茶叶、四季花卉）、新建县生米镇（藠头、花生）、南昌县蒋巷镇（花卉）、新干县三湖镇（红橘）、安义县新民乡（杨梅）、余干县枫树乡（辣椒）、乐平市乐港镇（蔬菜）、九江县马回岭镇（水蜜桃）、南昌县三江口（酱菜）等特色农业休闲基地。

四是打造具有浓郁地方特色民俗风情的乡村休闲基地，如可建设和推出贵溪市樟坪畲族乡樟坪村（畲乡风情）、安义县石鼻镇京台村（古戏台、唢呐表演）、南昌县武阳镇南坊村（南昌采茶戏）、进贤县李渡镇鉴良村（李渡车仍灯）、九江县城门乡金兰村（城门山歌）、星子县温泉镇通书院村（星子西河戏）、鄱阳县白沙洲乡车门村（鄱阳渔鼓）、新干县荷蒲乡莒洲村（新干竹马舞）、樟树市吴城镇路口敖家村（药俗）、临川区罗针镇浒溪村（抚州采茶戏）等休闲基地，满足休闲度假游客深入体验乡村生活的需要。

五是形成并推广不同的乡村休闲开发模式。江西在开发乡村休闲旅游的时候，要根据资源禀赋的不同，设计不同的开发模式，灵活经营。可供江西乡村休闲的模式有：①观光购物农园模式。开放成熟的果园、菜园、花圃、茶园等，让游客入内采果、摘菜、赏花、享受田园乐趣。②租赁农园模式。农民将土地出租给市民，让其种植粮食、花草、瓜、果、蔬菜等，主要目的是让市民体验农业生产过程，享受耕作乐趣，以休闲体验为主，而不是以生产经营为目标。多数租用者只能利用节假日到农园作业，平时则由农地提供者代管。租赁农园所生产的农产品一般只供租赁者自己享用或分赠亲朋好友。南昌市、赣州市、九江市的郊区可以选择条件好的地段开发租赁农园模式。③农业公园模式。按照公署规划建设和经营管理思想，将农田区划为服务区、景观区、农业生产区、农产品消费区、旅游休闲娱乐区等部分，建成一个公园式的农业庄园。这种模式一般是依托大型现代农场进行开发。④野营地模式。野营是一种户外游憩活动，是暂时性离开都市或人口密集的地方，利用帐篷、高架帐篷床、睡袋、汽车旅馆、小木屋等在郊外过夜和享受大自然的野趣生态环境提供的保健功能，欣赏优美的自然风光并参与其他休闲娱乐活动的一项旅游活动项目。森林野营地要求交通比较方便，但必须离开公路干线，具有良好的森林环境，气候好，空气洁净，环境比较幽静，有水源，避风。在靠近水源的地方选择地势较平坦或有一些小起伏的地方建设野营地。⑤休闲农场模式。这是一种供游客观光、度假、游憩、娱乐、采果、农作、垂钓、烧烤、食宿、体验农民生活、了解乡土风情的综合性农业区。⑥教育农园模式。这是将农业生产和科学教育相结合的一种农业生产经营形式。农园中栽植的作物、饲养的动物、配备的家具设备及所采用的生产工艺和耕作技术等都具有较强的教育意义。教育农园可设置简单的农业博物馆，陈列反映当地种养殖业生产历史与现状的农畜产品、图片或农具，介绍农业生产工艺技术的资料等，并可在农园内建立演示区，再现农业生产历史。这样可以增加游客对当地农业生产历史的了解，激发他们爱农、兴农、投身于中国农业建设的热情。可借鉴法国的教育农场、日本的学童农园及中国台湾的自然生态教室等。可选择一批农业历史悠久、农业文明发达、耕读合一的典型村落作为基地进行培育。⑦农村留学模式。这是指城镇居民将子女送到农村就读小学和中学，或在假期把孩子送到农村亲属家去寄宿，并参加农场作业、农村社区活动等，此即所谓的农村留学。这主要是为了培养青少年坚韧、朴实、健康、正直的人格。甚至可以仿照湖南卫视的《变形记》，选择一批条件艰苦、经济发展比较落后的偏远村落作为基地，面向城市市民的孩子，进行农村生活体验教育。⑧民俗文化村模式。农村某些地方具有特定的民俗风情、文学艺术、园林建设、文物古迹，如衣着、饮食、节庆、礼仪、婚恋、丧葬、喜好、禁忌、歌舞、戏剧、音乐、绘画、雕塑、工艺、寺庙、教堂、陵墓、园林等，这些都是重要的旅游资源，对城镇居民有着强烈的吸引力。可在民俗文化旅游资源丰富的地方建设民俗文化村，举行多种多样的民俗文化活动，以招徕游客度假和休闲。这种模式重点是选择江西的历史文化名镇、名村作为基地，对一些古村的民俗文化加以发掘，并形成体验性产品。⑨乡村俱乐部模式。例如，在原来知青集中的乡村建立"知青俱乐部"；开展"知青回'家'游"；利用水库、湖泊、鱼塘、河段建立"垂钓俱乐部"；选择适宜的地方建设"乡村高尔夫球俱乐部"或"乡村高尔夫球练习场俱乐部"等形式多样的乡村俱乐部。

二、山水生态康体度假

（一）可行性分析

现代社会，旅游的主体一般是"五有"人群，即有钱、有闲、有车、有房、有病人群。有病是指心理的不良状况，包括压力、郁闷、不满等，所以往往需要摆脱压力或转移注意力，寄情于山水，或者移情于山水，在山水的休闲中放松自我、提升自我。随着全球气候变暖，江西作为一个盆地省，特别是随着城市规模越来越大，城市人口越来越多，江西受到气候变暖的负面影响将越来越大。因此，江西山地避暑度假旅游的市场需要会日益扩大。江西多山水，并且是青山绿水，好山好水，所以很适合重点打造山水生态康体度假基地。

（二）资源依托

山体生态度假资源依托：第一，山地海拔高度为800~1 200米比较合适，这样可以保证夏季山水气温在30°以下；第二，山顶的空间较大，可以容纳较多的旅游者，并有足够的空间开展各种娱乐活动；第三，山地的植被保护良好；第四，山顶要有充足的水源；第五，山地周边有较大的城市群作为依托。

水体生态康体度假的条件：江西的天然湖和人工湖很多，因此开发湖泊度假旅游的资源丰富，而且近年来仙女湖、庐山西海、陡水湖的开发成功为江西湖泊休闲度假的开发积累了丰富的经验。湖泊旅游资源要素的构成，主要有水域、陆地（包括岛屿、半岛、湖滨）。水域为整个湖泊度假提供了大环境和旅游的氛围，同时水域本身也是湖泊度假旅游的活动平台；陆地（包括岛屿、半岛、湖滨）则是提供旅游服务的主要平台，各种主题的旅游娱乐活动要依托于陆地，以保障旅游者的兴致，增加旅游的吸引点。

山水生态康体度假的总体条件：江西是山水旅游资源的富集地，自古有"六山一水二分田"之说，山地面积占全省土地面积的64.2%，全境有大小河流2 400余条，湖泊2 700多个，因此成为国内外游客无比向往的旅游胜地。江西三面环山，南有九连、大庾层峦叠嶂，东有武夷、怀玉峻峭列屏，西有罗霄、幕阜、九岭逶迤巍峨。众多的山岳型旅游资源无论是从数量还是从品质来看在全国都名列前茅。庐山襟江带湖，浑然一体，雄、奇、险、秀、刚柔并济，素享"奇秀甲天下山"之盛名。井冈山既是享誉天下的中国革命摇篮，又"峰雄林茂苍竹翠，瀑壮壑幽杜鹃红"，是不可多得的绿色宝库。三清山峰奇兀立、云天怪石、惟妙惟肖，堪称世界峰林大观。龙虎山丹峰悬崖峭壁，秀水碧透流霞，道教和崖墓文化源远流长。龟峰山峦峻峭，怪石嶙峋，无峰不"龟"，景观稀奇异常。除此之外，还有武功山连绵十万亩的高山草甸，被誉为"云中草原"；明月山以浪漫的"月亮文化"和温润可人的富硒温泉著称于世；东江源头三百山是深圳和香港同胞饮水之源；"千峰之首"黄岗山是东南十省的最高峰；大茅山林茂峰俊、飞瀑流泉，是全国森林覆盖率最高的山之一 。南昌梅岭、上饶灵山、大余丫山、会昌汉仙岩、崇义阳岭、宁都翠微峰、广丰铜钹山、婺源大鄣山、铜鼓天柱峰、永修云居山、吉安青原山等，皆是钟灵毓秀，美景怡人。

江西地处粤闽高、中温水带边缘，地热资源丰富，是中国地热资源大省之一，温泉点数量居全国第7位，适宜重点发展温泉休闲。江西境内鄱阳湖、长江波澜壮阔。境内赣江、抚河、信江、饶河、修水五大内河汇流鄱阳湖，进长江、入东海，奔腾不息。鄱阳湖是中国最大的淡水湖、国际重要湿地、世界生命湖泊网中国唯一成员，号称"珍禽王国""候鸟天堂"。西海千岛落珠，山水交融；仙女湖山水相映，水天一色；陡水湖湖抱岛环，景色秀美。大觉山峡谷漂流在3.6千米内落差达188米，给游客以动静结合、有惊无险的无穷乐趣[43]。

江西大多数城镇依滨水而建，城市与江湖相倚相依，风光旖旎。例如，南昌被誉为"中国水都"，水域面积达2 204.4平方千米，居中国前三甲。

赣江穿南昌城而过，青山湖、象湖、前湖、瑶湖等诸多湖泊散落城里和城外，红谷滩沿赣江岸线不仅是南昌新兴现代化都市的核心区，也是重要的景观带。九江是著名的历史文化名城，枕长江而揽鄱湖，城内南门湖、甘棠湖、白水湖、八里湖碧波荡漾，自古就是游览胜地。赣州八境台外章江、贡江临墙并流，汇集成赣江，三江六岸集城区美景大成，再现古赣州滨江沿线的魅力风采。

（三）开发理念与产品开发

山水生态康体度假要改变过去单一的观光模式，将诗词、典故、地质变迁、历史文化等要素融合开发，侧重于体验设计，引导游客由观到赏的转变，并到悟的升华。

打造山水生态康体度假，一是要做足山岳文章，做强山地休闲，推出山地休闲精品。江西多山，且名山甚多，有庐山、三清山、龙虎山、井冈山四大名山，还有一系列有特色的名山，从旅游角度看都有很高的开发价值，且有较大的知名度。但这些山岳旅游产品多为观光旅游产品，体验性不足，严重制约了其成为重要度假圣地。要形成度假名山，关键是形成自己的特色，设计参与性的体验活动，并有浓厚的休闲氛围，拥有充足的体验感。鉴于各地区山地旅游资源特征，可打造"观光+度假""休闲体验""宗教养生"等不同的开发模式，促进山地休闲度假旅游的全面开展。全力打造高档次、高品位、体验性强、参与度高的现代山地休闲旅游度假区，提升江西山地度假整体的旅游形象和竞争力，实现由观光名山向度假名山的转变。其中，庐山可以打造政治名山度假目的地，将爱情度假、摄影、写生、西方节日、本地民俗结合起来，将夏季避暑和冬季南方赏雪结合起来，延长度假期；龙虎山可建设成道教养山水、养生休闲基地，开发道教研习、道教文化体验、道教美食品味、道教朝觐、崖墓探秘等活动；井冈山应突出革命摇篮与高山美景相结合的特色，将爱国教育与修学、游学等结合起来，可打造成养德、养生休闲基地；明月山可以自然生态为背景，打造成以月亮文化为特色的全国著名的生态旅游区和休闲度假区。三清山可依托丹霞地貌特色，着力打造峰林览胜、丹霞观光、山地休闲、生态度假等旅游产品，建成世界峰林景观休闲胜地。各知名山岳按照自身的资源特色与文化风格打造不同类别的山水休闲基地。这些山水休闲基地要按照旅游综合体的概念进行建设，形成区域内各旅游要素一条龙、一体化，形成块状旅游，形成综合经济模式而不是单一的门票经济模式。

二是要开发水体旅游休闲度假产品。其中重点是打造湖泊旅游，湖泊旅游发展的高级阶段为湖泊型旅游度假区。江西湖泊多，重点是建设和推出以鄱阳湖、庐山西海、新余仙女湖、南昌艾溪湖、九江八里湖、上犹陡水湖为代表的湖泊休闲度假目的地，并以此带动一批优质水域休闲度假地的开发。其中，鄱阳湖重点围绕商贸文化、湿地文化、候鸟文化、地域民俗风情打造度假产品，庐山西海围绕岛屿、佛教、养生、采摘等开展；仙女湖依托七夕情人节的诞生地这一品牌做足文章，将爱情与度假结合起来，打造成国内著名的情侣度假地。重中之重是做好鄱阳湖休闲度假产品的开发，鄱阳湖作为江西的"眼睛"，沿其周围有大山和大江，最利于开发成集娱乐、健身、认知、教育以及举办赛事等多功能于一体的大型休闲娱乐区。鄱阳湖又是国家湿地公园，可围绕"白鹤之乡，候鸟王国"做文章，开发候鸟科考、生态摄影、野外写生、生态研习活动，丰富度假旅游的内容。通过在湖泊内开发各类旅游设施、景点，提供多种主题的旅游娱乐活动的服务，能够将湖泊具备的广阔空间转化为旅游的时间，使湖泊的资源优势转化为旅游开发的经济效益。当然，围绕水域或陆地的旅游服务项目的主题开发与设计，应具有一定的灵活性，做到常变常新，以适应不断变化的市场形势。对于水体休闲旅游，其产品设置可以丰富多样，如在江河湖泊中配备船、游艇、竹筏等，开发垂钓、开展水上派对（party）等项目，如开发游轮夜游赣江、游船热热闹闹游鄱阳湖、小小竹排芦溪河中游等产品。

三、城市休闲度假

（一）资源依托

城市休闲度假的资源依托有国家级和省级历史文化名城、历史文化街区、历史文化遗迹遗产、都市风格、城市生活、城市风貌、城市地标性景观等。

（二）开发思路与休闲产品设计

打造都市景观，发展城市休闲，是构建都市景观、田园乡村与自然山水三足鼎立的观光旅游产品格局，形成具赣鄱风韵的城市·乡村·景区一体化发展的旅游产品体系的重要组成部分。

（1）整合城市特色餐厅、特色建筑及街区、城市公园与休闲广场、艺术馆、博物馆、纪念馆、遗址遗迹区、创意园区、城市综合体、休闲会所和旅游小镇等城市休闲旅游资源与都市景观资源，配合城市完善的基础设施和产业要素，协调开发城市形成"无景点"休闲旅游城市。把城市作为开放性休闲景点加以经营，加强休闲氛围，拓展休闲时空，从而延长休闲产业链。江西发展城市休闲，可以重点打造几个版本，一是以国家级历史文化名城为基础的城市历史感受版的城市休闲，把赣州市打造成为以宋城与客家文化体验为特色的城市休闲基地，把景德镇打造成为集陶瓷文化研习、品读、赏析与陶瓷制作体验于一体的国际性瓷都；二是独特的城市市民生活体验版的城市休闲，把南昌打造成为具有水城特色的江南历史名城，把南昌打造成像威尼斯或阿姆斯特丹那样的现代化水城，并依托南昌的历史文化，打造隋、唐、宋、元、明、清大型影视基地；三是以文艺和非物质文化遗产为特色的、以文化欣赏为目标的休闲城市；四是以感受城市发展与变化为主要内容的城市休闲。重点是包装南昌红谷滩新区、九江八里湖新区等城市新区，让游客感受江西速度和城市新貌。

（2）将城市周边古村寨、田园风光和特色小镇等乡村景观资源建设成为田园乡村风貌景观带。

（3）延伸开发或提升建设好一处资源禀赋较高的自然山水景区。

（4）配备相应的旅行社、游客咨询服务中心、旅游信息媒介、旅游快捷交通等旅游要素。构建以都市观光、乡村休闲、自然山水景区游览为主的观光旅游产品体系，形成城市·乡村·景区一体化发展格局，实现游人跨圈层、跨界域的观光体验，促进旅游与城市、乡村、田园和山水环境的协调发展，提升江西观光旅游产品纵深度与组合度。

四、温泉养老养生度假

（一）资源依托

江西地热资源丰富，数量居全国第七，温泉休闲开发潜力巨大。江西全省已发现多处天然出露的温泉，这些温泉数量多、流量大、水质好，富含多种微量元素，具有独特的疗养保健功能，非常适宜旅游开发。温汤富硒温泉是中国目前发现的唯一一个可以与法国埃克斯温泉相媲美的优质温泉，被称为"世界独一有二无三"；星子庐山温泉是全国著名的富氡温泉，素有"江南第一温泉"之美誉；其他诸如庐山西海温泉、武功山温泉、樟树盐温泉、遂川汤湖温泉、安福武功山嵊源温泉、石城九寨温泉、安远虎岗温泉等各具特色。

（二）开发理念与产品设计

温泉休闲的开发，要摆脱单纯的泡澡模式，将温泉休闲打造成复合型产品，如将其与康体、疗养、会展、运动、娱乐等结合起来，注重与地域文化相结合，注意动静结合。

赣南、赣中及赣北都拥有温泉区，不同的地区其温泉也各不相同。江西温泉旅游产品开发依托当地独有的文脉，连接其开发模式，使其与传统的开发模式相比较，不仅可使温泉旅游地形成自己独特的品牌，也将满足旅游者对温泉旅游的深层次的追求和体验，同时加快当地温泉旅游的发展。例如，星子县与陶渊明渊源甚深，其温泉旅游可以立足当地特色，采用"1+N"的开发模式，开发有关陶渊明的温泉旅游产品，与温泉组合成新的旅游产品：①"陶渊明文人一揽+温泉"模式，将陶渊明的观光景点与温泉相结合，使游客在泡汤的同时了解文人陶渊明；②"诗词文化+温泉"模式，通过诗词丰富星子温泉的文化底蕴，展现星子温泉不一样的空灵气质；③"养生+温泉"模式，依托星子温泉的地域特色，与养生文化相结合，体现出星子温泉不一样的养生魅力。星子温泉也可以与当地民俗相结合，开发"农家风情+温泉"的旅游产品，使游客在沐浴的同时，享受星子独有的民风、饮食等项目，这不仅能强化温泉旅游的氛围，也能打造星子温泉的特色。

江西具有独特的地域文化，可实施温泉地域文化主导战略，并加以提升，使其形成江西独特的温泉文化。例如，庐山温泉依据当地独有的佛教文化，与其相结合，开发佛教温泉旅游产品，佛教从印度传到中国，最后能在中国发展，庐山的功劳很大，因此庐山留下了丰富的佛教文化及场所，佛教养生的核心是禅，主张静坐、修心、修身。庐山温泉度假村可以邀请庐山脚下的高僧开展以养心为主、以"坐禅"和"止观"等为依托的佛教温泉养生产品，让游客在享受舒适温泉的同时，体会佛教独有的养生文化。

江西吉安拥有中国第一个建立农村革命根据地的地方——井冈山，其温泉旅游地可以借助井冈山独有的革命文化特色，开发多样化、别具一格的红色风情温泉旅游产品，如红色风情温泉会所、革命温泉村、战争游戏温泉会所，从而使游客在体验到温泉的同时，还可以享受到井冈山那星星之火的革命情怀。

宜春，因"城侧有泉，莹媚如春，饮之宜人"而名，其拥有的温泉旅游资源同样丰富，其温泉旅游区可深度挖掘本地资源特色，即突出打造温泉休闲产品，深入挖掘禅宗圣地底蕴，全力叫响月亮文化品牌，捆绑成势，形成特色化宜春旅游模式。例如，明月山温泉景区可以将温泉与山水与月亮文化、禅宗文化和农耕文化等相融合，打造"氡""硒"两大特色温泉；铜鼓温泉可与体验客家文化和游览毛泽东化险福地红色景区结合起来；靖安温泉可以紧扣良好的生态环境和南昌后花园这个主题，打造休闲生态温泉文化；奉新温泉可结合百丈寺这个禅文化背景；樟树盐泉可以养生休闲为主题，充分考虑"药都""酒乡""道教"这三大优势，打造集温盐泉漂浮、水上休闲娱乐、运动休闲、疗养保健于一体的旅游度假胜地，成为江南唯一的盐浴康体健身旅游项目。

江西赣州客家风情独具一格，其客家文艺形式丰富多彩，有采茶戏、东河戏、狮舞、龙舞、宗教酬神舞、南北词、唱词、五句板、古文、山歌、风俗歌、民间小调、民间故事等，可谓众彩纷呈，赣州温泉可立足当地独有的客家民俗，将客家独具风情建筑移入温泉旅游区，开发各种客家文化与温泉相结合的旅游产品，并让山水、歌舞、休闲等各种产品互相组合，使游客融入令人耳目一新的客家风俗中，这将在游客的心目中树立赣州客家温泉品牌，也使该地的开发模式得到更好的推广。

温泉养老养生旅游主要适用于保健疗养，但保健疗养具有一定的限制性。在现代社会，人们的生活节奏比较快、心态比较浮躁，而温泉疗养又主要针对慢性病，它具有一定的时间性，一般都需要有一段时间的疗养。为此，江西未来温泉养老养生旅游要努力创新，提倡"在运动中泡汤，在快乐中疗养，在乡野中放松，在家庭中交往"的温泉养老养生旅游的理念。一是"在运动中泡汤"，即改变过去在浴盆中泡温泉的枯燥方式，提倡游泳、水中漫步、水中游戏的趣味性泡温泉方式；二是"在快乐中疗养"，即改变以往温泉疗养仅仅就是泡温泉的做法，大量地增加除温泉沐浴之外的活动，如特色餐饮、健族运动、陆地上的活动等，使旅游者能够在温泉旅游区快乐地进行疗养；三是坚持"在乡野中放松"，温泉区具有优美的田园风光、整齐的农舍经过，同时温泉区也要发展休闲观光农业，让旅游者享受到在乡野中放松的乐趣；四是"在家庭中交往"，即温泉区要注意家庭氛围的营造，让各种身份的度假者在此得到如家庭般亲切的社交机会。

温泉养老养生旅游对市场要求较高，因此江西温泉开发项目开发应坚持高、中、低档搭配。近期主要是疗养度假与文化娱乐、特色餐饮旅游相结合，中期与养老养生相结合，远期开发高档体育休闲。

第二节　重点产品建设

江西打造休闲度假旅游目的地，需要开发一系列核心休闲度假旅游产品，同时也应建设重点产品，打造产品品牌，以特色休闲产品为突破口和切入点，为江西休闲度假旅游目的地建设提供强力支撑。

一、特色文化研修休闲度假

之所以要开发文化休闲，一是因为江西历史上是文化大省，特别是在宋明时期。江西的历史文化积淀深厚，历史名人辈出，历史遗存、遗迹丰富。发展文化休闲度假有着明显的资源优势。二是因为旅游的灵魂是文化，文化休闲旅游才更有境界。三是因为文化休闲，对于延长逗留时间，盘活其他资源，都有重要作用。

江西省特色文化研修休闲度假产品开发应依托宗教文化休闲、客家文化休闲、赣都文化休闲、陶瓷文化休闲、红色文化休闲、励志文化休闲、生态文化休闲、母爱文化休闲、江湖文化休闲、茶文化休闲等有特色的地域文化，注重针对性、参与性、融合性，避免流于形式，充分与高科技、动漫、创意产业等相结合，可重点打造三类文化休闲。

一是宗教文化休闲。当今社会的许多矛盾与困扰，都可以从宗教之中找到良药。随着经济的发展，社会节奏越来越快，越来越多的人把宗教作为自己的精神家园。历史上江西是宗教滥觞之地，宗教休闲的开发具有天然的优势。东汉时期的张道陵在龙虎山炼丹传道，他创立的天师道是中国最早的道教组织之一，龙虎山成为中国道教天师派的祖庭。江西拥有众多的道教名山，如南昌西山、樟树阁皂山、上饶三清山、南城麻姑山、萍乡武功山等。江西也是佛教文化传播的重要圣地。庐山东林寺是佛教净土宗的祖庭，宜丰的洞山和宜黄的曹山是佛教曹洞宗的祖庭，宜春的仰山是沩仰宗的祖庭、萍乡的杨岐山是临济宗杨岐派的祖庭，修水的黄龙山是临济宗黄龙派的祖庭，马祖道一以南昌为中心传播的"洪州禅"声名远扬。可见，江西宗教旅游资源异常丰富。在开发宗教休闲过程中，应注意江西宗教文化休闲产品开发主要依托庐山东林寺、永修云居山、樟树阁皂山、鹰潭龙虎山、新建县西山、临川金山寺、南昌东禅古寺、武宁弥陀寺、星子简寂观、都昌老爷庙等一批宗教文化名山丰富的宗教文化资源，对宗教文化内涵进行深度挖掘，重点对宗教的修身之道、养生之道加以发掘，将宗教建筑的鉴赏、宗教人物的品读、宗教典故的分享、宗教教义的研读、宗教教规的体验、宗教美食的品尝结合起来开发，形成富有特色的宗教休闲产品。可重点开发参禅悟道系列休闲活动，对于佛教休闲游，可设计礼佛、早晚功课、过堂用斋、听经、高僧开示、佛教音乐鉴赏、佛教建筑鉴赏、禅茶品鉴、斋饭品尝、佛法研习、打佛七、闭关等活动，还可打造佛教主题晚会，如东林寺可推出净土晚会，满足游客全方位认知、感知佛教文化和体会佛教意境的需要，使游客达到身心的极大放松。

二是开发陶瓷文化休闲产品，依托瓷都景德镇的垄断性地位和悠久的陶瓷历史，围绕瓷土采集、陶瓷制作的整个过程、陶瓷品鉴等环节开发集陶瓷制作体验、陶瓷文化研讨、陶瓷艺术赏析于一体的陶瓷文化研修休闲产品。

三是开发红色文化休闲产品。江西是革命老区，是红色摇篮，可重点开发红色文化休闲活动，应选择四个地方进行重点打造，它们是人民军队的摇篮南昌、共和国的摇篮瑞金、革命根据地的摇篮井冈山、工人运动的摇篮安源，分别围绕这些历史事件开展相应的研修体验活动。

二、户外运动休闲度假

户外运动休闲产品的开发应以高山、草甸、沙漠、江河湖泊、山林等资源为依托，进行立体开发，做到地面与空中相结合，水面与水下、水上相结合，应实行竞技与体验相结合。利用鄱阳湖、西海、仙女湖、军山湖、陡水湖、上游湖、醉仙湖、赣江等水上体育运动场所，以及南昌翠林高尔夫球场、共青城高尔夫、仙女湖国际乡村俱乐部等高端体育运动场所，融合森林公园、自然保护区以及山体旅游景区资源，将旅游与休闲运动相结合，完善河港码头、自驾车营地、房车宿营地、汽车旅馆、汽车租赁等与休闲旅游新需求相适应的设施和服务，开发徒步登山、骑行、自驾车、房车、水上竹筏游船、休闲垂钓、高尔夫、野外生存体验旅游等"慢呼吸"康体运动休闲旅游产品。

江西应重点打造登山运动、高山攀岩、水中游泳、水上冲浪、高山滑草、沙漠越野、森林溯溪、环鄱阳湖自行车运动等具有资源优势的运动休闲品牌，让游客享受运动的快乐。应充分发挥武功山高山草甸生态资源优势和革命历史文化特色，以此为背景，大手笔策划建设高山滑草等高品味的休闲运动项目，着力打造户外运动、绿色休闲、红色体验等休闲产品，提升景区知名度和吸引力。

江西比较适合开发的户外运动休闲度假项目主要有：船艇运动，如游艇、橡皮舟、竹筏漂流、独木舟、水上摩托等；垂钓；人造水上乐园项目，如水滑梯、跳台、人工冲浪、水中跑道等。考虑到江西的山地、丘陵较多，自行车的群众基础较为深厚，因此未来应重点开展山地自行车运动休闲项目。球类运动休闲项目中，江西比较有优势的是沙滩排球、高尔夫球等。其他运动休闲项目还有器械健身、攀岩运动、风筝、航模、棋类、斗牛、滑翔伞、呼啦圈、交谊舞、特种兵训练项目、溜索等，其中特种兵训练基地、攀岩等运动休闲项目前景较好。

对于户外运动休闲度假旅游者来说，不管是什么运动项目，都要具备一定的技术，而大多数普通旅游者，又不太愿意花时间去学习，因此户外运动休闲度假的开展有一定的难度。一方面需要开发者在硬件建设的同时，使软件服务适应需要，特别是需要培养和引进一批专业的体育人才，配置专门的教练进行指导，教练要有足够的耐心面向普通人提供训练服务。大多数旅游者喜欢随大流，追求时尚，他们可能今天喜欢高尔夫球，明天又迷上了网球，改日又对呼啦圈感兴趣，这些都是很正常的，关键是要把握舆论的导向，善于制造体育运动的时尚。

三、自驾车与营地休闲度假

自驾车休闲游是当今旅游的一大趋势。未来自驾车休闲旅游将朝着有序化、大众化、休闲化方向发展。江西要主动去顺应这种趋势，主动构建自驾车旅游网络系统，主要包括需求系统、供给系统、信息系统、支持系统，全面提升自驾车休闲度假旅游产品竞争力。加大营销力度，实行政府营销、宣传营销、全面营销的整体营销战略；实现营销渠道网络化与多元化并重，举办各种类型的自驾车节庆活动、建立自驾车合作论坛等。例如，可以重点推出环鄱阳湖国际自行车比赛、老爷庙沙山摩托车越野赛、汽车越野赛、武功山国际帐篷节等活动，打造自驾车休闲品牌。江西可在三清山、武功山、厚田沙漠、多宝沙山重点打造户外露营基地等。

四、修学休闲度假

修学休闲度假旅游应以古代书院、宗教庙宇、革命圣地、陶瓷生产地、重要地质遗迹等资源为依托，创新多样化旅游产品。一是开展书院文化修学休闲度假，凭借书院厚重的历史，开展国学修学度假。鉴于江西书院文化的悠久历史，建议围绕坐落在风景佳美之地的白鹿洞书院、鹅湖书院等，开展书院之旅，发挥其认知、教育功能，同时，开发出登山、野营、娱乐等多种休闲项目，让人们有所学、有所悟、有所感、有所获。例如，依托白鹿洞书院的国学文化，通过体验化设计和产品多元化，实现产品的鲜活化和动静结合，突破传统观念与静态文物欣赏的开发局限，使其兼具教化、休闲、生态以及养身等多元功能。为此，可以设计我论书规、神算子、我爱记诗词、我是书法家等体验性活动，让游客穿越时空，做一回朱老夫子的学生，深切地感受一下书院氛围。还可设计敬拜先师、成年礼等活动，让游客感受和形成尊师、尊重知识的观念，勇于自我承担，勇于承担社会责任。还可设计"流觞曲水"高品位文化活动，让游客体验古人"流觞曲水"的乐趣，让古人们的高洁雅趣成为我们现代人追求文雅高洁生活的动力。还可以根据书院的学田，采用小团体 DIY 领主制设计欢乐学田生活体验，让游客感受到耕读合一及劳作的欢快。根据白鹿洞书院的隐逸文化，可设计修身和隐学系列休闲产品。还可依托白鹿洞书院的国学氛围，开发特色餐饮鸿儒宴（国学宴），让游客轻松和真实地感受古人的用餐礼仪，真实地感知国学，快乐地体验国学。

二是开发宗教休闲养生产品，重点是依托江西著名的佛教和道教圣地，如东林寺、西林寺、杨岐山、青原山、真如寺、梅岭、庐山、三清山、龙虎山等佛教与道教圣地，将休闲活动与宗教精神研讨、学习与宗教食疗结合起来，让游客体验宗教养生之道。

三是开发修德养生休闲产品，如依托井冈山、瑞金、南昌、三湾等地，设计革命教育体验活动，以此进一步拓展，形成修德养生休闲产品。将革命历史追忆、革命故事品读、革命精神学习、"革命"生活体验结合起来。

四是开发地质修学旅游，依托江西的丹霞地貌、花岗岩地貌、第四纪冰川遗迹等地质点，面向具有一定地质常识的游客，开发地质修学旅游。

五、森林休闲度假

近年来中国森林休闲旅游业快速增长，森林公园以门票收入为主的直接旅游收入在 2003 年就已达到五十多亿元。森林旅游业的快速发展能带动一系列相关产业（如交通业、餐饮业、加工业、种养殖业等）的发展。在当今城市环境污染、尾气尘埃等问题困扰不已的情况下，越来越多的城里人渴望暂时逃离钢筋水泥的城市，渴望回归自然，于是森林休闲受到旅游者的青睐。

江西生态环境优越，森林覆盖率全国第一，各层次森林公园众多，其中国家森林公园就达 45 处，在全国排在前列。江西森林覆盖率全国第二，森林公园多是江西的一大优势。江西应以实现"山上办绿色银行"目标为基点，大力发展森林休闲。森林休闲度假的产品不能停留在建设森林公园，以及在自然保护区内核心区以外开展旅游活动，要注意使其与养生养老、科学探秘、科普教育等结合起来，努力构建修身养性型度假产品、参与娱乐型度假产品、游览拓展型度假产品，为游客提供多样化选择。重点是依托城郊型的森林公园，开发森林浴、森林跑步、森林氧吧、森林写生、森林迷宫、森林野战等森林休闲活动。

第三节　配套支持体系

一、特色化旅游餐饮

丰富赣菜体系，打造赣菜烹饪品牌，推广鄱湖鱼宴、庐山"三石"宴、井冈红军伙食菜肴、天师养生宴、客家民俗宴、临川才子宴、禅宗素食宴等赣菜系列。主要旅游城市、旅游中心城镇建设特色饮食街。树立品牌意识，重视环境建设和文化氛围营造，打造餐饮名店。引导城市近郊和景区大力发展以餐饮为主的农家乐旅游项目。

二、多层级住宿设施

为了休闲度假地的建设需要，江西省需要有规划、有重点地建设一批有特色的多层级住宿设施，特别是建设一批富有地方风情的住宿设施，让游客产生深刻的住宿体验。为此，重点是要建设一批绿色生态饭店，外部可古色古香，内部卫生设施齐全；建设一批汽车旅馆，满足自驾车休闲者的需要；建设一批星级农家旅馆，满足游客乡村休闲的需要；建设一批有乡村特色的客舍，满足民宿旅游的需要；还有就是为驴友一族提供户外休闲的帐篷；建设一批有赣派风格的山地别墅；另外，需要在重点湖、河段打造一批游轮，满足游客水上度假的需要。

三、个性化服务方式

有特色的接待方式是一个地区旅游吸引力的重要因素，特别是好客的接待方式将是一个地区保持持久吸引力的保障。美国的夏威夷因为当地人民的好客，而使其良好的形象深入人心，从而始终是世界最著名的旅游度假目的地之一。

江西是老表文化的诞生地，也是红色摇篮，又是苏区好作风的发祥地，因此淳朴、热情、好客的民风具有很好的基础以及很好的口碑，可以重点营造并加以推广，以此来招徕国内外度假旅游者，使其具有宾至如归的感受。

一方面，要创新地域特色服务模式。依托江西丰富的民俗文化和风情生活，挖掘一批具有地域特色、传统特征、人文特点的生活方式和待人接物方式，将其融入旅游产品的开发，旅游服务、经营、管理过程中，形成个性化、参与性、体验型、具有尊重感的经营服务模式，如挖掘江西代代传承的山乡、湖区、客家、畲寨、苏区等民情风俗和人文生活资源，打造具江西风情、江西风格、江西风尚的旅游服务方式，这就是鄱湖渔家游客服务方式、赣南客家旅游服务方式、原中央苏区红军生活服务方式等。这些具差异化的旅游服务方式，不但能增加游客的新奇感、尊重感，而且由于本身的差异性和赋存的人文内涵，而具有吸引游客的功能，其实它们也是一种有特色的旅游产品。另一方面，要形成服务业功能集聚区。江西应根据资源特色、区位优势、文化因子等的不同，积极探索打造山地休闲度假疗养功能区、湖泊休闲度假旅游目的地、红色文化创意产业功能区、休闲农业体验功能区、山城会展培训功能区、城市核心商务功能区等。

四、地域性旅游商品

旅游发达国家和我国旅游先进城市的经验告诉我们，旅游购物消费是旅游的最大宗消费，而从目前江西旅游综合收入中的购物所占的比重来看，江西旅游购物业发展潜力巨大；旅游商品的产业链长，拥有跨越一、二、三产业的上下游产业，具有强大的带动功能；江西旅游商品资源丰富、产品多样，具有很大的发展空间。

特色商品开发是休闲度假的内在要求，也是拉动游客消费的重要途径。要加快旅游商品研发、生产、销售体系建设。按照"一景一品"的要求，突出地域特色和历史文化底蕴，开发具有江西特色的陶瓷美术工艺品系列、民间工艺品系列、传统手工业品系列、绿色有机食品系列和土特名产系列五大特色生态旅游商品系列。具体来说，可重点包装和开发景德镇瓷器、龙尾砚、四特酒、河红茶、袁州夏布、凤凰沟牌桑蚕丝被、鄱阳胎漆器、齐云山南酸枣糕、庐山云雾茶、"奔步"系列竹制品、煌上煌酱鸭、庐山恋竹纤维系列产品、南丰橘饼、蜜橘糕、蜜橘芝麻糕、蜜橘花生糕、黄狼毫书画套笔、靖安白茶、"颜控"硒泉面膜系列、万年贡米、湖口糟鱼、丝瓜络布鞋、高湖皇菊、葛佬葛汁、"井竹"系列苎麻制品、宁红茶、安福火腿、兴国鱼丝、广昌路上工艺扇、石钟山瓷盘、南昌瓷板画、金星砚、凤凰牌相机、得雨牌茶叶、安福牌中式火腿、铁拐李牌灯芯糕、广昌白莲、军山湖牌清水大闸蟹、信丰脐橙牌脐橙、鸭鸭牌羽绒服、甲路纸伞、广丰竹编、余江木雕、进贤文港毛笔、金溪雕版印书、高安腐竹、景德镇板鸡、弋阳年糕、宜春松花皮蛋、庐山三石、安远香菇、泰和乌骨鸡、鄱阳湖银鱼、婺源荷包红鲤鱼等具有江西特色的旅游商品，以延长度假旅游消费链条。发展和壮大一批具有规模化、系列化、品牌化、规范化的旅游商品生产企业。完善旅游商品销售体系，在主要旅游节点城市和重点旅游景区建设或完善旅游购物中心和旅游商品销售网点。

同时，还可针对部分旅游商品发掘其文化内涵，进行参与性、体验性设计，赋予商品消费过程趣味性和知识感。例如，庐山可依据庐山别墅设计别墅模型，供游客选购。金溪竹桥古村可开发雕版印书旅游商品，可以历史上的临川文人作品为雕刻对象。

五、品牌节庆活动

要建成具有吸引力的旅游度假目的地，江西在旅游吸引要素建设上必须坚持动静结合。静的主要表现方式是养生、养老、疗养，动的方面则应是运动养生、文化体验、文化演艺等。各地应根据自身的特色和原有的基础，包装和推出一批旅游节庆活动，以吸引人气和留住度假游客。旅游节庆活动的设计，要以本地文化要素为素材，借助高科技对文化资源进行创造与提升，通过知识产权的运用和知识密集型策划，开发观赏性、参与性、娱乐性、体验性强的现代游娱项目，精心策划以革命摇篮、红色故都、文化山水、千年瓷都、道教祖庭、禅宗圣地、华夏梦都、客家风情、鄱湖渔乡、月亮文化以及赣鄱风物风情等为主题的大型演艺节目，创作、推出一批大型情景歌舞剧，为休闲度假旅游提供氛围、动态要素。在呈现方式上，可参照《印象刘三姐》的做法，进行实地情景演出，也可以是 3D、4D 技术的逼真表现。其中，可重点开展明月山月亮文化节、江西温泉旅游节、仙女湖七夕情人节、贤母母亲节、杨岐山户外露营节、武功山帐篷节、鄱阳湖旅游文化节、井冈山国际杜鹃花节、红色旅游博览会系列活动、景德镇国际陶瓷博览会瓷文化旅游节、龙虎山国际道教文化旅游节、中国三清山国际登高节、中国（婺源）乡村文化旅游节、明月山月亮文化旅游节、东江源生态旅游节，以及鄱阳湖国际论坛生态旅游节等。

第九章

江西休闲度假旅游目的地品牌
推广与市场营销

品牌（brand）起源于古挪威文"布兰多"，释义为烙印，当时的烙印如同当今的标识。一般认为品牌是为了辨别单个消费者或消费者群体的产品或服务，与其他竞争对手相区分，而形成的一种名称、包装、术语、商标、价格、符号或设计等，它代表企业或区域所依托的发展理念、历史文化、价值个性等，在经济意义上是一种无形资产，能够为企业或区域带来利润和财富。随着品牌理论研究领域的扩展以及世界旅游业的快速发展，出现了旅游品牌的概念，中国也非常重视旅游品牌建设，特别是旅游目的地品牌研究成为热点，各地纷纷打造区域旅游品牌，力争吸引旅游者，发挥品牌经济效益，增加旅游目的地的无形资产[44]。

休闲度假旅游目的地品牌是以开展休闲度假活动为主要内容，以提供休闲度假类旅游产品为主体，以满足游客文化消费、身心放松、生活体验等精神需求和心理需求为目的的旅游目的地品牌。休闲度假旅游目的地品牌不仅是一种标识，还是休闲度假旅游目的地与旅游者之间建立的契约关系，也是对旅游目标市场的承诺，能够体现区域核心价值观、文化内涵、发展理念、产品特征、研发能力和服务品质等。休闲度假旅游目的地品牌区别于一般的旅游品牌，具有其自身的特点。首先，它具有公共性，由旅游目的地政府、旅游企业、行业协会和当地居民等共同努力打造而成，不为单个企业或个人所拥有，而是由相关利益主体共同拥有、利益共享，为社会大众服务；其次，旅游目的地品牌的形成需要经历定位、识别、内部建设和外部推广的过程，所需时间较长，然而一旦形成则会在旅游者认知中形成思维定式，难以改变，这也要求在品牌建立过程中做到慎重，构建出符合旅游目的地特征的个性品牌；最后，旅游目的地品牌具有地域性，依托当地独特的地理环境、自然景观和历史文化，对载体的依赖性较强，其所塑造形象应符合旅游目的地地方精神或象征，不能与旅游目的地相脱离[45]。

休闲度假旅游目的地品牌推广关系到江西休闲度假旅游长效性的保持，有助于提高旅游知名度和管理服务水平、增加旅游企业经济效益、丰富文化内涵、规范市场秩序、促进产业优化升级和实现区域品牌国际化，对于江西实现打造世界知名的休闲度假旅游目的地具有非常重要的意义。

第一节　江西省旅游品牌建设现状

江西是旅游资源大省，旅游产业历经三十多年的发展，产业格局逐渐优化，形成了庐山、婺源、井冈山、三清山、龙虎山、龟峰等全国知名的旅游景区，区域旅游市场知名度得到提升，旅游品牌日益形成。伴随着旅游业的发展变迁，旅游品牌也经历了从无到有的发展过程。20 世纪 90 年代，江西省为促进旅游业的发展提出"庐山牌"和"京九牌"，发挥了庐山旅游的品牌效应，在一定程度上提高了江西旅游知名度，但这仅仅是江西旅游的主打产品，并没有形成江西整体旅游品牌形象。20 世纪初，旅游经济贡献更加突出，旅游需求日益旺盛，江西开始重视塑造旅游形象，大力推广"红色摇篮，绿色家园"的整体品牌，并广泛宣传"世界瓷都、白鹤王国"的对外品牌，在全国取得一定的市场知名度和美誉度，但这个宣传口号略显无序，在旅游者心中形成混乱的形象，品牌影响力有限。2010年下半年，江西省政府意识到品牌的缺点，积极筹划重新塑造江西旅游形象，强力推出"江西风景独好"的旅游品牌。

一、江西旅游品牌定位现状

在江西省人民政府分管旅游工作的原副省长朱虹，利用近一年的时间，走访江西省 100 个县，深入调查和了解当地人文和自然资源。2011 年，江西省基于全面调研和广泛讨论之后，巧借毛泽东在江西省所作的诗句"东方欲晓，莫道君行早。踏遍青山人未老，风景这边独好"，推出"江西风景独好"的旅游品牌，并设计"风景江西，精彩之旅"的旅游标识。

"江西风景独好"旅游品牌有着深刻的内涵，可概括为"3461"。其中，"三个四"是："四大名山"——庐山、井冈山、三清山、龙虎山，"四大摇篮"——

中国革命的摇篮井冈山、人民军队的摇篮南昌、共和国的摇篮瑞金和工人运动的摇篮安源，"四个千年"——千年瓷都景德镇、千年名楼滕王阁、千年书院白鹿洞、千年古刹东林寺；"六个一"则是指"一湖"——鄱阳湖、"一村"——婺源、"一海"——庐山西海、"一峰"——龟峰、"一道"——小平小道、"一城"——共青城[①]。"江西风景独好"的旅游品牌不仅表现出江西旅游资源丰富、风景独特、品质突出的特点，而且反映了江西旅游发展对交通方便、设施完善、服务热情等方面的价值追求，为游客营造了一种综合感受，令游客惊喜不断，使江西不仅风景独好，而且什么都好。

"江西风景独好"旅游标志也有独特寓意：通过对"江"和"西"两个字进行艺术加工，构成标志的主体，运用绿、红、蓝三色，分别代表江西的生态环境、革命历史文化和以鄱阳湖为主体的水资源，塑造和谐生态、红色圣火、秀丽山水的独特形象。

二、江西旅游品牌产品设计

根据"江西风景独好"的品牌价值内涵，积极开发乡村旅游、红色旅游、温泉旅游、休闲旅游、文化体验旅游等旅游产品，积极构建 1 条中国（江西）文化山水极品旅游线路、4 条黄金旅游线路和 12 条特色旅游线路等精品旅游线路，努力打造出国内外知名的观光、度假、休闲复合型龙头旅游产品，观光、度假、休闲复合型拳头旅游产品和区域特色旅游产品，进一步深化"江西风景独好"旅游品牌特征，发挥旅游品牌的带动效应[46]。

三、江西旅游品牌传播现状

江西省委省政府高度重视旅游品牌形象宣传和推广，通过"一句宣传口号、一部宣传片、一本旅游画册、一首主题歌曲"全方位打造"江西风景独好"的旅游品牌。江西省 2011 年以来每年拨款 3 000 多万元开展江西省旅游品牌宣传工作，加大了对全省、主要旅游城市与龙头景区旅游品牌形象的宣传推广力度，宣传内容、形式、媒介日益多样化，取得了显著的传播与促销效果。其实施的主要措施如下：①办好各种重大宣传活动，针对庐山、井冈山、三清山、龙虎山等 71 个重点旅游景区推出免门票的旅游营销活动，办好 2013 中国红博会、世界旅行商大会，2012 年 3 月开始利用新媒体微博，全面开展"博动江西风景独好"大型微博旅游推介活动，2013 年大力推进"SHOW 美江西风景独好"全球海选旅游体验师活动；②充分利用海内外影响力大、传播面广的强势媒体，开展全方位的媒体

---

① 江西省副省长朱虹在全省旅游工作会议上的讲话，2012 年 2 月 15 日。

宣传与活动策划。在央视一套、新闻频道相关栏目播放《江西风景独好》旅游形象宣传片，重点推介各大主要旅游景区，加强与江西卫视黄金时段、中央电视台四套、中国国际广播电台、央视网等境内外门户网站、主流媒体合作，推进机场、铁路、公路、商场、住宅区的广告宣传，加大品牌推介力度。另外，江西省积极寻求与世界旅游组织及境内外大型旅行商合作，逐步建立江西省国际旅游目的地营销网络，提升"江西风景独好"旅游品牌国际化水平[47]。

综上所述，江西省通过政府、部门、企业和媒体四方力量，构建了全方位、深层次、立体化、多平台的旅游宣传体系，成效显著。截止到 2014 年 6 月，以"江西旅游"为关键词进行搜索，江西省的搜索结果在全国各省旅游搜索热度排名中处于第 20 位，但以"江西风景独好"为关键词，则搜索到 861 万条网络专题链接，在全国省域旅游品牌排名榜中排名第一，遥遥领先于"清新福建"（链接 619 万条）、"活力广东"（链接 147 万条）、"灵秀湖北"（链接 130 万条）、"诗画江南　山水浙江"（链接 69.9 万条）、"锦绣潇湘　快乐湖南"（链接 68.4 万条）、"旅游难忘安徽"（链接 26.5 万条），表明"江西风景独好"已经成为全国知名旅游目的地品牌，品牌经济效应较强，推动了区域旅游业的发展[48]。

江西旅游品牌建设初见成效，但是与其他旅游目的地相比仍存在差距，江西打造休闲度假旅游目的地，应进一步优化旅游品牌定位系统，提炼休闲度假旅游品牌核心要素，挖掘江西休闲的特殊品质，创建旅游市场营销体系，提高品牌忠诚度，提高江西休闲度假旅游市场竞争力。

第二节　建立休闲度假旅游重要目的地品牌定位系统

品牌定位是企业或区域基于市场定位和产品定位，对品牌在文化内涵、个性差异上的战略设计，以期使品牌在目标市场中占据特殊且有价值的位置。品牌定位是为了将产品转化为品牌，挖掘潜在消费者。休闲度假旅游目的地品牌定位要以休闲度假旅游资源为基础、以目标旅游市场需求为依据，不断创造品牌核心价值，树立鲜明的品牌形象，在旅游市场中形成差异化的休闲度假旅游品牌，获得目标旅游市场群体的认同，为区域休闲度假旅游产品开发和营销推广提供决策理论指导[49]。

通常来讲，旅游品牌定位需要遵循一定的原则，主要包括：①资源基础原则。构建具有排他性、独特性、垄断性、规模性的休闲度假旅游资源是休闲度假旅游目的地品牌定位的首要任务。江西省充分利用丰富多样的区域自然资源形成休闲度假旅游目的地品牌形象的"地脉"，利用悠久的历史文化形成"文脉"，打造能够凸显江西省休闲度假旅游特色的休闲度假旅游目的地品牌。②竞争优势原则。休闲度假旅游目的地在进行品牌形象定位时要形成自身特色，必须要分析自身存在哪些竞争优势。区域旅游形象的塑造过程会面临来自高层级形象、本地已有形象以及其他同类旅游地形象的竞争危机，因而应在分析自身资源的基础上，通过区域比较，探析自身独特而鲜明、不可替代的资源或产品特性，并以此为市场卖点进行形象定位。③构建体系原则。依据旅游资源特征的多样性和旅游客源市场的层次性，休闲度假旅游品牌形象定位也应该是多样化、全方位和立体化的综合体，不仅要凸显区域整体个性，而且要折射出相关节点的旅游形象特征。

在坚持以上原则的基础上，休闲度假旅游目的地品牌建设应该以"四位一体"的定位方法为依托，以实现旅游者、当地居民、经营投资者和就业人员的需求为导向，以实现区域利益最大化为目标，构筑江西省休闲度假旅游品牌定位体系。其中"五位一体"包括：①资源位，即休闲度假旅游资源和区域自然禀赋，它是休闲度假旅游活动的物质载体，关系到旅游目的地的美学吸引力；②文化位，即区域历史文化、民俗风情、社区特色文化、居民态度、人文素养等，它关系到旅游目的地品牌内涵和发展后劲；③经济位，即区域基础设施及相关配套设施、经济基础、消费能力、信息化水平和产业发展等，它是保障休闲度假旅游目的地品牌吸引力的重要因素；④生态位，即以可持续发展为指导思想，提倡绿色、生态旅游，保障休闲度假旅游目的地的长效发展；⑤城市位，即城市产业集群、商业集聚水平、娱乐购物设施、公共休闲服务系统、城市化水平等，它关系到本地居民生活质量、居民消费能力、休闲水平，是休闲度假旅游目的地品牌发展的重要依托[50]。

根据以上休闲度假旅游目的地品牌定位体系，结合江西休闲度假旅游发展基础，从旅游品牌定位理念识别系统、行为识别系统、视觉识别系统构建江西休闲度假旅游目的地品牌定位系统。

一、江西休闲度假旅游目的地品牌定位理念识别系统

理念识别形象不仅是品牌形象塑造的核心和灵魂所在，也是旅游品牌形象塑造的核心和灵魂。根据江西休闲度假旅游资源条件、旅游市场分析和主题定位，这里提出六类江西休闲度假旅游品牌理念形象。

（一）漫步江畔，品味人生

打造"漫步江畔，品味人生"的"慢生活"休闲度假旅游品牌形象。以休闲功能为主导，将旅游活动与农业、体育运动和度假地产等相结合，形成"慢生活"休闲旅游产品。第一，围绕"三大基地"（赣南果业生产基地、赣中农业开发实

验基地、赣北棉花种植基地），南昌县蒋巷"三国"（国鸿、国海、国旺）生态农业休闲园、井冈山农业科技园、靖安江西有机农业科技示范园、永修凤凰山桃花园等江西现代生态农业园，"品牌农业产品"（广昌白莲、南丰蜜橘、安义杨梅、上饶早梨、吉安葡萄、遂川金橘、泰和乌鸡、新余蜜橘、赣南脐橙、宜春猕猴桃、军山湖螃蟹、万年贡米、都昌珍珠、江西绿茶、江西油茶）等农业资源，开发集花果观光、乡土美食、农业体验等于一体的"慢步调"的休闲农业旅游产品。第二，利用鄱阳湖、西海、仙女湖、军山湖、陡水湖、上游湖、醉仙湖、赣江等水上体育运动场所，以及南昌翠林高尔夫球场、共青城高尔夫球场、仙女湖国际乡村俱乐部等高端体育运动场所，融合森林公园、自然保护区，将旅游与休闲运动相结合，完善河港码头、自驾车营地、房车宿营地、汽车旅馆、汽车租赁等与休闲旅游新需求相适应的设施和服务，开发徒步登山、骑行、自驾车、房车、水上竹筏游船、休闲垂钓、高尔夫、野外生存体验旅游等"慢呼吸"康体运动休闲旅游产品。

（二）赣鄱西海，生态花园

打造"赣鄱西海，生态花园"的生态休闲度假旅游品牌形象。围绕鄱阳湖生态经济区建设，依托江西的森林公园、自然保护区、湿地公园、地质公园等生态旅游区域，以生态保护为准则，适度开发珍禽观赏、野生动物亲密接触、森林探险、科考科普、生态体验等生态度假旅游产品。以赣江为核心，利用河流水系，融合游船、游艇、码头、滨江公园、沿湖和沿江湿地，集聚观光、休闲、娱乐等功能，建设赣鄱水域休闲度假旅游产品，形成赣鄱水域旅游廊道。利用河流、水库等水系资源，整治和恢复自然河道，优化河道两岸景观，设计缓急有致、情景交融、风景无限、令人流连忘返的漂流娱乐项目，做到安全有保障、服务有品质、管理有秩序、质量有口碑，打造全国漂流第一省品牌。

（三）峰峦叠翠，闲庭野趣

打造"峰峦叠翠，闲庭野趣"的体验休闲度假旅游品牌形象。集聚主题游乐园、节庆活动、村镇民俗活动等游憩娱乐资源，构筑娱乐体验、节庆体验、影视体验、民俗体验旅游产品。第一，景德镇优化建设陶艺文化主题园，婺源、浮梁、凤凰沟、铅山等地提升建设茶叶采摘与茶艺文化体验园，南昌将赣江市民公园改造转型为鄱赣文化主题园，南昌等城市建设动漫产业园与动漫游戏主题园，鄱阳湖湿地公园建设渔家渔村文化主题园，进贤军山湖建设水上乐园，等等。利用现代 3D 虚拟技术、智能科学技术，增强游客娱乐体验，开发特色娱乐体验旅游产品。第二，进一步优选盘活中国（江西）红色旅游/（网络）博览会、中国景德镇国际陶瓷博览会、江西旅游商品博览会、中国鄱阳湖国际生态文化节、龙虎山国际道教文化旅游节、井冈山国际杜鹃节、庐山世界名山大会、婺源乡村文化旅游节、武功山帐篷节、南昌绳金塔庙会等节庆活动，利用电视、网络平台扩大知名度，打造江西节庆体验旅游品牌。第三，在重点旅游城市、5A级旅游景区适度开发与制作情景剧、实景歌舞、大型综艺节目等文娱旅游产品，以虚实结合的独特演绎方式，为游客提供具江西风光、江西风情、江西风格的震撼视觉体验，丰富游客夜生活，延伸旅游产业链，提升旅游综合效益。

（四）云中野鹤，一步一景

打造"云中野鹤，一步一景"的观光休闲度假旅游品牌形象。构建都市景观、田园乡村与自然山水三足鼎立的观光休闲度假旅游产品格局，形成具赣鄱风韵的城市·乡村·景区一体化发展的观光休闲度假旅游产品体系。第一，协调开发城市特色建筑及街区、城市公园与广场、艺术馆、博物馆、纪念馆、遗址遗迹区、创意园区、河湖泉水等都市景观资源，形成无景点休闲旅游城市；第二，整合城市周边古村寨、田园风光和特色小镇等乡村景观资源，将其建设成为田园乡村风貌景观带；第三，延伸开发或规划建设好一处资源禀赋较高的自然山水景区；第四，配备相应的旅行社、游客咨询服务中心、旅游信息媒介、旅游快捷交通等旅游要素。构建以都市观光、乡村休闲、自然山水景区游览为主的观光旅游产品体系，形成城市·乡村·景区一体化发展格局，实现游人跨圈层、跨界域的观光体验，促进旅游与城市、乡村、田园和山水环境的协调发展，提升江西观光休闲度假旅游产品的纵深度与组合度。

（五）时尚都市，创意小镇

打造"时尚都市，生态花园"的专项休闲度假旅游品牌形象。以新潮、时尚生活需求为依托，适度开辟城市休闲旅游、修学度假旅游、旅游小镇休闲旅游等时尚休闲度假旅游产品。第一，整合城市特色餐厅、咖啡茶饮、休闲广场、百货大楼、商业步行街区、城市综合体、休闲会所和旅游小镇等城市休闲旅游资源，配合城市完善基础设施和产业要素，打造城市休闲旅游产品。第二，依托丰城洪州窑、吉安吉州窑、赣州七里镇窑、瓷都景德镇，开发集聚陶器设计、制作、鉴赏、选购、甄别、体验等功能的陶瓷修学旅游产品，以及依托禅学思想等宗教资源，开发斋戒养性、参禅悟道、成人礼学、寻根礼祖等宗教文化休闲旅游产品，并拍摄个人成长纪录片，提升旅游产品的个性特征与精神价值。第三，建设以井冈山、瑞金等红色历史为氛围的红色城镇，以庐山西海等山水风光为背景的滨湖休闲城镇，以赣南围屋为风格的客家城镇，以景德镇陶瓷文化为内涵的陶艺城镇，以婺源等田园乡村为依托的田园城镇，以铅山河口、永修吴城、黎川日峰等传统名镇资源为载体的乡土风情特色城镇，以鄱阳湖渔家生活为风貌的渔家小镇，以鹰潭、宜丰等地宗教文化为特征的道家生态小镇和禅意生活小镇等，打造旅游小城镇休闲度假旅游品牌。

（六）人文圣境，此地甚好

打造"人文圣境，此地甚好"的文化休闲度假旅游品牌形象。以山水文化、红色文化、陶瓷文化、宗教文化、书院文化、名人文化、民俗文化为依托，融入纪念馆、博物馆、寺庙道观、书院高校、名楼名人、古镇村寨等文化资源载体，开发集观光、教育、体验、娱乐等功能于一体的文化休闲度假旅游产品，形成历史文化街区、民俗文化体验区、文化创意园区、文化旅游综合体等。

二、江西休闲度假旅游目的地品牌定位行为识别系统

根据行为识别的理论，结合旅游发展实际，江西休闲度假旅游目的地品牌定位行为识别系统可从旅游事件、旅游企业行为、旅游管理部门行为和市民行为四方面建立。

（一）旅游事件

区域旅游形象是由居民好客程度、旅游基础设施、区域景观、旅游资源单体等要素共同组成的整体，是通过多种因素共同影响和合作组成的，并且作为内在驱动力吸引旅游者，是区域旅游的核心所在。宣传方式的选择与实施成为区域旅游品牌形象形成中的关键问题，旅游事件具有高强度、多方面、大范围等特征，能吸引公众的广泛注意，并且具有轰动性的效果，能够在短时间内通过各类型媒体或旅游口碑传播，使更多的人在较短的时间内对区域旅游品牌有初步了解，或者加深受众对区域旅游品牌的认知度。

江西省应进一步优选盘活"SHOW 美江西风景独好"、"博"动江西·风景独好、中国（江西）红色旅游/（网络）博览会、中国景德镇国际陶瓷博览会、江西旅游商品博览会、中国鄱阳湖国际生态文化节、龙虎山国际道教文化旅游节、井冈山国际杜鹃节、庐山世界名山大会、婺源乡村文化旅游节、武功山帐篷节、南昌绳金塔庙会等节庆活动，利用电视、网络平台扩大知名度，提升江西省节庆体验旅游品牌形象。

（二）旅游企业行为

旅游企业行为在区域旅游品牌行为识别形象塑造的过程中扮演着重要的角色，良好的企业形象有利于提升区域旅游品牌效果。江西为达到提高旅游企业公众形象的目的，应进行科学的管理培训，普及"以人为本、亲情服务"的服务思想，进行科学、先进的管理，使员工从自身做起，真正热爱工作、热爱江西。

（三）旅游管理部门行为

江西省应对其旅游管理部门职工进行爱岗敬业精神培训，同时加强员工业务技能。办事公正严明、合情合理，争取在大局掌控和细节操作方面有所突破。

（四）市民行为

区域旅游形象是通过区域内居民进行塑造和体现的，通过"皮格马利翁效应"理论可以推理得知，区域旅游形象建设在很大程度上受区域内居民对其自身的评价和主观判断的影响。江西应积极调动群众参与休闲度假旅游开发的积极性，参与到建设和发展江西休闲度假旅游目的地形象的过程中，从自身做起，从每件小事做起，全力提升江西旅游品牌形象。真诚、热情地对待每一个游客，提高自身素质，以全新的面貌展现给四面八方的游客。

三、江西休闲度假旅游品牌定位视觉识别系统

江西休闲度假目的地视觉识别系统应从职工形象、交通工具形象和企业公共场所形象来传播自身旅游形象。核心地段是塑造和宣传江西旅游视觉形象的最佳场所。根据江西现有资源，将核心地段分为第一印象区、光环效应区、地标区。

（1）第一印象区，主要是指火车站、汽车站、地铁站、飞机场、轮渡口、旅游集散中心、旅游景区景点入口等人口密集的区域。这些区域的建设要突出火车站、汽车站、飞机场和景区的形象与环境，公路干线入口要搞好环境卫生，标志牌要新颖、清晰，树立简洁的旅游标志宣传牌等。

（2）光环效应区，主要是指庐山、景德镇、鄱阳湖、婺源、三清山、武功山、井冈山等标志性旅游景区。区域发展要做好区域规划，规划要有前瞻性，建设项目要新颖并结合地方特色景观，适应江西省休闲度假旅游发展现状。光环效应区广场、水体、道路两侧甚至附近建筑物应相辅相成，突出同一主题。

（3）地标区，主要是指江西省地标性建筑，要充分体现江西旅游风貌及发展状况，包括滕王阁、井冈山革命博物馆、南昌"八一"起义纪念碑、摩天轮等。区域应该做到"净、美、亮、绿"，在每一个细节处理过程中做到认真、仔细和精确，力争从平常中看到亮点。增设水上互动性娱乐项目，提高江西省水上旅游活动的娱乐性和观赏性。在核心地段形象建设的同时，为了将区域旅游形象更好地从视觉上展现出来，使江西省旅游形象更好地被各种媒体传播到每个目标区域，必须制定一整套视觉识别体系。在设计过程中要尽显江西省特色，使受众清晰、准确地感受到江西省的特色休闲度假旅游品牌，要具有较高的艺术品位，严格根据江西省的具体情况设计视觉识别体系。

第三节 休闲度假旅游重要目的地市场营销

一、唱响四大市场宣传口号

休闲度假旅游市场营销的重要任务是扩展休闲度假旅游的六大功能要素，让游客对江西休闲度假旅游有更为深入的了解。其中"游""娱"要素在上文中已有阐述，这里主要构建四大市场宣传口号，对其他四要素进行扩展和传播。

（1）"食"。"赣乡味道——绿色·生态·原汁原味"：江西物产丰富，拥有多种土特产品，为休闲度假旅游者提供了独具乡土味道、原生态无公害的、口味多样的美食，如庐山三石、粉蒸肉、三杯子鸡、藜蒿炒腊肉、冬笋干烧肉、橘汁鱼、永新狗肉、家乡炒血鸭、天师八卦宴、上清豆腐、石鱼炒蛋、兴国豆腐、井冈山红米饭、信丰萝卜饺、黄元米果等，这些地方特色美食取材、用料和烹饪技术均独具特色，是区域旅游品牌的重要组成部分，不论是对团队游客还是对休闲散客，都具有较大的吸引力，应在品牌宣传、推广过程中，强化美食图片集锦、视频制作、节目录制、美食活动等，突出美食诱惑，在周边湘菜、川菜、粤菜等知名菜系的竞争下，大力推广"赣乡味道"美食品牌，主打绿色·生态·原汁原味宣传口号，体验探寻美食之旅。

（2）"住"。"朴居闲庄——高山·流水·人家"：休闲度假旅游者对住宿酒店的风格布局、舒适度、景观视野等要求较高，江西打造休闲度假旅游目的地，应充分利用广阔的土地空间，在中心城区打造别墅小院、融入江西风景图画、利用水石造景，设置温泉、运动场、高尔夫、露天泳池、健身房、咖啡吧等休闲娱乐场所，集聚休闲、娱乐、观光和体验等多种功能，配备低碳、绿色的设施设备，为游客提供高端、亲情、微笑服务；在特色村镇选择依山傍水、毗邻聚落的良好区位，建设独具赣式风格的农家庄园，融入白墙、青瓦、马头墙、门楣、牌坊等元素符号，为游客提供舒适、宜情、休闲的居住环境，打造"朴居闲庄"品牌，围绕高山·流水·人家的宣传口号，让游客品味赣味风格农居建筑，体验隐秘山林的慢生活，享受故人、好友的欢聚之快。

（3）"行"。"行于赣鄱大地，走进鱼米水乡——生命在于行走，精彩隐在途中"：江西休闲度假旅游目的地建设应针对徒步旅游者、自驾游客、骑行旅游者、房车旅游者等自助游客，设置专线专道，完善公共服务设施，以江西独特的地理环境、丰富的休闲旅游资源、良好的气候条件和多样的山水景观为基础，以生态、神秘、趣味为卖点，打造"行于赣鄱大地，走进鱼米水乡"品牌，为游客提供"生命在于行走，精彩隐在途中"的难忘之旅。

（4）"购"。"聚宝盆，去淘宝——轻松购、娱乐淘、满载归"：江西休闲度假旅游目的地建设过程中，休闲旅游商品开发是重要环节，因而深度打造旅游商品品牌对于提高品牌知名度和满意度有着重要意义。江西应重点整合香菇、木耳、石耳、南丰蜜橘、广昌白莲、大余麻鸭、四特酒、糟鱼、大板瓜子等土特产品，双井绿、眉峰云毫、甜茶、山峪茶、凤凰舌尖、仙姑茶、雷峰尖茶、屏峰针尖、白鹤羽尖、鸣山仙茶、杨储峰、龟山毛尖、宝峰云雾以及茶油、茶香料等茶系列产品，对于景德镇瓷器、毛笔、夏布、竹器等手工艺品，对包装、品质、加工和销售等各个方面严格把关，特别打造地方特有土特产和工艺品，让其影响力深入人心，运用问答、趣味题、填字游戏、图片猜想、地图指南等方式，埋下伏笔，让游客前来寻宝，增加旅游趣味性；对于大众旅游纪念品，以样式多样、价格合理、品质保障等优势，规范市场秩序，吸引游客前来淘宝，让游客空手而来，满载而归。

二、灵活运用新老媒体营销方式

（一）传统媒体营销

传统媒体营销主要使用报刊、电视、户外广告等媒体方式。报刊是影响力较大的传统媒体，具有较强的保存性和信息接收的选择性与反复阅读性，但具有传播速度慢、滞后性和传播范围较窄等弱点。江西休闲度假旅游品牌传播应加强江西及地方日报、《江西都市报》、《中国旅游报》、《中国国家地理》、《江西风景独好》和《江西旅游》等省内影响力较大的报纸、期刊对休闲度假旅游的专栏报道，制作江西休闲度假旅游宣传画册，扩大休闲度假旅游信息的覆盖面。

电视传播能够形象、生动的表达区域特点，让游客有较强的现场感，容易刺激旅游动机。江西休闲度假旅游品牌传播应继续加强投资力度，整合省、市、县和旅游企业的资源与宣传资金，在央视频道、国家旅游频道、省市电视台、其他省级电视台、主流旅游综艺节目播放广告宣传片，加深人们对江西休闲度假旅游的印象。

户外广告传播应语句简短、信息明确、语言生动、亮点突出，在火车站、汽车站、高速公路、立交桥、城市公交、地铁站、码头、旅游集散中心、旅游景区入口、政府办公楼、商场公园、公共场所等位置醒目和人口集聚的地区，设立立面广告、车体广告、灯箱广告、路牌广告、数字化 LED（light emitting diode，即发光二极管）广告、路牌标识和服务人员服饰广告等户外媒介，与区域环境巧妙融合，起到品牌传播而不失为一风景线的效果；在旅游景区、旅游饭店、旅行社和旅游购物商店等领域，企业全面推广使用"山水·亲情"品牌标识，对服装、生活用品、餐具、日常用具等都全面覆盖，深化游客对江西休闲度假旅游的记忆；

省委、省领导以及市级领导带头使用带有"山水·亲情"标识的名片，将品牌形象融入人们生活中的各个细节。

（二）新媒体营销

利用互联网技术，与口碑营销相结合的方式，形成互联网口碑营销模式，推动江西休闲度假旅游目的地品牌的国际化[51]。休闲度假旅游产品属于典型的体验型产品，具有空间不可转移性、不可储存性、不可转让性和消费异地性等特征。旅游者产生休闲度假旅游消费往往会受到口碑的影响，因而口碑营销对于提高产品信息的可信度和说服力有着不可替代的作用。随着互联网技术在旅游业中的运用，旅游者产生旅游行为之前通过网络平台获取信息已经成为主流趋势。美国旅游协会通过调查发现，67%的美国旅游者曾通过网络寻找目的地信息，了解时间和价格，41%的游客在网上预订旅游行程。这表明互联网已经成为游客和供应商之间良好的交流平台，互联网口碑营销则成为一种新型品牌传播模式，对塑造旅游目的地形象、提高旅游知名度有着重要作用。

江西休闲度假旅游目的地品牌传播应加强互联网口碑营销，首先可以通过电子邮件建立旅游供应商与游客之间的沟通桥梁，如酒店、景区等旅游企业在游客注册、入住登记时录入电子邮件地址，提供一些会员优惠条件来吸引游客，定期发送休闲度假旅游相关活动的促销信息。其次，加强江西休闲度假旅游网站建设，完善已有江西旅游政务网、江西智慧旅游网和江西旅游信息网等省级旅游网络的星级评价模块、分享链接功能、中引文转换和在线咨询功能，加强各地市旅游网络平台建设，专门构建休闲度假旅游网站，设计游客评论评分模块、游客体验经历分享功能、国际休闲度假旅游目的地链接交流平台。最后，通过博客、微信、官方微博、论坛、手机云端、触摸式媒体等方式，搜集旅游代理商、旅游作家、旅游记者、高级博主、旅游体验师、摄影师、美食专家等旅游爱好者有关江西休闲度假的旅游日志、旅游游记、旅游评论、视频图片等，让游客从视觉、听觉和文字中对江西休闲度假旅游有深刻认识，吸引他们前来旅游。

三、重视四类公共关系营销手段

公共关系营销有利于进一步在公众中深化品牌形象，其方式包括展示会、博览会、新闻发布会、公益活动、热点事件、危机公关活动等[52]。

（一）节庆活动营销

江西应围绕"江西风景独好"区域品牌系列节庆活动，在全省以及各地市深入开展休闲度假旅游目的地品牌的专项节庆活动，如旅游博主会友节、水上体育运动赛事、徒步旅行节、智慧体验旅游博览会、露营展览会、房车博览会、养生博览会、休闲农业与乡村旅游展销会、登山节、漂流节、探险日、低碳旅行日等国际性和区域性的文化、体育与休闲活动，提高休闲度假旅游的知名度和美誉度。

（二）联合推介·捆绑营销

江西应与港中旅集团、中国国旅、韩国 HANATOUR 等国际国内大型旅行社建立战略合作关系，将江西休闲度假旅游产品和线路纳入它们的产品与分销系统，扩大市场覆盖范围；加强与其他省、知名旅游目的地的政府、企业和相关组织的合作关系，联合推介，通过优惠互利、补贴等方式，共享资源，形成集聚优势；选择江西籍的明星作为形象代言人，利用名人效应，提高旅游知名度。

（三）充分利用热点事件，做好事件营销

《舌尖上的中国 2·时节》的播出，带动了赣州旅游业的发展，电视剧《仙女湖》的播出带动了作为拍摄地的新余的旅游业的发展。江西休闲度假旅游目的地建设，争取成为《爸爸去哪儿》《变形记》《两天一夜》《时尚玩家》等热点综艺节目的拍摄地，增强旅游者对江西休闲旅游的认知度。

（四）危机事件营销

区域危机事件处理得当以后，充分利用危机事件处理过程中树立的形象和沟通渠道，在政府部门的主导下，旅游企业、相关组织和当地居民积极参与，运用广告、公关宣传、人员推广等方式开展旅游形象传播活动，增强区域旅游形象在人们心中的地位[53]。

四、加强品牌营销与管理

市场营销的重要任务是培育与推广江西省休闲度假旅游品牌，提高品牌忠诚度，建立旅游目的地与旅游者之间良好的信任和互动机制。

（一）推广真情旅游服务品牌营销

休闲度假旅游目的地的一切内容其实都是靠人的服务提供的。一项调查显示，认为服务意识和质量非常重要和重要的人，占受访者的 91.9%。各类项目都应有相应的服务标准和操作手册，但度假旅游的服务在人性化和个性化方面要求更高，让游客产生来了就不愿意离开的感觉，是高质量服务的目标。休闲度假区项目众多，业态丰富，服务无处不在。为此，要围绕旅游品牌核心理念，努力形成具赣鄱风格的特色旅游服务品牌。赣鄱特色旅游服务品牌形象的定位为"赤诚真心，绿水柔情"，提倡真诚、感动服务，包含红、橙、绿三种颜色，分别代表赤诚、细致的服务，发自真心的微笑，以及来自大山、江河的居民温柔质朴的性格。依

托江西丰富的民俗文化和风情生活，挖掘一批具有地域特色、传统特征、人文特点的生活方式和待人接物方式，将其融入旅游产品的开发及旅游服务、经营、管理过程中，形成个性化、参与性、体验型、尊重感的经营服务模式，从整体上规范服务人员的语言、着装、举止、待人接物、行为方式、服务内容、整体环境等。具体来说，应该挖掘江西代代传承的山乡、湖区、客家、畲寨、苏区等民情风俗和人文生活资源，打造具有江西风情、江西风格、江西风尚的旅游服务方式，如鄱湖渔家游客服务方式、赣南客家旅游服务方式、山里人家游客服务方式、江西畲家旅游服务方式、原中央苏区红军生活服务方式等，形成差异化的旅游服务方式，增加游客的新奇感、尊重感和满意度，培养忠诚顾客，产生服务品牌效应[54]。

（二）形成旅游品牌管理与保护机制

首先，建立江西休闲度假旅游品牌管理委员会，统筹全省休闲度假旅游品牌建设、发展和维护工作，制定相关开发政策，策划品牌宣传、推广活动，这将有利于区域整体形象的建设、发展和维护。将品牌作为无形资产，正确运营品牌，发挥品牌效应，运用市场作用，提高品牌市场效应[55]。

其次，加强品牌危机管理。品牌危机管理是区域、企业或组织在品牌经营管理过程中针对品牌可能面临或即将发生的危机，进行防范、处理及利用等一系列管理活动的总称。旅游目的地品牌的形成不易，而维持和管理更是危机重重，如果处理不当，极有可能产生"多米诺骨牌"效应，带来负面影响，特别是江西休闲度假旅游市场以散客为主，受众群体品牌意识较强，负面信息的传播会大大影响品牌忠诚，因而，江西省应当在休闲度假旅游目的地建设的过程中，高度重视品牌危机管理工作，从品牌危机管理意识、危机处理机构设置甚至是危机利用等方面维护品牌价值[56]。

（1）树立品牌危机防范意识。古人云：人无远虑，必有近忧。只有做好防范措施，才能化解危机，减少危害。旅游政府部门、旅游经营者、旅游服务人员以及社区居民等相关利益者均应树立品牌危机意识，处处为品牌利益着想，了解影响品牌的消极因素，防范其对品牌的破坏。

（2）建立品牌危机处理常设机构。在休闲度假旅游品牌管理委员会的领导下，组建由品牌管理委员会领导为主，其他政府旅游部门、质检部门、信息部门、安全部门等部门人员参与的危机处理常设机构，建立品牌检测与预警信息系统，确定品牌危机预警机制、反应机制、应急方案、公关处理和反馈机制等，加强对品牌危机的监控、预防与处理。

（3）灵活运用品牌危机处理方法。一旦品牌危机发生，应参照中医"冲脱泡盖送"五步疗法，合理化解品牌危机。其中，"冲"是指品牌危机发生时应利用一切办法稳住受众情绪，冲淡危机发生时的现场气氛，特别是在旅游过程中发生有关生命财产安全事故时，应当紧急救援，寻找原因，公开事情真相，给大众一个交代，稳住民心，避免媒体负面新闻带来更为严重的危机；"脱"是指离开现场，转移环境，避免危机在原地不断扩大；"泡"是指在解决旅游目的地品牌危机时，应有耐心、有责任心，为双方利益着想，不偏不倚，维护公众信任形象；"盖"是指对品牌危机尚未曝光的部分或相关事件应该加以保护，以免加大危机的危害；"送"是指区域政府部门主动与媒体、公众联系，表明态度，澄清事实，承诺调查，保障公民的知情权，为区域寻找真相争取时间，在危机处理中树立政府形象，同时建立迅速、便捷、权威的传播渠道，维护社会稳定，给大众留下深刻的印象，获得信任。

最后，应完善品牌保护体系。旅游目的地品牌建设过程中，应注重品牌保护，特别是法律保护。通过注册品牌，如特色旅游商品、旅游纪念品品牌，得到国家法律保护，以防他人通过仿造、擅自制造、假冒伪劣、盗用商标盈利等不法行为对本地品牌造成冲击。其次，应该培育旅游政府管理者、旅游经营者、旅游服务人员和当地居民的品牌保护意识，使其对品牌相关的资源、产品、服务及环境等均加以珍惜，维护品牌形象。

第十章

江西休闲度假旅游目的地支持
政策与保障措施

为了推动江西旅游大发展，江西省委、省政府在推进旅游强省建设的意见中，明确了土地利用、财政金融、税费优惠、鼓励消费等扶持政策（如支持旅游建设项目用地）；这些政策措施应该同样适用于休闲度假旅游重要目的地建设方面。

政府需要加大旅游导向性投入，围绕旅游业"吃、住、行、游、购、娱"六要素，推进公共服务设施和配套设施建设，真正为游客提供"六心服务"（"六心"，即吃得放心、住得舒心、行得安心、游得顺心、购得称心、娱得开心），由此形成良好的休闲度假旅游环境。发展和改革、财政、交通、国土、住房和城乡建设、文化等各部门，则要与旅游部门建立紧密、有效的联动机制，充分发挥职能作用，为旅游产业发展出政策、筹资金、建项目，形成部门联动、步调一致、齐抓共管、合力兴旅的发展氛围。

第一节 支 持 政 策

一、投融资政策

整合旅游资源，创建专业旅游投资公司，搭建融资平台，通过银行贷款、资金信托、发行企业债券/资产支持证券/产业投资基金及上市等方式扩大融资。支持地方成立交通旅游投资集团和城市旅业（控股）集团，形成政府、旅游管理部门、政府投资平台公司、银行、担保公司"五位一体"的旅游投融资模式；另外，组建旅游信用担保机构，积极为符合条件的旅游企业融资提供信用担保服务。

积极拓宽融资渠道，支持旅游资源丰富、管理体制清晰、符合国家旅游发展战略和发行上市条件的旅游企业上市融资。积极支持已上市旅游企业通过合适的方式进行再融资或者利用资本市场进行并购、重组，做大、做强。支持旅游企业采取项目特许权、运营权、旅游景区门票质押担保等方式扩大融资规模。引导信贷资金采取银团贷款、集合信托等方式支持重大旅游项目建设。

支持市场前景好、具有稳定现金流的旅游景区探索资产证券化试点。旅游资产证券化潜力较大，旅游行业的景点门票收入、娱乐项目收入、酒店收入、餐饮收入、会展收入等都可作为整合的资源。旅游产业应积极利用债券市场产品，实现融资渠道多元化、融资结构最优化和融资成本最小化。旅行社企业可以通过发展旅游信托基金、旅游租赁服务公司、金融控股公司等方式来获得资金支持。政府部门应支持符合条件的旅游企业在债券市场或交易所市场发行短期融资券、中期票据、企业债、公司债和集合债。通过企业债、公司债、短期融资券、中期票据、中小企业集合票据等债务融资工具，进一步加强债券市场对旅游企业的支持力度。加强产品创新和制度创新，拓宽旅游企业的债务融资渠道。

鼓励银行提高旅游企业整合、重组的信贷授信额度和并购贷款额度，开办小额旅游按揭贷款业务，增强银行卡的旅游服务功能。鼓励金融机构在旅游景区、星级宾馆、乡村旅游集聚地区布设自动取款机。

二、税费优惠政策

落实旅游饭店用水、用电、用气等优惠政策。研究制定旅游度假区审批办法和扶持政策，促进休闲度假旅游快速、健康发展。制定绿色消费、绿色经营、绿色开发等奖励措施，为已取得成绩的绿色旅游行为提供合理的奖励和资金补助，确保绿色旅游在经济上能持续发展，重大旅游建设项目在财税政策上享受省级工业园区同等待遇。旅行社组接团收入减去替旅游者支付给其他单位的房费、餐费、交通费、门票或支付给其他接团旅游企业的旅游费的余额计征营业税。对从事农家乐、观光农业等乡村旅游开发活动并在农村经营的个体工商户，营业税起征点提高到最高限额。对三星级以上（含三星级）旅游饭店实行与一般工业企业同等用水价格，用电实行比商业用电低 0.1 元/千瓦时。

在税收方面给予优惠和支持，落实《江西省地方税务局支持旅游产业发展加快旅游大省建设税收优惠政策和服务措施 30 条》（赣地税发〔2011〕66 号）和《江西省地方税务局支持重大项目建设税收优惠政策和服务措施 50 条》，以鼓励基础设施项目建设投入，其中包括以下方面。

（1）全面落实国家公共基础设施项目企业所得税优惠政策，对《公共基础设施项目企业所得税优惠目录》规定的属于国家重点扶持的港口码头、机场、铁路、公路、城市公共交通、电力、水利等公共基础设施项目，自项目取得第一笔生产经营收入所属纳税年度起，第一年至第三年免征企业所得税，第四年至第六年减半征收企业所得税。

（2）减轻旅游企业税负。对旅游企业取得的符合条件的股息、红利等权益性投资收益免征企业所得税；旅游企业发生的符合条件的广告费和业务宣传费支出，不超过当年销售（营业）收入15%的部分，准予扣除；超过部分，准予在以后纳税年度结转扣除；对于小型微利旅游企业，年度应纳税所得额不超过30万元、从业人数不超过80人、资产总额不超过1 000万元的，依法减按20%的税率征收企业所得税；年度应纳税所得额低于3万元（含3万元）的，其所得减按50%计入应纳税所得额，按20%的税率缴纳企业所得税；旅游企业发生的资产损失按规定的程序和要求申报后可据实扣除；对从事旅游基础设施建设、旅游信息服务系统开发，旅游商品、纪念品开发，工业旅游、农业旅游、森林旅游、生态旅游及其他旅游资源综合开发项目建设的企业，鼓励类收入占主营业务收入70%以上的，旅游企业在旅游景点、景区取得的销售门票收入，景点、景区门禁内提供的导游服务、游客运输服务的收入达到全部经营收入的70%以上的，可减按15%的税率征收企业所得税。对符合条件的旅游小型微利企业，可减按20%的税率征收企业所得税。

三、财政扶持政策

推动各级财政加大对旅游开发与管理、旅游公共服务的支持力度，建立稳定的财政资金渠道并不断加大支持和投入力度；整合相关渠道建设资金加快旅游公共服务建设，争取优先投入旅游公共服务领域；鼓励民间资本投入旅游公共服务领域。支持民间资本依法采取多种形式合理开发、可持续利用旅游资源。

各地要积极争取国家和省旅游发展基金、红色旅游发展专项资金、旅游国债资金对江西省的更多支持。新农村建设、文物保护、扶贫开发、环境保护、以工代赈等专项资金的安排使用，应尽可能使其与发展旅游产业结合起来。

四、土地使用倾斜政策

（一）支持旅游建设项目用地

优先保证纳入省旅游规划的重点项目用地，对符合单独选址条件、投资5亿元以上的重大旅游项目，支持按规定程序列入省重大项目调度会调度，优先安排和使用省预留新增建设用地计划指标，并纳入审批绿色通道。对与旅游配套的公益性城镇基础设施建设用地，以划拨方式提供。支持旅游资源丰富地区开展城乡建设用地增减挂钩试点工作，挂钩周转指标可优先用于生态旅游项目。支持农村集体经济组织利用非耕农用地，在不改变土地农用性质的前提下采取作价入股、土地合作等方式参与旅游开发。

（二）明确旅游建设用地特殊优惠政策

对利用存量土地建设的旅游产业项目，优先办理建设用地供地手续；支持农村集体经济组织利用非耕农用地，在不改变土地农用性质的前提下以合作方式开发旅游项目；旅游景区以外的旅游厕所、游客休憩站点、游客咨询服务中心等公益性城镇基础设施建设用地，按划拨方式提供；非政府单项投资1亿元以上的旅游项目建设取得土地使用权的，植被恢复费、配套费等规费可由受益地方政府按适当比例奖励给项目单位，土地出让金按合同约定方式缴纳。优先保障旅游重大项目用地。旅游企业可以通过租赁方式取得国有建设用地使用权。对以租赁方式取得土地使用权的，土地租金可以按年度缴纳；对旅游公共设施用地划拨供地，对没有改变土地性质的绿地或没有永久建筑的公共设施用地，免交城市建设配套费等。

五、其他支持政策

（一）费用减免措施，实行特殊政策

推进三星级以上（含三星级）旅游饭店有线电视数字转换，在有线电视数字化整体转换前按实际安装终端数的70%收取有线电视收视费，整体转换后按有线数字电视收视费主终端收费标准的90%收取。对三星级及以上旅游饭店、3A级及以上旅游景区、省级以上旅游度假区、旅游演艺项目、旅游商品生产企业实行与一般工业企业同等的用电、用水、用气价格，有线数字电视维护费按不高于当地居民用户主终端收费标准的90%收取。

（二）鼓励旅游消费的政策

切实落实带薪休假制度，鼓励企业将安排职工旅游休闲作为奖励和福利措施。鼓励学校组织学生进行寓教于游的课外实践活动，健全学校旅游责任保险制度。

加快推进公益性城市公园、博物馆、纪念馆等的免费开放进程，依托公共资源开发的旅游景区实行低票价制度。全省景区、景点门票价格五年内不涨价。鼓励免票月活动。落实对未成年人、高校学生、教师、老年人、现役军人、残疾人等群体减免门票等优惠政策。积极开展"江西人游江西"活动。鼓励景区、景点推行旅游年卡、季卡等特殊门票。鼓励定点旅行社与景区、旅游客运企业、旅游

饭店、旅游餐馆、旅游索道公司等组建经营联合体,实施旅游休闲"优惠套餐"。

第二节　保障措施

一、人才培养

构建多层次、宽领域、全覆盖的旅游人才教育培训网络,加快对旅游专业人才和旅游公共服务人才的培养,重点培养旅游公共管理、旅游信息服务、应急管理等方面的人才;大力培育旅游志愿者队伍,重点在信息咨询、翻译接待、紧急救援、文明督导、向导指引等领域招募志愿者,并不断完善培养、管理、保障和激励机制。建立互派干部挂职交流学习机制,采取"送进去、请出来"的方式,对江西的旅游行政管理人员、企业中高级管理人员和导游人员进行形式多样的分级和分类培训。对各级旅游行政管理人员、旅游企业从业人员和乡村旅游从业人员,有针对性、有计划地组织开展岗前培训、岗位培训和职业技能培训,全面提高旅游行业队伍的整体素质。以"送教上门"的形式支持江西举办旅游经济发展研讨班和企业中高级管理人员、导游员培训班。支持旅游院校办好金牌讲解、旅游酒店和景区高级管理等特色专业。

二、品牌推广

大力支持旅游强县、A级景区和星级宾馆创评工作,加大流坑等景区创评4A级景区的力度。对被评为国家和省级旅游强县的地区,省级财政可以酌情给予一定数量的奖励(50万元、20万元不等)。对于被新评为国家5A级、4A级、3A级的旅游景区,可以分别给予50万元、20万元、5万元的奖励。被新评为五星级、四星级的旅游饭店,以及进入全国年度百强、全省五十强的旅行社,视同工业重点企业给予扶持。各设区市和县(市区)也要制定相应的奖励办法。在"江西风景独好"旅游形象品牌下,各地围绕这一品牌,做好节庆活动和主题营销,形成品牌聚集和扩散的双重效应。

三、生态维护

绿色生态环境是江西最大的财富、最大的优势、最大的潜力、最大的品牌。2007年4月温家宝总理在江西视察时指出,像江西这样好的生态环境在中国已经不多了，一定要保护好。江西森林覆盖率现已达到 63.1%，位居全国第二，拥有国家级生态示范区建设试点地区 33 个，其中有 4 个县已被正式命名为全国生态示范区。江西已建有各类自然保护区 138 个（其中国家级 13 个、省级 25 个），自然保护小区 5 000 余处，保护区个数在全国排名第五。

江西一定要坚定不移地实施生态立省、绿色发展战略："既要金山银山，更要绿水青山"，要坚守"一流的水质、一流的空气、一流的生态、一流的人居环境、一流的绿色生态保护建设管理机制"这一"五个一流"的建设目标，力求使江西成为青山常在、绿水长流的美丽的生态家园，并实现旅游产业结构从观光旅游到休闲度假旅游的重大战略转变。

四、环卫与绿化养护

景区环卫养护工作最根本的目的就是为广大游客提供整洁、优美的旅游环境和游览场所，提供良好的卫生服务。环卫工作的好与差直接关系着景区的公共卫生安全，直接影响着广大游客的游览情绪，直接影响着景区的形象。因此，环卫工作不可小视，要切实做好。

1. 景区与公共场所垃圾处理问题

旅游垃圾是旅游景区亟待解决的问题，旅游垃圾影响了生态旅游发展的质量，在一定程度上制约了景区乃至景区所属旅游目的地旅游的进一步发展。旅游垃圾的来源有两个，其一是景区自身产生，其二是游客随身携带。景区内的各个机构都是景区自身可控的范围，因此可严格餐馆、商品店产生垃圾量的标准，对申请加入景区服务运营的各个主体进行资格审查和标准制定，并制定相对应的投诉惩罚机制；在游客方面，则主要通过景区的规章制度来约束其乱扔垃圾的行为。旅游景区除了配合好垃圾处理单位进行垃圾集中处理之外，还要对一些特殊的垃圾进行景区内处理，如对生物类垃圾进行沼气利用，对一些物品进行包装后做宣传展板之类的。对于已经出现的垃圾，要求环卫人员与清洁员勤打扫和清洗，通过定员、定岗、定时、定要求，确保景区的整洁、干净、清新、亮丽。

2. 公共厕所建设与卫生问题

第一，要注意公共厕所建设的密度问题。按照 GB50337—2003 中对公共厕所设置标准的规定，公共设施用地的公共厕所设置密度为 4~11 座/平方千米，设置间距 300~500 米。在人口密集区域取高限密度，下限间距。第二，要注意公共厕所的建设位置。地处旅游景点门口的公共厕所由于人流量特别大、位置显眼，往往供不应求；而隐藏于景观及周边建筑中的公共厕所由于不容易被人看到，往往少有人问津。而公共厕所指示牌（导厕牌）数量又少或导向作用不强（没有说明导向公共厕所的距离和路线），导致游客寻找公共厕所困难或不愿前往。因此，要加强指示牌的建设，使其充分发挥导向作用。

3. 绿化养护问题

所谓绿化养护就是指对绿地、植被等植物的管理与养护。绿化养护的主要内容包括绿化施工的后期浇水、施肥、修剪、除草、打药（病虫害防治）、补苗，以及防涝防旱等。俗话说，"三分栽、七分养"，养护工作没做好会使花很大成本建造的景观难以保持下去，有的很快会出现草地退化、树木死亡、杂草丛生等情况。因此，景观维护、绿化养护要实行科学化、规范化的科学养护管理。很多地区，如浙江、安徽、江苏、河南、河北等，在景区和园林公司里都设有专门的养护团队。

五、体制创新

（一）加强组织保障

加强对旅游规划、开发工作的领导，强化旅游公共服务职能，进一步健全机构，充实人员，落实责任；制订工作实施方案，明确推动旅游健康发展的重点内容、工作措施及实施步骤，确保旅游持续、稳定发展；不断加大对旅游发展的政策支持力度，加强与相关部门的沟通和协调，积极争取财税、土地等方面的政策支持。

（二）加强法制标准保障

积极推动地方立法，明确旅游开发与资源保护的主要内容、经费来源、职责分工等；制定和完善旅游开发建设与经营管理以及旅游公共服务的标准，强化对旅游咨询、旅游集散、旅游安全保障、旅游紧急救援等的引导，提高旅游公共服务产品的质量与水平。

（三）加强信息技术保障

要高度重视现代信息技术在旅游产品开发与营销、旅行社服务、旅游公共服务等方面的应用。充分利用微博、手机短信、彩信等新兴媒体形式构建旅游公共信息服务平台，充分利用卫星通信、定位等技术提升旅游安全风险的监测预警和应急处置水平。

（四）加强制度保障

一是要深化旅游管理体制改革，推进旅游行政管理部门从传统的行业管理向统筹产业发展转变，通过整合行政资源、完善工作机制等途径，进一步提升旅游业管理水平和服务能力。支持井冈山、婺源等重点旅游县（市、区）开展旅游综合改革试点，打破制约旅游业发展的体制机制障碍，促进旅游要素自由流动，培育一批有市场竞争力的市场主体，增强旅游产业发展活力。二是稳妥推进旅游景区产权制度改革。大力推进旅游景区企业化经营、市场化运作，催生一批符合现代企业制度的经营实体和市场主体。特别是对跨行政区域、跨部门管理的旅游景区，要抓紧研究制定统一管理和利益分配的合理机制，彻底改变部分景区机制不畅、产权不清、管理粗放的现状。三是加快组建省旅游集团公司。以省直国有旅游企事业资产为基础，以产权为纽带，采取划拨、合资、合作、兼并等方式，对酒店、旅行社、汽车公司、景区等国有资产和社会资本进行战略重组，形成大型国有控股企业集团，发挥统筹市场开拓、市场融资、资源开发的作用。四是抓好产业管理培育，提升旅游服务品质。管理出效益，服务出精品。要创新和转变监管方式，提升服务效能，为旅游业发展营造良好的市场环境[57]。

（五）增强旅游交通运输能力和安全保障能力

促进旅游运输企业车辆更新，增强旅游运输能力，提高运输安全保障。支持旅游运输公司开通通往重要休闲度假旅游目的地的旅游班车，经当地市交通局、旅游局审核，给予免缴线路费的优惠；对前往本地参与重大旅游活动的旅游车，经该市旅游局确认，免收市内收费站通行费。

第十一章

专题研究

第一节 靖安县乡村度假旅游发展模式、经验启示及转型的思考

为准确把握江西省乡村旅游发展脉搏，促进其由一般的农家乐向乡村休闲度假旅游转型、升级，实现乡村旅游的提质、增效。2015年暑假期间，南昌大学旅游课题组对靖安县乡村旅游进行了专项调查。调查主要在中源、高湖、宝峰三个乡镇展开，通过与乡镇主管干部交流，走访农家乐经营户，实地考察村镇基础设施，借助访谈农家乐休闲客、体验性住宿农家乐等方式获得第一手"鲜活"的资料，充分了解靖安县为促进乡村旅游而制定的创新性举措，以及当地农民为管理乡村休闲度假旅游活动而采取的自发管理行为。现就靖安县农民自律组织引导的乡村度假旅游经验与启示进行初步总结，并对其转型升级提出建议。

一、靖安乡村"农宿"旅游发展势头强劲

2000年以来，靖安依托夏季平均22~23摄氏度的凉爽气温及84.1%的森林覆盖率，吸引了南昌及周边县市的居民来此避暑、疗养。靖安顺势而为，早期对兴建农家乐给予诸多政策扶持，农宿文化点以燎原之势迅速发展，实现了由最初的零落"散户"到如今的规模经营、规范管理、示范创建的成功蜕变，逐渐打响了

"白云深处·靖安人家"的乡村旅游品牌。2014年仅中源乡旅游接待人数就达到50 000余人，长住1个月以上的3 500余人，实现直接经营收入1 200万元。截至2015年8月底，全县11个乡镇共建立农宿文化乡村旅游示范点85个，参与农户530户，拥有接待床位7 000余个。经营农户不仅可以通过提供餐饮、住宿等服务增收，还可通过销售自种自养农副产品实现创收。2014年，全县农宿文化乡村旅游接待人次已达到83.57万人次，总收入5.54亿元。靖安乡村"农宿"旅游，真正以农户为经营主体，将旅游"人气"转化成农户"财气"，实现了旅游发展与农民增收的有效对接，在乡村旅游大发展环境下，形成了独特的靖安"气候"，成为江西省乡村旅游的一张亮丽名片。

（一）基础设施不断完善，乡村面貌焕然一新

靖安县全县集中各项资金，将农宿文化创建与新农村建设有机结合，完善乡村旅游设施，以"美、亮、绿、净"的标准打造乡村"农宿"旅游点，建设休闲长廊、观景平台、农宿文化广场、公共健身场所，并对农宅进行"穿衣戴帽"式改造，实施油菜花观光工程等，取得较大成效。宝峰镇近年投入1.2亿元进行沿线房屋立面改造，建成七彩景观大道、水上游览道、自行车道等一批助力旅游发展的基础性工程。青砖黛瓦的民居与白云绿水的自然环境，形成一道亮丽的风景线，极大地改善了乡村旅游环境和接待服务条件。如今的靖安县农宿文化村（点），不仅道路平坦，溪流清澈，公共厕所整洁，而且有线电视、宽带、Wi-Fi等一应俱全，基础设施和公共信息服务体系基本完善，实现了生态乡村与现代农宿的紧密结合。

（二）自主管理规范化，农宿文化协会成主角

随着农家乐不断增加，服务质量、环境卫生、价格、安全参差不齐的问题逐渐暴露。为了树立和统一乡村"农宿"旅游品牌形象，各乡镇、村以参与农家乐的经营户为主体，纷纷自发组织农宿文化协会，该类协会完全是一种农户自主组建、自觉参与、自我管理的自律组织。协会拥有比较完善的制度章程、组织机构、管理办法，主要负责农家乐建设标准、价格制定、食品卫生安全监督、乡村环境保护、服务水平规范、品牌形象宣传、重大活动组织等工作。在协会的管理和监督下，靖安县农家乐逐步走上自主管理、自律经营、自我规范的道路，为参与农户消除了各自为营、恶性竞争的问题；为游客提供了公开透明的消费环境和规范有序的服务；为乡村旅游营造了和谐发展的氛围；更为靖安县乡村"农宿"旅游品牌的构建提供了管理保障。这种农民自律组织引导并管理乡村休闲度假健康发展的模式，是农民在参与乡村旅游发展过程中的创新能力和创造精神的体现。

（三）农旅全方位融合互动，旅游带动效应明显

在高湖镇古楠村乡村"农宿"旅游发展中，着力将白茶、有机水稻、果木、苗圃、花卉等农业生产基地，作为乡村旅游景区来打造，形成无景点却处处是景的乡村旅游发展模式；将杨梅、白茶、黄菊、蔬菜、水稻等特色有机农产品及其加工品，作为旅游商品来经营，有效地增加了乡村旅游的产业链和农产品的附加值；将部分鱼塘、果园、农田等开辟成为农事体验区，通过开展垂钓、采摘、品尝、农事竞赛等体验活动，增强了乡村旅游的参与性和互动性，将生活体验贯穿旅游过程中，满足了游客的个性化需求。全县逐步建立了一批特色农产品观光园，打造了休闲农业旅游精品带，这种农旅合一的做法延伸了国家级生态示范县的品质内涵，推动了农业和旅游，乡村生活、乡村建设和乡村休闲的有机融合。

（四）注重乡土资源保护，民俗文化得以传承

乡土风情、风物特产等乡村民俗文化是乡村旅游的主要依托。在围绕乡村文化元素，遵循地域民俗文化个性，严格保护原生态环境的基础上，激发当地村民共同参与开发的热情，科学利用遗留和闲置的生产、生活资料等资源，挖掘民俗事象，靖安精心打造了一批民俗文化产品，使具有鲜明地域特征和历史文化背景的生活习俗和文化活动得以复苏和传承，多地成立了农民剧团、农民画协会、田园诗会，打狮灯、马灯舞等一批具地方传统的民俗文化也得以重现。

二、靖安乡村"农宿"旅游"运营主体+产品"的五种模式解读

在乡村"农宿"旅游发展过程中，靖安各地因建设与经营主体不同，因地制宜，创造性地形成五种不同的适应性发展模式。

（一）"农户+农宿养老"的乡居避暑旅游模式

作为主推"养老圣地，避暑家园"的中源乡三坪村，依托夏季清凉的气候条件、整洁的山村环境及原生态的健康食材，吸引大量老年游客前来避暑、养老、体验农居生活。其基本运营模式是：①农户自主经营农家乐；②成立农宿文化协会，负责全村农家乐价格标准统一、食品卫生安全监督、乡村环境保护、服务质量规范、品牌形象宣传、重大活动组织等工作。

（二）"度假村+乡村休闲"的养老度假旅游模式

遵循"一个乡村就是一个养老度假型酒店"核心理念的中源乡白沙坪村，依托高海拔山村生态优良、气候宜人、风景秀丽、环境幽静等天然优势，提供度假

村统一规范的食宿接待服务。其基本运营模式为：①成立度假村理事会进行公司化运作，以新农村改造为契机，自筹资金按度假村模式对村内民宅进行统一流转、规划、重建，树立唯一的度假村品牌；②村民以房产、耕地、林地的使用权置换统一建设后的度假村相应房屋的居住权、经营权或股份，形成与社区居民利益分享机制；③度假村为社区居民提供一定的医疗保障、助学资金、就地就业、公共设施建设等社区福利。

（三）"合作社+休闲农业"的田园休闲旅游模式

以"构建乡村农业与旅游业深度融合的田园休闲目的地"为目标的高湖镇古楠村，以良好的现代农业种植、养殖基地为基础，打造户外帐篷休闲、农宿农具展示、花木观赏、瓜果采摘、农事体验、兴趣垂钓、风情节庆活动等体验性和参与性较强的项目，形成比较完善的田园休闲产品体系。其基本的运营模式是：①合股成立乡村合作社及公司进行民主化管理、公司化运作，对全村山林、耕地进行统一流转、统一经营，在此基础上对全村田园休闲旅游资源进行系统规划和建设，走有机化、集约化、产业化发展道路；②村民以房产、山林、耕地、资金入股方式成为公司股东后，依照《村规民约》进行自治管理，年终分红按每户得分比例发放；③乡村合作社为社区居民提供一定的医疗、助学、就业等社区福利。

（四）"村庄+乡村生活"的休闲聚落旅游模式

按照"一个乡村就是一个原生态文化和户外休闲的俱乐部"理念打造的高湖镇西头村，利用况钟故里及当地遗存的古村、古街等原生态村寨文化资源，结合当地农民剧团的民俗表演开发成为乡土气息浓厚的民俗旅游项目；利用村落周边的奇山秀水等户外休闲资源，开拓了一批登山、溯溪、越野、野营等户外项目。其基本的运营模式是：农户自主经营农家乐，成立农宿文化协会进行统一管理和监督。

（五）"景区+休闲活动"的景区主导乡村旅游模式

以"一个镇就是一个乡村休闲大景区"理念打造的宝峰镇，以宝峰寺为主打品牌，拓展旅游辐射空间，逐步建成山地观光、峡谷漂流、户外拓展、滑草野战、瓜果采摘、庄园生活等一批体验性较强的乡村休闲项目，形成了比较完善的乡村休闲产品体系。其基本的运营模式为：以政府为主导，统一规划和完善全镇的旅游基础服务设施，把依托景区的部分服务功能分离出来，吸引周边农民建立农庄，参与旅游接待和服务，农民还可以为游客提供旅游商品和农副产品，从而促进农民增收致富和周边农村发展。

三、靖安乡村"农宿"旅游发展的经验启示

（一）新农村建设助力乡村"农宿"度假旅游发展

新农村建设推动了乡村旅游的发展。靖安县以景区的理念建设新农村，将乡村打造成旅游景点。在环三爪仑百里休闲旅游长廊，建设新农村示范点 53 个，通过在旅游公路两侧栽种观光油菜，与青砖黛瓦民居交相辉映，营造出优美宜人的田园风光。

2007 年，高湖镇古楠村成为新农村建设点，在创建农宿文化活动中，结合新农村建设，聘请专家对村庄进行科学规划，统筹资金 230 万元，对村庄进行整体改造、改水改厕，修建了村民休闲广场，全村道路硬化到每家每户，配套建设绿化、亮化工程。

靖安县的农宿文化村（点）有洁净水可用，有线电视、宽带上网、公共健身场所等基础和公共服务设施一应俱全，呈现一派生态和谐新农村景象。靖安县还启动了城乡垃圾一体化处理工程，既通过新农村建设助力乡村旅游发展，也通过引入旅游项目促进新农村建设，真正实现"村容整洁、生活富裕、乡风文明、民主管理"。当前，靖安县中源乡、宝峰镇等新农村示范点"农宿"度假旅游发展势头良好。

（二）乡村旅游走"气候+环境+基础设施+公众活动平台"之路

环境是旅游的生命线，"环境"的好坏，决定了乡村"农宿"度假品质与高度。环境包括原生的自然环境、政府的决策环境和空间的场所环境。中源乡依托其海拔较高而形成的独特气候优势，以"盛夏何处去，避暑上中源"为品牌形象大力开发避暑度假乡村旅游产品，在政府的支持和引导下，建了两个农宿文化广场、一个自来水厂、一个游客集散中心，成立了中源旅游网站，加强了基础服务设施和公众活动平台场所建设，借助多年农家乐经营经验和相对成熟的客源市场，推出了"乡村避暑疗养"农宿文化主题产品。

在"农宿"度假建设过程中，注重保护生态自然环境、展示乡土建筑风格和农耕文化，融入当地民俗风情等文化元素。以乡村"农宿"为主题，根据资源特色及农家风情，在最初简单的农家乐避暑休闲的基础上，增加对交通、住宿、餐饮、娱乐等接待服务设施的投入，并通过网络化服务为游客提供全方位的公众活动平台，走出了一条"气候+环境+基础设施+公众活动平台"的乡村休闲度假场所之路。

（三）土地流转盘活资源存量，促进乡村"农宿"度假旅游

由于土地狭少，农民生产难以实现规模化、集约化经营。针对这一难题，高

湖镇古楠村通过农村合作社对全村山林、耕地实施统一流转经营，走上了绿色生态、集约化发展道路。较为典型的还有白沙坪度假村，其通过新农村改造，将农民的土地统一流转至度假村经营户（公司），统一规划建造房屋。建成后按农民原房屋实际面积补偿给农民用于家庭住宅，其余面积的房屋，给予 50 年使用权交给度假村经营户（公司）使用，到期后产权归农民。另外，农民自用的房屋和山林还可以入股公司，公司拿出年利润的 20%作为公积金。公司为 60 岁以上的老人发放一定数额的养老补贴，替农民交医疗保险；以 10 个家庭 1 辆车的标准接送孩子上学和放学。这种土地流转使用的方式，既能让经营户有效调配各生产要素，调整生产关系，最大限度地释放生产力；也能让村民真正得到实惠，增加经济收入；更能通过统一规划，实现乡村度假旅游更好、更快的发展，值得各地借鉴。

四、靖安乡村"农宿"休闲度假旅游转型升级的道路选择

（一）品质高端化的乡村养生度假村——以中源乡为例

中源乡宜人的居住环境，成为避暑养生及休闲度假的关键性开发优势，但目前其避暑养老的档次与效益仍然较低，面临着产品单一，以中老年为主，医疗、交通、污水处理等基础设施不足，文化内涵缺失，农户信心不足等诸多问题。为了实现可持续发展，中源乡开始组建农民合作社，让农民带着土地、房产、劳动力和生活方式，成为新型的乡村旅游经营者和受益者。其主要特点是农宅集中规划经营、整体打造度假社区、塑造农宿度假品牌。基本做法是：①由村集体或成立的农村合作社对农宅统一租赁，采用休闲度假社区型方式进行整体改造；②不断探索村民房产、土地入股等多种社区居民持续参与方式；③拓展产业链，发展研学、健康、养生、养老和自驾营地等涉旅业态，并招聘村民为度假村员工，实现就地就业。

（二）产业规模化、一体化的主题庄园——以高湖镇古楠村为例

古楠村已经形成一定的规模化经营，拥有特色农业品牌，也具有建设大型农庄的场地条件。该村创新农产品质量远程监控体系，可在网上实现 24 小时监控。2015 年通过建立农村 e 邮，建设销售、生活缴费等一体化服务系统，构建实体店和网络销售与邮政合作的农产品销售模式，实现经济发展、生态保护、精神文明建设并举。通过乡村旅游股份经营制，以农民合作社为平台，吸引社会资本投入和融合，实现股份合作和联合经营，提供产业化、一体化、品质化的田园休闲度假生活方式。该模式的特点是：村民合作化参与，创立公司，以现代特色农业为支撑，构建庄园式休闲度假生活方式。基本做法是：①采用公司+农户形式，成立农村经济合作社，流转农民土地，形成"产业+庄园"双轮驱动；②借鉴国外

庄园发展经验，设计庄园产业模式，借助庄园品牌发展外围互补型产业，提供除观光外的多种休闲度假产品和独特的庄园生活体验；③将农民集中安置，农民亦可受雇于庄园或园区。

（三）创意化、趣味化的休闲野营聚落——以高湖镇西头村为例

西头村气候宜人，水质和空气质量好，民俗文化丰富，成立了农民戏团，有戏剧、马灯、龙灯等特色民俗活动。村落可利用的休闲资源丰富，如河流、湿地、果林、山地，适合户外游、溯溪、越野、野营等休闲趣味性项目的开展。该模式以好玩、动感、趣味的乡村活动为吸引力，将乡村建立成有趣的乡土游乐场，主要特点是：扩展乡村休闲空间，创意策划休闲体验活动。基本做法为：①由村民委员会牵头，包装打造野营溯溪、民俗文化表演展示、亲子游儿童乐园等休闲项目；②策划溯溪越野节、乡村亲子课堂、丰收狂欢节、民俗表演节目等创意化和趣味化乡村活动，创造持续吸引力；③采用"村集体+企业"的模式，吸引开发主体和外部资金，建设较大休闲项目。

（四）重点景区带动个性化"农宿"休闲空间——以宝峰镇为例

宝峰镇是全国特色景观名镇，是全县旅游发展较成熟的乡镇。在主景区至依托城镇沿线，规划建设旅游示范村（点）、旅游专业村，已建成八个农宿文化示范点，八个农宿广场。以宝峰寺禅修和北河漂流及延伸的滑草、野战等项目为主，宝峰镇正在按国家 5A 级景区标准进行升级改造，建设休闲小镇、生态停车场，打造四季有花的七彩景观大道，沿北河建设水上游览线和自行车道。该模式以重点景区为核心，带动原乡"农宿"度假，主要特点是：推行标准化接待服务，打造个性化"农宿"村落公共空间。基本做法是：①结合主景区建设，挖掘乡土文化，建设乡村风情园、博览园、生态园等原乡文化载体；②与主景区有效对接，共铸品牌，实现共生共赢。

第二节　改变江西山水旅游失衡格局的思考

古人云"仁者乐山，智者乐水"。该句形容仁者就像大山一样，岿然矗立，崇高、安宁；智者就像流水一样，阅尽世间万物，悠然、淡泊。现代人说，流水是山之化身，群山是水之依靠。山与水本是天然一体，山水旅游也许是人类最早的一种旅游活动形式，更是旅游形态中最为重要的一种，也难怪人们将出

门旅游说成是游山玩水了。江西名山耸立，五大河流及其支流如叶脉般贯穿大地，汇聚于赣江-鄱阳湖水道。但江西水域旅游与山岳旅游发展差距较大，山与水之间融合发展程度不高，逐渐形成了"山高水低、山水失衡"和"周高中低、中部塌陷"的旅游格局，即山岳旅游处于江西旅游发展的高地，水域旅游处于发展的洼地，山水严重失衡。而且山地主要分布在江西边缘地带，赣鄱主水系则从中部竖贯南北，成中部严重塌陷之势，两者发展处于非良性互动状态。因此可以说，水域旅游成为江西旅游全面发展以及旅游强省建设的一个重要制约因素。

"水"对江西旅游发展意义重大。江西旅游发展的重要瓶颈之一就是气候，夏季酷暑，"火炉"之称早已闻名遐迩，冬季湿冷，寒风沁骨，属于典型的"夏炎冬寒"气候。夏季，尤以七八月为盛，乃全国旅游旺季，当出游最高峰遭遇气温最高值，"登山"就变得不那么愉悦、轻松了。江西知名景区以山岳型为主体，虽然各景区凭借卓越资源、良好设施和优质服务吸引了众多的旅游者，但在激烈的市场竞争下，突破"酷暑"这一阻碍，就成为提高江西旅游吸引力的重要抓手。这里，除了发挥相对高海拔山地宜人的"孤岛气候"的优势开展山地避暑休闲旅游外，其实"水"也是破解这个问题的良方之一。江西水资源丰富，大力发展亲水旅游和滨水休闲，使江西山与水实现资源互补、产品互动、客源互送、利益共赢，是解决江西旅游气候瓶颈的必然选择。

一、江西旅游存在"山高水低、山水失衡"的状况

江西旅游呈现"山高水低、山水失衡"状况，二者在空间布局、利用顺序、建设力度、景区发展方面均存在不同程度的差异。

（一）空间布局——周高中低

江西旅游空间上呈现"周高中低"的发展格局，也就是说，江西四周高山林立，景区遍布，发展势态强劲，但中部地区河流纵横，赣江-鄱阳湖主水系自中贯通南北，因资源利用滞后，水域旅游发展迟缓，出现了空间上不平衡状态，全省旅游呈现"中部塌陷"的局面。江西东北部有怀玉山，东部有沿赣闽省界延绵的武夷山脉，南部有大庾岭和九连山，西北与西部有幕阜山脉、九岭山和罗霄山脉等。众多山岳型景区正是诞生于环省群山之中。在江西现有的六个国家5A级景区中，龙虎山、三清山、井冈山、庐山均地处周边，景德镇古窑和婺源江湾，虽不是山岳景区，但从地理位置来看，也是处于省际边缘地带。反观中部的赣江-鄱阳湖水系，除鄱阳湖国家湿地公园、庐山西海、仙女湖等景区外，众多水域旅游资源开发、景区建设、市场开拓还处在初期阶段。周高中低，其实就是山高水低，这使江西旅游线路建设缺乏水域旅游的有力支撑。

（二）利用顺序—山前水后

优质景区建设，不仅要以良好资源为依托，更要有规划、有重点、有步骤地开发，不能一蹴而就。江西山岳旅游开发，起步普遍早于水域旅游，发展已较为成熟，在行业上处于领先地位。庐山早在 19 世纪晚期和 20 世纪初期，就被开发为中国著名的避暑地；20 世纪 20~40 年代，被建设成为"夏都"。1980 年，电影《庐山恋》使其在海内外一炮走红，实现了由"养在深闺人未识"到"飞入寻常百姓家"的跨越，促成现代中国人旅行梦的起步。龙虎山和井冈山也在中国旅游业发展早期就进入旅游市场，如今已成为中国乃至世界著名的旅游目的地。遗憾的是，江西水域旅游开发明显滞后于山岳。目前稍有知名度的水域旅游景区开发时间都不长，没能抢占市场先机。例如，上犹陡水湖和新余仙女湖，均是 20 世纪 90 年代才进入利用视野，庐山西海品牌在 2005 年才正式推出，鄱阳湖湿地公园 2008 年才启动规划与建设。开发时间滞后，加上文化底蕴相对欠缺，利用方式简单重复，市场竞争激烈等原因，虽然也在奋起直追，但与那些成熟的山岳型景区相比，水域旅游只能望洋兴叹。

（三）建设力度——山深水浅

在江西省大部分山岳型旅游景区已经逐渐从观光旅游向休闲度假旅游、智慧旅游、文化旅游等方向转型时，全省水域旅游的整体开发水平还停留在基础层面的水域观光和水上游乐活动上，对水域旅游景区休闲度假、康体疗养等方面旅游功能的挖掘还不够深入。截至 2014 年，江西省 3 处（4 个主要点）世界遗产名录，全部是山岳；4 个国家级地质公园中，均为山岳型；14 个国家风景名胜区中，10 个为山岳型，2 个为水域型；13 个国家自然保护区中，9 个为山地，3 个为湖泊；6 个 5A 级国家旅游区中，4 个为山岳型，0 个为水域型。众所周知，"国字号"或"世界级"品牌对一个景区的知名度和影响力有重要作用，但江西水体景区所占比重很小，甚至空缺，山深水浅的现状不容忽视。

（四）景区发展——山强水弱

以 2014 年为例，江西旅游接待人数 3.1 亿人次，同比增长 25.3%；旅游总收入约 2 615 亿元，同比增长 40.3%，旅游业已经成为重要产业，发展成就有目共睹。但在肯定发展成就的同时，还要关注明显的山强水弱的旅游发展省情。首先，从旅游经济发展水平上看，山水旅游占据全省旅游经济总量的主体，休闲度假旅游经济总量偏小，但在山水旅游经济格局中，山岳旅游接待人数和旅游综合收入两项都明显大于水域旅游。以图 11-1 的 2014 年江西主要山岳型旅游景区与水域旅游景区旅游接待人次为例，庐山、井冈山、三清山、龙虎山四大名山旅游接待人次明显高于庐山西海、仙女湖、鄱阳湖湿地公园和上犹陡水湖。同时，《2014 年江西省重点旅游景区游客满意度调查报告》的数据显示，游客满意度综合指数为 79.59，仅处于"基本满意"水平，其中井冈山、三清山分别位列第 2 位和第 3 位，庐山位列第 11 位，而仙女湖、庐山西海、鄱阳湖湿地公园、梦湖分别排在第 9 位、10 位、14 位、38 位，水域旅游景区满意度总体处于整体靠后的状态。

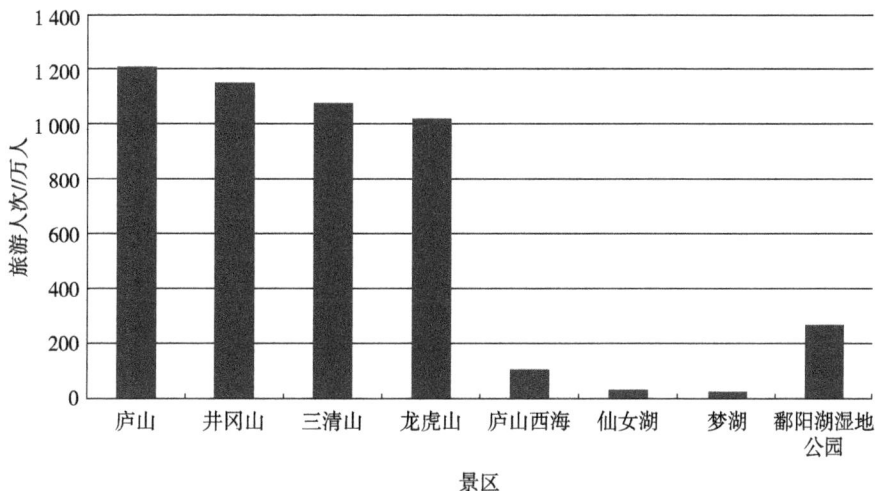

图 11-1　2014 年江西省主要山岳型景区与水域旅游景区旅游接待人次

二、江西水域旅游资源优势与水域旅游发展现状

江西有丰富的水域旅游资源，总体表现为资源分布广泛、形式丰富多彩、发展潜力十足，但现实状况是水域旅游发展缓慢，发展态势不容乐观。这要求我们既要发现优势，更要深入问题，找出资源丰富与发展缓慢矛盾的症结所在。

（一）水域资源丰富的主要表现

（1）水域旅游资源分布广泛。江西地势南高北低，边缘群山环绕，中部丘陵起伏，北部平原坦荡，四周渐次向赣江-鄱阳湖倾斜，形成南窄北宽以鄱阳湖为底部的盆地状地形。境内水系发达，河流纵横，湖泊众多，赣江、抚河、信江、饶河和修河五大河流为省内主要河流，纵贯全省，五河来水汇入鄱阳湖后经湖口注入长江，形成了完整的鄱阳湖水系，集雨面积占全省总面积的 94%。全省流域面积 50 平方千米以上河流有 967 条，总长度为 34 380 千米。湖泊中，常年水面面积为 1 平方千米及以上的天然湖泊有 86 个，有中国第一大淡水湖鄱阳湖。

（2）水体资源形式丰富多彩。除江河湖泊外，江西还具备多种水体旅游资源形式，飞泉流瀑，气势磅礴，姿态万千，独具特色，有庐山瀑布群、井冈山龙潭瀑布群、三清山玉帘瀑布、乐安金竹瀑布群、崇义阳岭瀑布群、奉新萝卜潭瀑布群、瑶里南山瀑布群江西七大最美瀑布群。全省地热温泉有百余处，水温高、水质好，大都属于高品质的医疗养生矿泉，有明月山温泉、庐山温泉、临川温泉、虎岗温泉、汤湖温泉、九仙温汤等。同时湖库罗列，共有 10 819 座水库，其中有293 座大中型水库，它们大多处在青山绿水之中，并依托大型水利工程建设形成了水利科技和人文景观。还有赣州龟尾角、泰和槎滩陂、星子紫阳堤等古代水利人文景观。各类水体景观为水域旅游的多样性打下了坚实的基础。

（3）水域旅游景区潜力十足。近年来江西水域旅游发展遇到了前所未有的机遇，鄱阳湖生态经济区的建设，全省第一次水利资源的普查，江西作为全国水利旅游试点省份的确定，无不令人振奋。水利旅游排名全国靠前，在全国已批准的658 家国家级水利风景区中，江西省占了 32 家，占全国 4.86%。同时，庐山西海、鄱阳湖湿地公园、新余仙女湖、上犹陡水湖等水域旅游景区正处于快速发展期。这些水域旅游景区的建设，不仅培育了生态、涵养了水源、改善了人居环境、促进了人水和谐，更凭借秀美大气的水域风光、壮观美丽的水利工程、浓郁深厚的水文化，吸引了越来越多的游人，水域旅游已成为江西旅游的一支生力军。

（二）水域旅游发展缓慢的表现

（1）开发程度低，产品重复高。江西水域旅游产品在江西旅游市场中所占的比例还很小，尤其缺乏高层次休闲度假、文化旅游和生态养生产品。此外，江西水域景区开发模式单一，旅游项目相似度高，参与性、竞技性等特色水上项目较少。例如，庐山西海"西海渔村"引进的"人妖"表演，容易被复制，难以得到终极关注和形成终极吸引力；其猴岛、蛇岛、水浒城等均开展相似的演艺活动。令人费解的是，在一个景区同样的滑索项目竟有两个。纵观江西水域景区，这种问题在仙女湖、鄱阳湖等知名景区也存在，一些起步较晚的景区也是亦步亦趋，此种现象尤为严重。

（2）资源整合差，错位发展少。江西 32 家国家级水利风景区，多数分布在偏远地区，发展上受交通条件制约。并且水域旅游资源整合性较差，与山岳旅游融合度低，无法依托周边知名度高、游人众多的山岳景区，借船出海。另外，江西整体意识薄弱，未能在规划上实现差异定位、错位发展。例如，江西温泉资源丰富，但缺乏对地方文化内涵的挖掘，盲目追求规模大、档次高、现代化，造成开发模式、配套项目、功能服务同质现象严重，最后导致省内温泉旅游地相互排斥。

（3）主题定位不明，品牌形象弱。江西多数水域景区开发主题不明，旅游形象较差，因而市场竞争力较弱。除鄱阳湖、庐山西海、三叠泉等知名景区外，大部分水域景区，如赣州龟尾角、泰和槎滩陂、余干康山大堤、余江白塔渠等皆具有重要的历史文化价值与优美的自然风光,但其文化内涵研究和价值认识不到位,致使开发主题难以确定。并且大多数已开发的水域旅游项目主题基本上定位为湖光山色、水上乐园、岛屿风光之类,千篇一律,缺乏生活特色和文化个性,更不用说营造明晰的江西水域旅游整体形象。这影响了江西水域旅游产品投资额度和开发力度,因此始终没有出现著名的水域旅游目的地,游客对江西水域旅游的整体形象感知甚少,印象越来越模糊,不利于全省整体水域旅游形象的形成和水域旅游品牌的推广。

三、发展江西水域旅游的基本思路

江西水域旅游发展的基本思路是,依托山水生态旅游资源优势,以整合山水资源、合理布局为基本路径,以丰富产品、优化功能为主要抓手,以创造精品、树立品牌为战略目标,大力发展湖光山色观光、滨湖小镇休闲、河源溪谷漂流、鄱湖候鸟考察、特色温泉度假、赣鄱水利工程文化研修与科考和五大河流风光带体验,将江西建设成为著名的"山江湖"一体化发展的著名休闲度假地。

(1)以整合资源、合理布局为基本路径。水域旅游要转弱为强,必须整合资源形成合力,合理布局,避免恶性竞争,这样才能突出重围。一方面是对水域旅游资源的自身整合。突出各地优势水域资源,通过区域合作,合理规划功能分区和打造旅游线路,进行全方位一体化开发,形成整体产品形象,并突出各地产品特色。另一方面与非水域旅游资源进行有效融合,依托知名山岳型景区,实现资源互补、客源共享、发展共赢,同时水上与陆上开发结合,把水体项目(包括空中、水面和水下)与陆地项目整合开发,实现以山带水、以水活山、水陆结合的山水陆良性互动发展局面。

(2)以丰富产品、优化功能为主要抓手。江西水域景区要充分发挥水域观光、运动健身、戏水娱乐、滨水度假、康体疗养、生态考察、科学文化教育等方面的功能,实现水域旅游产品多维功能的综合利用。一方面,产品开发要考虑资源的互补性,突出地方特色。一般来说,可从环境、项目、文化和经营四方面创造本地特色。另一方面,产品开发要以旅游者为中心,以旅游者的兴趣和心理需求特点为出发点,综合考虑旅游者对健康、美和尊重、隐私和安全、体验和刺激的追求,给游客难以忘怀的旅游经历。在体验经济时代,抓住旅游者的最优体验感受,就是抓住了发展。

(3)以创造精品、树立品牌为战略目标。水与水不同,其奥妙源于游客对水体所依托的山水景观与人文底蕴综合心理感知的差异。游客的感知首先源于品牌形象,如"杭州西湖""长江三峡""河南红旗渠"这些著名水域旅游品牌,经过多年发展已经将自身品牌形象植入旅游者心中。因而,树立品牌要准确把握当地"文脉",综合考虑其自然基础、历史文化、心理积淀和社会经济四维时空组合，塑造赣鄱水域旅游独具个性的形象品牌，这样才能使江西水域旅游独树一帜，获得美誉度、知名度和号召力。品牌发展必须要以精品为支撑，才能做到有名有实。可凭借鄱阳湖的地位以及地理标志湖泊、文化湖泊、生态湖泊、风景湖泊、生命湖泊的多样性，将其建设成为南昌旅游的高地和江西旅游的新高地。庐山西海，无论从区位和生态环境，还是从景观和环境容量来说，完全可以建设成中国著名的湖泊旅游度假胜地。

四、江西水域旅游发展的战略举措

（1）制定赣鄱水系旅游规划，实施五年行动计划。利用江西第一次水利普查成果，在全面、系统地把握江西水域旅游资源现状，对各种水域旅游资源进行科学评价的基础上，编制《赣鄱水系旅游发展总体规划》，包括确定赣鄱水系旅游整体定位与战略路线、总体布局与分区主题规划、产品体系与品牌建设等内容。同时要制订并实施近五年水域旅游发展行动计划，明确资源开发利用的先后次序、发展方向与目标、短期任务与具体工作内容，使水域旅游能够分阶段、有步骤、有层次地向前推进，做到长远规划与短期行动计划相结合。

（2）做好水域旅游基本功，实施"十个一"工程。根据江西水域旅游发展的现实需求，尽早将江西建设成为"山江湖"一体的旅游目的地，补好水域旅游课，做好水域旅游基本功，为此需要完成十个具体任务（简称"十个一"工程）：①编制一部《赣鄱水系风光带概念性规划》，重点解决整体形象、主题定位、战略路线、功能布局、产品体系、品牌构建等问题，用以引导各地差异化发展；②建设一个水利风景旅游示范区（滨水休闲度假旅游区），尽快将庐山西海建设成为国家5A级旅游区，实现水域旅游没有顶级景区的突破；③申报一个水域主导型国家双遗产或世界遗产，即将鄱阳湖或章贡合流赣州城申报为国家遗产或世界遗产，泰和槎滩陂也可以争取申报为国家文化遗产；④举办一个赣鄱亲水文化旅游节，建议将进贤县军山湖或万安县万山湖建设成为该旅游节的永久驻地；⑤建设一个戏水文化主题公园，南昌象湖、艾溪湖、瑶湖等是可选之地；⑥建设一个国际游艇旅游俱乐部；⑦做好一条赣鄱水上观光休闲线；⑧建设一处"军之港"休闲水城，九江县赛湖和鄱阳县珠湖等是可选之地；⑨合作建设一个水域旅游研究院，南昌大学和南昌工程学院是可以依托的高校；⑩建设一个赣鄱水利历史博物馆。

（3）进行水域旅游专题研究，做好水体旅游项目策划。从两方面入手开展江西水域旅游专题研究，一是水域旅游功能研究，如对水之生态、水之野趣、水之欢乐、水之浪漫、水之文化、水之休闲、水之体验、水之冒险等功能的研究，把握不同功能产品与项目策划要素。可以围绕某一功能的实现进行系列项目策划，同时要对水域旅游资源功能多样性进行更深入的挖掘和整理。二是把脉江西不同类型水域旅游资源产品的特点，如江、河、湖泊、水库、溪流、瀑布、跌水、潭、泉、峡谷、沟谷、水上乐园、水利工程等类型水域资源产品的特点。要合理利用不同类型资源产品的特点，进行项目策划和功能结构性规划，以形成丰富的水域旅游产品系列。

（4）传播水利经济理念，确定水域旅游发展重点。针对江西水域旅游开发关注度低、水域资源利用理念和水利经济发展滞后的现状，聘请水域旅游专家开展水利经济发展和水域旅游开发的专项培训，传播多维水利经济概念和可持续水利事业理念，并对水域旅游开发进行指导：包括认识水域旅游在江西山水旅游格局中的瓶颈地位，分析水域旅游产品开发与项目建设的障碍因素，说明整体开发与区域协作的必要性，阐述品牌形象塑造与主题定位的重要性，明确水体旅游开发思路和建设重点。加大投入，培养水利经济与水域旅游人才，招聘专业管理人员，全面提升江西水域旅游形象和旅游服务质量。

水域旅游要突破现有"散小弱差"的格局，需要包装重点项目，打造拳头产品，通过核心增长极带动其他景区、景点发展，培育更多水域旅游增长点，最终实现水域旅游"聚大强优"的格局。例如，可把有"江湖之城"和"中国水都"之称的南昌、中国最美的湖光山色庐山西海和修河风光带、"中国大湖城"鄱阳县及其国家湿地公园、千里赣江风光带四大发展区块，作为江西水域旅游发展的核心地带，将新余仙女湖（文化湖泊）、上犹陡水湖（生态湖泊）、南城醉仙湖（风景湖泊）、进贤军山湖（风情湖泊）作为湖泊休闲旅游发展的重点，共同构成江西水域旅游大发展格局。在建设过程中，要利用各方资源，寻求合作伙伴。允许社会资本参与开发，共同经营管理和维护。

第三节　江西新型业态旅游发展的战略选择

2014年7月2日，在李克强总理主持召开的国务院常务会议上，通过了《国务院关于促进旅游业改革发展的若干意见》（送审稿）（简称《若干意见》），确定促进旅游业改革发展的政策措施，提出要着力推动旅游业转型升级，使旅游开发向集约节约和环境友好转型，旅游产品向观光、休闲、度假并重转变，旅游服务向优质高效提升。用创意设计创新旅游产品。大力开发老年、民俗、养生、医疗旅游等。进一步明确了积极发展休闲度假旅游、大力发展乡村旅游、创新文化旅游产品、积极开展研学旅行、大力发展老年旅游、扩大旅游购物消费等重点工作任务。其中，首次提出了大力发展医疗健康旅游、邮轮游艇旅游、自驾车房车旅游、低空飞行旅游、研学旅游、老年旅游等重点产品和业态。8月28日，在全国旅游局长研讨班上，国家旅游局原局长邵琪伟就学习贯彻《若干意见》做了全面布置。在2015年2月举行的江西旅游产业发展大会上，省委强卫书记指示要注重创新模式，不断开发和拓展休闲式、度假式、体验式旅游新业态，构建特色化、精品化、高端化的旅游产品体系。鹿心社省长指出要推动旅游与工业、农业、林业、商业等相关行业的融合，发展多种休闲度假旅游业态，逐步把休闲度假培育成江西旅游的主打产品。探索建设旅游产业园，重点发展旅游装备制造、旅游商贸服务、旅游休闲消费等产业；支持区域性旅游整体开发，以新兴旅游业态项目为重点，引导社会资本建设多元化、复合型的旅游综合体。国家旅游局邵琪伟局长在会上提出要把旅游业培育成战略性支柱产业，就要将其作为综合性产业来抓，通过推动旅游业与一、二、三产业的融合发展来实现。

　　2013年10月，江西做出建设旅游强省的战略部署，旅游产业如何优化转型成为实现旅游强省建设的关键因素。为此，合理配置旅游资源和科学保护生态环境，加快培育旅游新业态，创新旅游产品，探索旅游发展模式，促进江西旅游业向环境休闲化、企业国际化、运营产业化、业态新型化、产品品牌化方向发展，就成为建设旅游强省的必然选择。那么，建设新型业态旅游，江西的优势在哪里？路在何方？具体又该怎么做呢？本节对这些问题进行初步的阐述。

一、多维旅游新业态：中国的实践与发展

　　"业态"最早出现在日本零售业领域，主要是指为消费者提供商品、价格、店铺、销售等服务与营销要素的组合形式，以及支撑其运营的组织、经营形态、所有制形式等。根据各行（产）业从无到有、从弱到强、从量变到质变的发展规律，任何行（产）业都会受到来自内部要素组合因素，以及市场竞争、技术变革和发展政策等外部因素的影响，都要不断推陈出新，促进产业交叉、产业融合、产业集群等，不断创造新型业态，这样才能不断提升竞争力[58]。

　　旅游业作为一种复合业态形式，无疑更应遵循产业发展规律，不断改革创新。我国旅游业历经改革开放以来三十多年的发展演变，顺应旅游消费者需求、资源配置、市场组合、旅游政策等要素的发展变化，呈现市场日趋成熟、规模逐步扩大、结构不断优化和效率有待提升的趋势，其巨大的发展潜力、较强的关联带动效应日益显现，旅游业态不断创新，逐渐从新兴产业转变成新型产业。20世纪80年代，我国旅游市场处于起步阶段，采用以入境观光旅游为主、外国旅行商主导市场、单一化分散经营的入境旅游带动模式，这是欠发达国家和地区普遍采取的一种模式；进入90年代，国内旅游市场发展壮大，表现出国内外旅游市场双向发展、市场自由竞争、业务综合的多元化经营模式，开始出现分时度假旅游、商务旅游、旅游集散中心等新型旅游模式；21世纪以来，经济全球化、世界一体化发

展进一步加剧，休闲产业、信息科技产业与旅游业紧密关联，旅游产业在传统产业经营的基础上，通过技术变革、产业融合与产品创新等方式，建立了由创意产业园区、游憩商业区、旅游企业连锁经营、旅游电子商务、差旅管理公司、网络旅游集散中心、旅游房地产、会展旅游、医疗旅游等组成的复合型、多维化的新型业态体系。

新型旅游业态的形成与发展是旅游业演变的必然趋势，其实质是旅游业在内部竞争和外部环境等要素的影响下，采用创新和学习等方式，促使旅游业内部要素衍生分化、与外部环境交叉融合，形成的各种新型旅游产品结构、交易方式、经营模式、旅游内容和组织形式。根据旅游业发展实践与形势，我国主要形成了两大类型旅游新型业态：①衍生型旅游新业态，是由旅游产业"食住行游购娱"内部六大功能性要素衍生、分化而形成的新型业态，包括分时度假、换房旅游等新型旅游实现方式和旅游集散中心、旅游营地业、旅游购物业、旅游娱乐业、旅游影视业等旅游新型分支产业。例如，杭州梦湖度假村、北京九华山庄、燕苑（绿洲）度假村和玉龙湾度假村等，加盟全球最大的国际分时度假交换公司（Resort Condominiums International，RCI），形成国际化分时度假网络经营模式；建立环球换房旅游网等专业旅游中介网站，定制个性化换房旅游活动；重庆在第五届中国长江三峡国际旅游节中，推出10条精品自驾游线路，积极打造14座房车营地，提供各种自驾保障服务，尝试改变传统观光旅游，创新自驾休闲旅游产品网络体系。②融合型旅游新业态，是旅游业与外部影响要素融合发展形成的新业态，如与商务业、会展业、高端休闲业、教育业、医疗保健业等相关第三产业，与农林业、海洋产业、制造业、采矿业等第一和第二产业的交叉融合，形成商务旅游、会展旅游、高尔夫球旅游、修学旅游、医疗旅游、乡村旅游、农业旅游、海洋旅游、工业旅游、矿山旅游等新型旅游业态。另外，随着我国旅游业国际化、信息化、集群化趋势的加剧，旅游业与信息产业、科技产业、高端新型产业的融合将会进一步加强，开创了以携程网、芒果网、驴妈妈旅游网等为代表的在线旅游经营模式，开发了太空、极地、探险和探秘、深海、智慧旅游等新型高端旅游产品，旅游产业改革与创新前景广阔，任重道远[59]。

二、发展新型旅游业态：江西的优势与不足

新型旅游业态的发展实践受到资源组合、政策环境、产业实力等因素的影响，在一定程度上反映了区域旅游产业竞争力。江西凭借丰富、优质的旅游资源，确立建设旅游强省战略，出台加快旅游业发展的系列政策和资助措施，旅游业实践日新月异，为新型旅游业态的形成与发展提供了诸多优势条件。这些优势条件主要表现在以下四个方面：一是可用资源丰富，创意与创新元素众多；二是发展领域广阔，衍生与融合方法多样；三是业态特色鲜明，提升与做强途径多维；四是

拓展空间较大，延伸与转型渠道多元。但是，尽管江西旅游业创新改革全面加速，旅游产业发展势头较好，有力地推动了多维度新型旅游业态的形成，但同时也存在经济基础薄弱、产业科技支撑不足、市场竞争压力较大、旅游创新人才缺乏、旅游经济地位与资源禀赋不相匹配、产业链条有待完善与延伸、旅游整体形象宣传与主题产品营销衔接不紧密等问题，在一定程度上阻碍了旅游产品创新、旅游产业演化与融合，旅游新型业态的培育任重而道远。

三、建设旅游新业态：江西路在何方？

旅游新型业态的培育与发展成为各地旅游业发展的重要战略性问题，江西推进旅游产业改革，建设旅游强省，更要加快新型旅游业态的建设，以此为契机，谋划一盘旅游产业改革的大棋。应该将现有旅游产业要素作为棋局，围绕旅游主体的新需求，抓住旅游业态延伸与融合的新态势，运筹帷幄，创新思维，发挥资源优势，扬长避短，下好"创新思维、产业融合、空间集群"三步棋，完善旅游服务功能，优化产业结构，将旅游产业做大、做强。

第一，创新思维。创新是产业转型与变革的灵魂。江西建设旅游新型业态，要以创新思维为主导，从旅游资源配置、旅游市场拓展、旅游主体组合三方面创造旅游产业品牌。

（1）合理配置旅游资源，深度挖掘旅游元素，创造新型旅游品牌。例如，美国的迪斯尼乐园是以米老鼠和唐老鸭动漫文化为资源而形成的主题公园，埃森矿业同盟旧址是在废弃煤矿的基础上创新开发而形成的世界文化遗产。江西应积极整合各类旅游资源，运用现代表现方式和科学技术，以新型旅游需求为导向，塑造"山水闲庭、生态花园，赤子故乡、赣客之家，人文胜境、世界瓷都"品牌，提升江西旅游资源的美誉度和产品竞争力，让"江西风景独好"整体形象享誉全国、走向世界。

（2）结合现代休闲元素，融合高新科技手段，拓展潜在旅游市场。突破旅游产品的传统展示与融入方式，刺激潜在旅游消费，如"时空之旅"杂技娱乐秀项目，将艺术与现代舞台技术相结合所创造的梦幻剧，是上海具有标志性的旅游文化产品，吸引了众多领域消费者。江西应积极贯彻《关于推进旅游强省建设的意见》中所提出的"以休闲度假观光旅游消费为主"的理念，针对不同类型的目标市场，挖掘旅游消费热点和使游客趋之若鹜的卖点，形成相应的业态组合，拓展新型旅游功能，形成新型旅游经营模式或者组织形式。例如，针对中青年旅游爱好者，迎合其猎奇、探险、求变等心理需求，创新开发地下工作室、陶瓷窑洞、堡寨古村、客家围屋、道家洞天、仙人洞府、苦修禅堂等不同风格的家庭旅馆、闲人客栈、旅人茶馆、学人书院、学生夏令营、幽人读书会、游人生活馆、老人养生馆等，并将其网络化，提供各种网络在线服务；针对老年旅游爱好者，深化

"旅游+医疗"模式，以回归自然原生态为卖点，开发旅游疗养度假村、疗养公寓等。

（3）多维创新旅游主体，推动其多元化发展，增强市场竞争优势。在市场竞争加剧和市场需求多元的背景下，江西旅游应加强与携程网、艺龙网、驴妈妈旅游网、去哪儿网、途牛旅游网、穷游网、乐途旅游网等旅游服务商的合作关系，并完善旅游饭店、旅行社、旅游餐馆、旅游景区等旅游供应商的资讯搜索、网络营销、网络预订和网上支付等在线服务功能，增强旅游在线经营与销售能力。同时结合淘宝网、百度网、新浪网、腾讯网等电商平台，万达集团、天沐集团、恒茂地产集团等地产企业，中信银行、中国银行、兴业银行等金融机构，以及中国移动、中国联通、中国电信等电信企业，形成"旅游+互联网/移动互联网"、"旅游+地产"和"旅游+金融"等旅游经营模式，以满足大众旅游者对高品质、高性价比、高效率的行前、行中、行后旅行服务的需求。

第二，产业融合。产业融合是新型旅游业态形成的重要途径，可通过使旅游业与其他产业融合，或在相关产业体系中嵌入旅游功能，形成新型旅游业态，实现共生、共赢、共享效应。

（1）关联融合。大力推动旅游产业延伸，完善旅游功能要素体系，重点促进旅游产业与文化、体育、农业、环保、医疗、会展、影视、地产、商业、娱乐等关联产业融合发展，打造无边界旅游产业，形成新型旅游产业形态[59]。在与第一产业融合发展方面，除重点抓好乡村旅游、山地旅游、森林旅游、生态旅游、滨水旅游、村落旅游和特色农家乐外，要依托江西省特色农业资源、古村资源、水乡资源，大力发展休闲观光农业、森林氧吧、古村客栈、中医养生、渔家乐活等旅游业态。在与第二产业融合发展方面，发挥江西省在飞机、船舶、汽车制造等方面仅有的一些优势，以转产增效为抓手，积极投产开发迷你旅游飞机和滑翔机、旅游汽车和房车、水上摩托艇和游船、旅游观光缆车、温泉洗浴用品、数字导览设备等旅游装备（设备）制造业；另外，融合地方特色，对陶瓷、竹木、金属、布艺、书画、玉石等旅游用品和旅游工艺品、纪念品进行个性化设计与制造。在与第三产业融合发展方面，促进旅游业与休闲商务、动漫游戏业、会展业、文化经济业、艺术品交易业等文化产业的融合，深入挖掘古色、名人、红色、民俗等文化元素，推动文化旅游多样化发展；利用良好的生态环境，与体育保健、康体医疗产业融合，开展体育游憩、医疗保健、康体养生旅游[60]。

（2）功能融合。在各地经济社会发展中，特别是在地标性建筑、交通集散中心、智慧城市等重大项目的建设中，注重融入旅游功能，实现旅游产业与区域经济社会建设的一体化发展[61]。例如，上海的广播电视塔东方明珠，由于融合了旅游功能，成为上海的标志性旅游景观。在赣江沿岸的赣州、吉安、南昌等的城市建设中，对赣江两岸的建筑、桥梁、广场、滨江大道和游船的布局、造型、风格等进行个性化设计，充分利用灯光技术营造城市夜景，将沿江一线滨水景观串联起来，形成赣江品牌水城集聚带。在南昌昌北机场、九江庐山机场、井冈山机场、赣州黄金机场、景德镇罗家机场、宜春明月山机场，建设主题游乐公园、免税商店、纪念品商店、休闲娱乐场所等，提供旅游咨询服务以及网络在线服务，提升机场的休闲娱乐功能。另外，还应通过将不同功能的旅游要素相互融合，增强智慧城市的旅游功能，形成多功能的旅游服务综合体，打造具有休闲娱乐功能的旅游购物街区、旅游商城等旅游购物场所，具有娱乐、观光、休闲功能的观景餐厅、咖啡厅、露天酒吧等旅游餐饮场所，具有娱乐体验功能的观光公园、观光楼阁、观光平台等观光场所，具有观光功能的旅游公交、旅游巴士、游船、索道等旅游交通，具有景观和休闲功能的度假村，形成旅游产业的规模效应。

第三，空间集群。旅游产业集群是旅游产业与自然旅游资源、交通设施、经济活动等要素在空间上集聚发展而形成的组织形式和集聚形态，也是推进旅游产业优化升级与改革、建设与形成新型旅游业态的必然选择[62]。

（1）打造赣鄱品牌特色旅游城镇，建设休闲旅游综合体。依托各地城市形象和文化特质，融合红色、陶瓷、宗教、书院、民俗、山水、田园等文化资源，指导各地打造具有赣鄱品牌的特色旅游城镇。例如，建设以井冈山、瑞金等红色历史为氛围的红色城镇，以庐山西海等山水风光为背景的滨湖休闲城镇，以赣南围屋为风格的客家城镇，以景德镇陶瓷文化为内涵的陶艺城镇，以婺源等田园乡村为依托的田园城镇，以铅山河口、永修吴城、黎川日峰等传统名镇资源为载体的乡土风情特色城镇，以鄱阳湖渔家生活为风貌的渔家小镇，以鹰潭、宜丰等地宗教文化为特征的道家生态小镇和禅意生活小镇等。应抓住"宜居、宜业、宜游"城市转型建设的契机，依托城市产业优势和经济基础，完善城市基础设施和旅游设施建设，在建设昌九抚旅游一体化示范区、赣东北"全国旅游高地"、赣南等原中央苏区"全国旅游扶贫示范区"、赣西全省旅游新增长极的基础上，加快以休闲为导向、以旅游吸引物集聚为抓手、以主题鲜明为特征的旅游综合体的开发和建设，明确市场定位与核心吸引物，将旅游与餐饮、星级酒店、休闲地产、商业会展、创意文化、体育医疗等业态协调融合，集聚休闲、度假、娱乐、购物、体验、疗养等功能，形成鄱阳湖生态旅游综合体，庐山、三清山、龙虎山、武功山休闲旅游综合体，南昌、井冈山、吉安、赣州、景德镇、抚州文化旅游综合体，婺源乡村旅游综合体，最大限度地发挥产业集群效应，为旅游者提供高品质、多样化、全方位、综合性旅游服务[63]。

（2）依托江湖航道与城际高速，形成多圈多线旅游廊道。以赣江、鄱阳湖为核心，融合游船、游艇、码头、滨江公园、沿湖沿江湿地，集聚观光、休闲、娱乐等功能，建设赣鄱水域风光旅游线路，形成赣鄱水域旅游廊道[64]。以南昌、九江、景德镇、上饶、鹰潭为主要节点，打造环鄱阳湖旅游圈；以南昌、九江、抚州为节点，配合昌九一体化和昌抚同城化发展战略，打造昌九抚都市旅游廊道；以景德镇、鹰潭、上饶为节点，打造赣东北旅游开放开发合作实验区，形成江西旅游核心示范区；以南昌-长沙高铁开通为契机，实现赣湘旅游互动，以新余、宜春、萍乡为节点，打造赣西旅游新高地。通过区域旅游合作和联动，将这些旅游圈、旅游廊道、旅游线推向市场，促进江西旅游一体化和产业化集聚发展[65]。

（3）以休闲城市或知名景区为载体，建设城市居民周末游憩地。例如，以南昌、井冈山、瑞金、安源、上饶、横峰等地丰富的红色旅游资源为载体，将各类纪念馆、博物馆、名人故居、革命旧址、战争遗址等景区与自然资源相互融合，配备相关旅游产业要素，强化旅游服务功能，健全旅游产业体系，打造红色休闲旅游目的地[66]；围绕庐山西海、明月山、武功山、仙女湖、陡水湖、三百山、醉仙湖等著名绿色山水资源，突出自然生态、山水风光、休闲体验和度假养生特色，加强旅游交通可达性建设，缩短经济距离，减少旅游成本，打造绿色休闲度假旅游目的地。以婺源、安义古村群、流坑、吉安渼陂等特色古村资源为依托，加强古村落保护与原生态环境的维护和修复，强化旅游配套设施建设，进行村落房屋的功能性建设和风格、风貌维护，打造原生态乡村旅游目的地。

当然，一说到旅游我们不能仅仅想到旅游景区建设，或者只想到围绕六大要素的产业体系，而不想到其上游和下游，边际和延伸产业，如旅游研发中的规划业、策划业、创意业，旅游经营中的托管业、连锁业、品牌经营业，旅游融资中的担保业、投资业，还有旅游教育培训业，旅游商品研发与开发业，等等。这些新兴业态在旅游发达的省市均已成为旅游业发展的重要分支，但在江西要么才刚刚起步，要么远没有形成气候，具有很大发展空间和潜力。而且这些新兴业态大多是文化类产业和智慧型产业，靠的是优质人力资源的聚集和优惠政策的扶持。只要我们解放思想、更新观念、出台政策、提速发展，江西在这些方面将大有可为。

参考文献

[1]李红勇，卢杰. 江西文化旅游资源竞争力评价[J]. 区域经济，2012，（4）：143-146.

[2]梁雯. 需求转型时期江西休闲旅游发展策略研究[D]. 南昌大学硕士学位论文，2012.

[3]中华人民共和国国家质量监督检验检疫总局. 旅游资源分类、调查与评价（GB/T18972－2003）[R]，2003.

[4] Strapp J D. The resort cycle and second home[J]. Annals Tourism Research，1988，4（15）：504-516.

[5]杨振之. 论度假旅游资源的分类与评价[J]. 旅游学刊，2005，20（6）：30-34.

[6]李雪，董锁，张广海，等. 山东半岛城市群旅游竞争力动态仿真与评价[J]. 地理研究，2008，27（6）：1466-1477.

[7]谷传娜. 山东半岛蓝色经济区海洋旅游竞争力及政策建议[D]. 山东财经大学硕士学位论文，2012.

[8]张东亮. 旅游目的地竞争力指标体系及评价研究——以杭州市为例[D]. 浙江大学硕士学位论文，2005.

[9]徐红罡. 潜在游客市场与旅游产品生命周期——系统动力学模型方法[J]. 系统工程，2001，19（3）：69-75.

[10]刘少和，李秀斌，张伟强. 广东休闲度假旅游发展模式探讨——以滨海珠海市与粤北清新县为例[J]. 热带地理，2008，28（4）：376-381.

[11]谢春山，孟文，李琳琳，等. 旅游产业转型升级的理论研究[J]. 辽宁师范大学学报（社会科学版），2010，33（1）：37-40.

[12]樊信友，张玉蓉. 传统旅游景区升级的驱动模式及路径选择[J]. 经济问题探索，2012，（7）：159-162.

[13]刘刚，孙建. 对深化观光旅游若干问题的探讨[J]. 边疆经济与文化，2007，（12）：42-45.

[14]郑艳艳. 修学旅游将成山东文化旅游新品牌[N]. 中国旅游报，2013-11-22.

[15]唐顺英. 曲阜：孔子家乡文化修学旅游开发研究[J]. 社会科学家，2004，（5）：95-98.

[16]邱敬琳. 景德镇陶瓷文化旅游资源开发研究[D]. 江西财经大学硕士学位论文，2010.

[17]徐福英，刘涛. 新形势下我国乡村旅游转型与升级研究[J]. 农业经济，2010，（2）：93-94.

[18]陈志军，黄细嘉. 美丽中国视阈下的乡村旅游转型与升级[J]. 未来与发展，2014，（8）：78-81.

[19]余子萍，王丽，沙润. 养生生态旅游示范区标准构建及环境营造——以句容市茅山风景区为例[J]. 西南农业大学学报（社会科学版），2010，（5）：1-4.

[20]余子萍，王丽. 养生生态旅游示范区建议性国家标准构建研究[J]. 科技创新导报，2010，
　　（29）：231.

[21]刘辛田，盛正发. 体验型开发：红色旅游可持续发展的选向[J]. 商业研究，2010，（1）：
　　176-178.

[22]米姗姗，阎友兵. 基于体验经济时代的红色旅游体验模式构建[J]. 广东商学院学报，2006，
　　（6）：65-68.

[23]彭顺生. 新世纪中国商务旅游面临的挑战及其应对策略[J]. 经济地理，2009，29（9）：
　　1574-1579.

[24]郭进辉. 我国户外运动旅游产业发展评述[J]. 北京第二外国语学院学报，2008，（5）：54-57.

[25]王洁. 利用井冈山红色旅游资源开展户外运动的策略研究[J]. 中国商贸，2011，（36）：159.

[26]黄河，朱斌. 旅游城市休闲户外运动产业发展研究——以桂林为例[J]. 河北体育学院学报，
　　2008，22（4）：25-27.

[27]卢晓，泮秀芬.上海发展大型体育赛事旅游研究[J]. 城市问题，2012，（4）：41-45.

[28]黄细嘉. 略论我国度假旅游的现状、问题和发展趋势[J]. 南昌大学学报（社会科学版），
　　2000，31（2）：46-49.

[29]汪燕，李东和. 旅游新业态的类型及其形成机制研究[J]. 科技和产业，2011，11（6）：9-12.

[30]杨玲玲，魏小安. 旅游新业态的"新"意探析[J]. 资源与产业，2009，（6）：23-26.

[31]田娜，卢丛. 江西省自驾车旅游发展战略研究[J]. 中国工程咨询，2014，（5）：34-35.

[32]刘群红. 江西"后花园"战略背景下的旅游房地产开发策略[J]. 价格月刊，2009，（9）：
　　52-59.

[33]徐福英，马波. 城市旅游在中国：研究回顾与发展展望[J]. 旅游科学，2012，26（4）：52-64.

[34]李胜利，顾韬. 基于游客体验的民俗旅游资源开发模式研究——以陕西关中地区为例[J]. 干
　　旱区资源与环境，2009，23（11）：139-144.

[35]冯威，张丹丹，王波. 温泉旅游地的发展态势分析——构筑休闲型的温泉度假空间[J]. 云南
　　财贸学院学报，2003，17（5）：20-22.

[36]丁雨莲，赵媛. 旅游产业融合的动因、路径与主体探析——以深圳华强集团融合发展旅游
　　主题公园为例[J]. 人文地理，2013，28（4）：126-131.

[37]高凌江，夏杰长. 中国旅游产业融合的动力机制、路径及政策选择[J]. 首都经济贸易大学学
　　报，2012，（2）：52-57.

[38]邱佳，史亚军. 中国休闲农业产业化发展研究[J]. 中国农学通报，2011，27（33）：314-317.

[39]陈俊红. 产业融合视角下休闲农业发展的障碍与对策[J]. 贵州农业科学，2015，43（4）：
　　231-234.

[40]贾照雪. 城郊生态农业旅游开发模式[D]. 广西大学硕士学位论文，2012.

[41]包乌兰托娅. 我国休闲农业资源开发与产业化发展研究[D]. 中国海洋大学博士学位论文，
　　2013.

[42]李志强，李玲. 浅论江西乡村旅游资源的开发[J]. 农业考古，2011，（1）：337-340.

[43]朱虹. 江西山水旅游的现状与发展战略[J]. 江西科技师范大学学报，2012，（5）：1-11.

[44]张明明. 苏锡常地区乡村旅游目的地品牌建设研究[D]. 南京师范大学硕士学位论文，2013.

[45]张维梅. 雾灵山森林旅游产品品牌化经营的研究[D]. 河北农业大学硕士学位论文，2003，6：38-43.

[46]黄凤燕. 区域旅游目的地品牌建设评价与提升研究——以江西省为例[D]. 江西财经大学硕士学位论文，2013.

[47]马晓龙. 旅游品牌对省级旅游地域系统构建的影响研究——兼论城市在江西旅游发展中的作用[J]. 商业经济研究，2014，（8）：135-136.

[48]江西省旅游规划研究院. 2014 年上半年江西旅游经济运行分析报告[R]，2014.

[49]周金玉. 上海市乡村旅游品牌营销研究[D]. 华东师范大学硕士学位论文，2009.

[50]常颖. 旅游品牌创新能力和产业综合实力的耦合分析——以浙江省为例[D]. 南京师范大学硕士学位论文，2013.

[51]冯云. 旅游目的地品牌营销研究[D]. 武汉大学硕士学位论文，2005.

[52]关健. 鞍山市果梨饮料品牌形象塑造与传播研究[D]. 石河子大学硕士学位论文，2013.

[53]钟洁. 区域旅游品牌建设研究——以鄱阳湖生态旅游区为例[D]. 北京林业大学硕士学位论文，2012.

[54]朱微. 湖南红色旅游品牌传播研究[D]. 湖南大学硕士学位论文，2013.

[55]黄凤燕. 区域旅游目的地品牌建设评价与提升研究——以江西省为例[D]. 江西财经大学硕士学位论文，2013.

[56]唐瑗琼. 旅游目的地品牌建设研究[D]. 复旦大学硕士学位论文，2008.

[57]周琳. 中国旅游业的制度创新研究[D]. 吉林大学博士学位论文，2014.

[58]郭旸,沈涵. 基于生态内生化的旅游新业态的体系构建与规制研究[J]. 生态经济,2011,（4）：120-123.

[59]刘艳兰. 实景演艺：旅游业态创新及其扩散研究——以《印象刘三姐》为例[D]. 广西师范大学硕士学位论文，2010.

[60]谢婷. 旅游目的地导向的旅游业态开发——以湖南洪江区为例[C]. 2014 年中国旅游科学年会论文集，2014：91-98.

[61]陈志军，黄细嘉. 区域旅游空间结构优化研究——以江西为例[M]. 北京：科学出版社，2014.

[62]邵鸿，黄细嘉. 旅游业深度开发与发展规划研究[M]. 南昌：江西科学技术出版社，2002.

[63]黄细嘉，魏莉. 旅游资源开发与可持续发展战略研究[M]. 南昌：江西人民出版社，2006.

[64]曾群洲，黄细嘉. 赣鄱流域生态旅游发展战略研究[M]. 南昌：江西科学技术出版社，2014.

[65]黄细嘉. 湖泊休闲旅游研究[M]. 南昌：江西科学技术出版社，2014.

[66]黄细嘉，曾群洲. 区域旅游规划与策划的实践和思考[M]. 南昌：江西人民出版社，2010.

后　　记

　　近年来我们对江西旅游资源开发与管理、江西旅游产业发展与规划、江西由观光向观光休闲度假旅游转型与提升等问题进行了比较系统的探讨，认为发展休闲度假旅游是江西旅游转型升级、提质增效的必经之路，甚至关系到江西旅游强省建设的命脉。2014 年 5 月，笔者组织科研团队，成功申报"2014 年江西省经济社会发展重大课题"——"打造江西休闲度假旅游重要目的地对策研究"。课题组由黄细嘉担任组长；江西旅游发展委员会副主任李瑞峰为顾问；南昌大学旅游管理系讲师王佳博士、副教授陈友华博士为副组长，南昌师范学院旅游系教师邱婷，南昌大学旅游规划与研究中心教授黄志繁博士、讲师陈志军、教授龚志强博士、副教授孙步忠博士、讲师许庆勇博士，九江学院地理与旅游学院讲师魏伟新，东华理工大学经济管理学院副教授何小芊博士，南昌大学经济管理学院教授谌贻庆博士、副教授陶春峰博士，宜春市旅游局副调研员袁美昌，赣州市旅游局副局长杨元珍，江西旅游研究院规划师黄红珍为成员。在历经多次调研、座谈和讨论之后，团队成员切磋研讨、辛苦撰稿，2015 年 10 月完成课题初步成果，并接受了江西省委宣传部和省社联组织的专家初评会。初评会上，专家提出的要构建江西休闲度假旅游体系并建设几个典型示范度假旅游区的可操作的具体意见，对优化研究方案和成果，发挥了重要作用。研究团队以江西休闲度假旅游资源为依托，以产业发展与旅游规划理论为指导，以江西旅游产业发展实践为基础，以解决江西由观光向休闲度假旅游过渡这一问题为导向，从整体建设、系统打造、典型示范的角度，进一步科学谋划江西休闲度假旅游目的地建设。在 2015 年 1 月，我们完成了针对江西休闲度假旅游重要目的地建设的对策研究报告，并通过专家评审，顺利结题。另外，黄细嘉等撰写的《江西休闲度假旅游目的地建设途径》、《江西文化与旅游产业融合发展的路径》和《推进农旅融合加快江西休闲农业发展的思考》等相关对策研究论文先后在《内部论坛》发表，并得到省领导批示，受到业界关注。

　　结题以后，组织团队再接再厉，以课题研究成果为基础，积极策划、合理分工、计划推进，有条不紊地完成了本书的撰写、审稿和校对等工作。本书凝聚了多位专家、学者的智慧和辛勤劳动。全书统稿、审稿、定稿工作主要由黄细嘉、王佳、邱婷完成，最后由黄细嘉修改和定稿。黄细嘉、王佳、邱婷、陈志军、黄志繁、何小芊、魏伟新、陈友华、陈昕、张寿文等参与编写并完成定稿。

　　本书围绕打造江西休闲度假旅游目的地，根据江西全省及各地市休闲度假旅游发展实际，将理论研究、案例分析和典型示范建设相结合，旨在为区域休闲度假旅游发展做出路径分析和案例剖析，既可作为高校旅游管理专业本科和研究生的教学参考书，也适合从事休闲度假旅游开发与研究的人士使用。

　　本书的如期出版，首先要感谢丁晓群在百忙之中撰写序言，给予笔者鼓励和鞭策。感谢陈志军、黄志繁、魏伟新、何小芊等教师在参与本书撰著过程中所付出的心血。感谢南昌大学旅游规划与研究中心对本书出版给予的支持，尤其是南昌大学提升综合实力建设项目"旅游新型业态发展与多产业融合"协同创新给予的出版资助。感谢科学出版社的领导和编辑对出版工作的认真态度！在写作过程中，笔者参阅了大量中外书籍与文献资料，在此谨向这些作者表示诚挚的感谢！

　　限于笔者的学识，书中难免存在不足之处，值得商榷，尚祈读者不吝赐教。

黄细嘉　王　佳　陈友华　邱　婷

2015 年 11 月